인조이 **베트남**

인조이 베트남

지은이 민보영
펴낸이 임상진
펴낸곳 (주)넥서스

초판 1쇄 발행 2015년 1월 30일
5판 23쇄 발행 2019년 3월 8일
6판 1쇄 발행 2020년 3월 25일
6판 2쇄 발행 2020년 3월 30일

출판신고 1992년 4월 3일 제311-2002-2호
주소 10880 경기도 파주시 지목로 5
전화 (02) 330-5500 팩스 (02) 330-5555

ISBN 979-11-6165-952-7 13980

저자와 출판사의 허락 없이 내용의 일부를
인용하거나 발췌하는 것을 금합니다.
저자와의 협의에 따라서 인지는 붙이지 않습니다.

가격은 뒤표지에 있습니다.
잘못 만들어진 책은 구입처에서 바꾸어 드립니다.

www.nexusbook.com

여행을 즐기는 가장 빠른 방법

인조이
베트남
VIETNAM

민보영 지음

넥서스BOOKS

Prologue
여는 글

후덥지근한 날씨, 도통 언제 길을 건너야 할지 모를 복잡한 도로 위의 오토바이 부대, 물티슈와 손 소독제가 생활 필수품인 저에게 가끔 물음표를 안겨 주는 음식에 이르기까지. 베트남의 인상이 항상 아름답지는 않았습니다. 모 드라마 명대사처럼 매번 '모든 날이 좋았다'로 기억되는 건 그 속에 그들만의 규칙과 삶이 있었고, 푸근한 풍경과 정감 있는 사람들 때문에 여행 전 뾰족뾰족했던 마음이 그 길의 끝에는 둥글둥글해졌기 때문일 겁니다. 그랩과 택시를 백 번 넘게 타도, 인원수보다 훌쩍 넘는 가짓수의 음식을 주문해도, 하루 한 번 마사지를 해도, 공항 가기 전 단 몇 시간을 호텔에서 쉬어도 부담 없었던 가격도 크게 한몫했지요. 관광과 휴양 어느 것에 목적을 두든, 가족, 커플, 친구 누구와 가든 베트남은 좋은 여행지가 되어 줄 것입니다.

〈인조이 베트남〉은 한 도시만을 다루었던 저의 기존 책들과 달리 전국을 다루어야 해서 쉽지 않은 작업이었습니다. 교통사고, 수면 부족, 목 디스크, 코로나19까지 많은 사건으로 지금 생각하면 눈물이 찔끔 나는 날들의 기록이기도 하지만, 제가 좋아하는 곳을 소개하게 되어 기쁜 마음이 더 큽니다. 찬 바람이 불기 시작할 때 시작했는데 어느덧 따뜻한 기운이 살랑살랑 느껴지는 계절이 되었습니다. 여러분의 여행길에 이 책이 봄 같은 설렘이 되기를 바랍니다.

보시기에 좋은 모습으로 이끌어 주시는 하나님, 기회를 주신 출판사업부 권근희 부장님, 물심양면으로 애써 주신 편집팀 고병찬 님께 깊은 감사의 인사를 전합니다. 여행 유전자를 물려주신 존경하는 부모님, 늘 응원해 주는 가족들, 김인규 선생님, 나의 여행 절친들 권오현, 김혜령, 이세진, 오채은, 박미영, 임지연, 이동현, 신윤아, 권한나. 고맙고 또 사랑합니다. 김도형 이사님, 정성훈 부장님, 긍정파워 패포 멤버들 강희경 님, 이도연 님, 김도연 님, 베트남의 인연 박초롱 님, 박봉희 님께도 감사드립니다.

민보영

이 책의 구성

1. 미리 만나는 베트남

베트남을 여행할 때 꼭 가봐야 할 곳은 물론, 음식, 음료, 쇼핑 리스트 등을 보면서 여행의 큰 그림을 그려보자.

2. 베트남 추천 코스

어디부터 여행을 시작할지 고민이 된다면 추천 코스를 살펴보자. 저자가 추천하는 코스를 참고하여 자신에게 맞는 최적의 일정을 세워 본다.

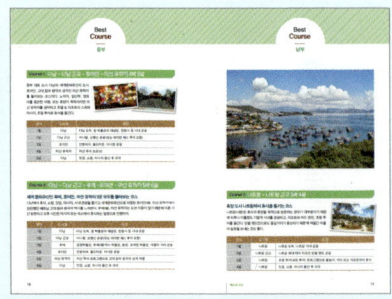

3. 베트남 여행 정보

일정을 짜고 여행을 준비하는 과정부터 베트남 입출국, 교통 정보 등 여행에 필요한 모든 사전 정보를 담았다.

지역 여행

베트남 각 지역별 주요 관광지와 맛집, 숙소 등을 소개한다. 베트남을 찾는 여행자라면 꼭 가 봐야 할 핵심 여행 정보 위주로 정리하였다

지역 특징과 상세한 교통 정보

꼭 찾아가야 하는 핵심 명소

추천 식당

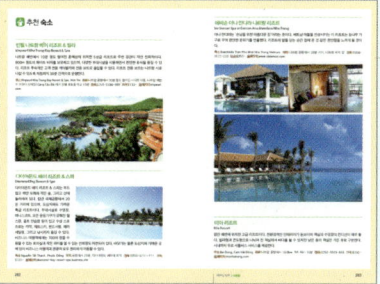

추천 숙소

현지의 최신 정보를 정확하게 담고자 하였으나 현지 사정에 따라 정보가 예고 없이 변동될 수 있습니다. 특히 요금이나 시간 등의 정보는 안내된 자료를 참고 기준으로 삼아 여행 전 미리 확인하시기 바랍니다.

5

Plus Area

베트남의 메인 도시 외에도 시간을 들여 찾아가도 좋은 매력적인 근교 여행지의 정보를 담았다.

6

베트남어 회화

현지에서 사용할 수 있는 간단한 베트남어 회화를 수록하였다.

7

찾아보기

책에서 소개된 곳들을 관광지, 음식점, 숙소 순으로 정리하여 이름만 알아도 쉽게 찾을 수 있도록 하였다.

8

부록 – 대형 여행 지도

각 지역의 대표 지도가 담겨 있으며, 간단하게 손에 들고 다니며 볼 수 있다.

모바일 지도 활용법

책에 나온 장소를 내 휴대폰 속으로!

여행 중 길 찾기가 어려운 독자를 위한 인조이만의 맞춤 지도 서비스.
구글맵 기반으로 새롭게 돌아온 모바일 지도 서비스로 스마트하게 여행을 떠나자.

STEP 01

아래 QR을 이용하여
모바일 지도 페이지 접속.

STEP 02

길 찾기를 원하는 지역 선택

STEP 03

지도 목록에서 찾고자 하는 장소를 검색하여 원하는 장소로 이동!

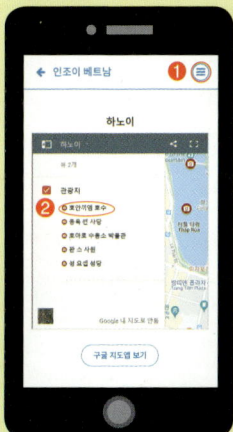

① 지역 목록으로 돌아가기
② 길 찾는 장소 선택
③ 큰 지도 보기
④ 지도 공유하기
⑤ 구글 지도앱으로 장소 검색

Contents
목차

미리 만나는 베트남

베트남 기본 정보	• 014
베트남 공휴일과 기념일	• 017
베트남 축제	• 018
베트남에서 꼭 가 봐야 할 곳	• 020
베트남에서 꼭 해 봐야 할 것	• 028
베트남의 음식 이야기	• 031
베트남의 과일 이야기	• 034
베트남 스타일 커피	• 038
베트남에서 여유로운 차 한잔	• 042
베트남의 물보다 싼 맥주	• 044
베트남의 디저트 음료	• 048
베트남의 쇼핑 리스트	• 050

추천 코스

북부 베스트 코스 1, 2, 3	• 058
중부 베스트 코스 1, 2	• 060
남부 베스트 코스 1, 2, 3, 4	• 061
베트남 종주 코스 1	• 064

여행 정보

베트남 여행 준비	• 068
한국 출국하기	• 080
베트남 입국하기	• 083
한국으로 돌아오기	• 084
베트남 교통 정보	• 085

지역 여행

하노이 • 098

`Plus Area`
하롱베이 • 136　퍼퓸 파고다 • 140
땀꼭 • 140　전통 공예 마을 • 141
사파 • 142　박하 • 145

다낭 • 146

호이안 • 176

`Plus Area`
미선 유적지 • 200

후에 • 202

호찌민 • 230

`Plus Area`
구찌 터널 & 까오다이교 사원 • 266
메콩 델타 • 268

나트랑 • 270

달랏 • 284

무이네 • 296

베트남 여행 회화 • 304

찾아보기 • 316

11

미리 만나는
Vietnam

베트남 기본 정보
베트남 공휴일과 기념일
베트남 축제
베트남에서 꼭 가 봐야 할 곳
베트남에서 꼭 해 봐야 할 것
베트남의 음식 이야기
베트남의 과일 이야기
베트남 스타일 커피
베트남에서 여유로운 차 한잔
베트남의 물보다 싼 맥주
베트남의 디저트 음료
베트남의 쇼핑 리스트

베트남
기본 정보

국가명	베트남 사회주의 공화국 (Socialist Republic of Vietnam)
수도	하노이(Ha Noi)
인구	97,338,579명
민족	비엣족(Viet) 89%, 그 외 54개 소수 민족
종교	불교 12%, 가톨릭 7%, 그 외 까오다이교 등
언어	베트남어, 영어, 불어, 크메르어, 기타 소수 종족 언어가 사용됨
정부	공산주의 일당 국가
환율	100VND = 5.14원(2020년 3월 기준) 23,127VND = 1USD(세계 은행, 2019)
시차	한국보다 2시간 늦음 (한국 오후 3시 → 베트남 오후 1시)
행정 구역	5개 중앙 직할시(하노이, 호찌민, 하이퐁, 다낭, 껀터)와 58개의 성

기후

남북으로 긴 국토로 인해 지역에 따라 기온과 기후 차이가 크다. 남부는 전형적인 몬순 기후로 5월~10월은 우기, 10월~3월은 건기이다. 남부 지역의 평균 기온은 26~28도이다. 북부는 사계절이 있어 여름에는 30도 이상으로 무덥지만, 겨울에는 영하 10도 이하로 떨어지는 지역도 있다.

지형

비옥한 곡창 지대와 다양한 동식물의 서식지가 형성된 남서부 메콩 델타 유역과 북부의 젖줄이라고 일컫는 홍하 델타를 제외한 국토의 75%가 산악 지대이다. 인도차이나반도 동쪽 안남산맥이 베트남 북부 통킹 산지에서 남동부로 쭉 뻗어 나가 라오스와 국경을 마주하며 베트남 남동부로 이어진다. 서쪽으로 쯔엉선산맥이 이어지고 동쪽은 남중국해에 닿는다.

위치 및 면적

북위 16도, 동경 106도. 인도차이나반도 동부에 있다. 면적은 330,341km²로 한반도의 1.5배, 남한의 3배쯤 된다. 국경선 총연장은 4,639km로 서쪽 캄보디아, 서북쪽 라오스, 북쪽 중국 등 3개국과 국경을 맞대고 있다. 해안선은 약 3,444km에 달한다.

역사

- **고대사 & 중세사** 훙 브엉에 의해 건립된 홍방 왕조가 최초의 국가 형태이다. 기원전 8,000년부터 역사가 시작되었으며 한나라 시대부터 약 1,000년간 중국 지배를 받았다. 1862년 프랑스 강점기 전까지

응오 왕조, 딘 왕조, 쩐 왕조, 응웬 왕조 등 수많은 나라와 왕조가 흥망성쇠를 반복하였는데, 그중 베트남 중남부에 약 1200년 동안 번영을 누렸던 참파 왕국은 중국의 불교와 유교가 아닌 인도에서 전래된 힌두교의 영향을 받았다.

- **근현대사** 1883년부터 약 60년간 프랑스 식민 지배로 건축, 식문화, 예술 등 사회 전반에 걸쳐 영향을 받았으며, 제2차 세계 대전으로 1940년 일본의 보호국이 되지만, 1945년 호찌민을 주석으로 하는 베트남 민주 공화국을 수립하여 독립을 선언한다. 이후 미국과 프랑스의 충돌로 8년간에 걸친 인도차이나 전쟁을 치르고 1954년 공식적인 독립을 했으나 제네바 협정으로 북위 17도로 남북이 분단되어 북부는 호찌민의 민주 공화국, 남부는 미국의 지원을 받는 베트남 공화국으로 나누어진다. 1955년 미국의 지원으로 호찌민을 남부 수도로 하는 월남 공화국이 수립되었으며 1960년 베트콩으로 알려진 민족주의 해방 전선(NLF)이 결성됐다. 1964~1975년까지 완전한 독립을 위해 미국과 벌인 제2차 인도차이나 전쟁에서 승리하였고, 1973년 파리 평화 협정 체결로 미군이 철수하였다. 1975년 4월 사이공 함락으로 남북이 통일되어 지금의 베트남 사회주의 공화국이 탄생하게 되었다.

- **통일 이후 베트남 시대(1975년~ 현재)** 통일 이후 베트남은 1986년 도이 머이(Doi Moi)개혁·개방 정책을 시행하는 등 경제 개방과 무역, 수출을 활발히 하며 급속한 발전을 이루고 있다.

경제

베트남 경제는 폐허가 된 전장에서 눈부시게 발전했다. 특히 1986년 도이 머이 정책을 펼치면서 연간 9%대의 GDP 성장을 기록했다. 1997년 아시아 외환 위기 이후 베트남은 시장 경제로의 개혁을 더욱 가속했다. 2001년 이후 세계 시장으로의 편입을 위해 경제의 사유화를 강력히 실시했고, 자본주의 경제로의 도약을 위한 구조적 개혁도 빠른 속도로 이어졌다. 2001년 미국과 자유 무역 협정(FTA)에 합의하였고, 2007년 1월부터는 세계 무역 기구에 정식 회원국으로 가입하면서 세계 무역 시장으로 완전히 편입하였다. 베트남은 섬유 분야에 두각을 나타내고 있지만, 농업이 경제의 20~25%를 담당하는 농업 국가이기도 하다. 풍부한 노동력을 중심으로 노동 집약적인 2차 산업으로 산업 구조가 이동하며 연 7~8% 성장하고 있다. 한↔아세안 FTA에 이어 2015년 12월 한↔베트남 FTA 협정이 발효되고 양국 교역이 확대되었다. 2019년 11월 태국 방콕에서 개최된 역내 포괄적 경제 동반자 협정(RCEP) 서밋에서는 한국, 베트남을 포함한 협정이 최종 타결됐고, 2020년 최종 서명하면 세계 최대 FTA가 발효되어 세계 인구의 반, 세계 총생산 1/3에 해당하는 초대형 경제 공동체가 탄생될 전망이다.

전화

국가 번호		84
지역 번호	하노이	024
	호찌민	028
	나트랑	058
	후에	0234
	다낭	0236
	호이안	023
	하롱베이	0203
긴급 전화	경찰서	113
	화재 신고	114
	응급 센터	115

※ 각 도시의 여행자 거리에는 인터넷 전화방이 있어서 국제전화 사용이 편리하다. 시내전화는 호텔이나 레스토랑, 여행사에 들어가서 물어보고 사용할 수 있다.

화폐

베트남의 화폐 가치는 매우 낮다. 처음에 10만 동이라고 하면 단위에 깜짝 놀라고, 환율 계산하기에 바쁘지만 단위만 높을 뿐 환율로 계산하면 얼마 되지 않는다. 현재 베트남에서 통용되는 화폐는 200, 500, 1000, 2000, 5,000, 1만, 2만, 5만, 10만, 20만, 50만 동이다. 5천 동과 2만 동, 10만 동과 50만 동, 1만 동과 20만 동은 색과 무늬가 비슷하므로 사용 시 혼동하지 말아야 한다. 2004년부터 새로운 화폐와 동전이 발행되고 있는데, 신권은 5만 동과 50만 동이며 20만 동은 2006년 8월 30일 첫 발행되었다. 2011년 추가 발행이 금지된 동전은 거의 유통되지 않는다. 환전한 지폐는 반드시 그 자리에서 영수증을 보고 매수를 확인해야 한다. 찢어지거나 손상된 지폐는 통용이 불가능하다.

※화폐 단위가 커서 1,000VND=1K로 비공식 표기한다. 특히, 10K는 10만 동이 아니라, 1만 동이라는 것을 꼭 기억하자.

전압

220V, 50Hz로 한국에서 쓰던 대부분의 전자제품을 그대로 사용할 수 있다. 단, 한국 제품의 경우 220V, 60Hz이기 때문에 사용시 제품의 출력이 떨어질 수 있다.

식수

국제 수자원 협회에서 물부족 국가로 지정했을 정도로 대도시는 물론 농촌도 깨끗한 물을 충분히 사용할 수 없기 때문에 대부분 생수를 구입한다. 현지인들도 구충제 복용이 생활화되어 있으므로, 베트남 여행 1~2주 전 반드시 구충제 복용을 한다. 영유아를 동반하거나 피부가 예민한 여행자는 다음 대처 방법을 참고하자.

① 수돗물은 취사용이나 생활용수로 사용하지 않고 세탁용으로 사용한다.
② 수돗물에 석회 성분이 많이 함유되어서 연수기 필터를 준비해 가기도 한다.
③ 물갈이를 하는 편이라면, 미네랄워터도 자제하고 유산균 보조제와 지사제를 준비해간다.
④ 생수 브랜드는 가장 대중적인 펩시의 아쿠아피나(Aquafina), 한국의 제주 삼다수를 추천한다.

건축

대도시에 남아 있는 프랑스 식민지 시대풍의 우아한 유럽식 석조 건물과 밝은 색으로 페인트칠된 폭이 좁은 3~4층 건물들, 그리고 시골의 농가 주택들은 각각 뚜렷한 대조를 보인다. 폭이 좁은 건물이 다닥다닥 붙어 있는 모습은 도로에 접한 폭을 기준으로 세금을 매기기 때문이다. 건물에 실제로 들어가 보면 중심이 깊어서 면적은 꽤 넓은 경우가 많다. 이러한 광경은 베트남의 독특하고 화려한 거리 풍경을 만들어 낸다.

쇼핑

베트남에서 살 만한 쇼핑 아이템으로는 커피, 아오자이, 실크(비단) 자수 가방, 스카프, 말린 과일류, 수공예품 등이 있다. 여름철 여행 느낌을 물씬 풍기는 라탄 백도 인기 품목이다. 베트남 여성 전통 의상인 아오자이는 여행자들이 가장 좋아하는 쇼핑 목록 중 하나로, 중국의 치파오와 비슷한 슬림한 라인의 긴 원피스에 통 넓은 긴 바지를 받쳐 입는 형태이다. 원단과 색상이 아주 다양한데, 더운 날씨로 인해 얇고 하늘하늘 비치는 소재를 많이 사용한다. 아오자이를 구입하고자 할 때는 반드시 입어 보고 사도록 한다. 기본적으로 골격이 가늘고 팔다리가 긴 베트남 여성의 체형에 맞게 만들어지기 때문인데, 꼭 맞도록 맞춤 제작 하는 방법도 있다.

팁 문화

프랑스 강점기 이후 남은 문화와 베트남을 방문한 외국인 여행자들의 영향으로 지역과 분야마다 다른 팁 문화가 있다. 호텔 체크 아웃 시, 하우스키퍼에게 팁은 침대 위에 1달러를 두고 간다. 내 짐을 룸까지 옮겨준 벨보이에게도 1달러 정도가 적당하다. 작은 카페나 노점에서는 필요 없다. 베트남에 원래 없는 문화로 상대의 서비스 만족도에 따라 자율적으로 지불하는 시스템이다. 지나치게 많은 팁 문화가 형성되면 제3의 여행자가 부담스러워지기 때문에 자제하도록 한다.

베트남
공휴일과 기념일

국경일이 휴일과 겹치면 다음 날을 쉰다. 베트남의 공휴일(국경일)은 6일이며 대체 휴일, 연휴 포함해서 연간 10~19일 정도 쉰다. 그 외 정월 대보름, 단오절 등의 명절과 석가 탄신일, 호찌민 생일 등의 기념일이 있다. 명절과 기념일은 휴일이 아니지만 의미 있게 지낸다.

국경일(공휴일)

연말연시와 1월 말부터 2월 초까지 음력 정월 초하루 전후 5~7일, 길게는 2주를 쉬기도 하는 구정 연휴(Tết)는 항공 교통량과 주요 도시의 도로 교통 체증이 폭증하며 휴점하는 레스토랑과 카페, 시장이 많다. 호텔과 교통, 투어 예산도 대폭 상승하므로 반드시 충분한 여유를 두고 사전에 예약해야 한다. 이 시기를 피해서 전후 1~2주 여유를 두고 여행 플랜을 준비하는 것도 요령이다.

1월 1일	신년(신정)
1월 1~4일(음력)	구정 연휴(Tết)
3월 10일(음력)	베트남 국조 훙 브엉 황제 기일
4월 30일	남부 해방 기념일(통일 기념일)
5월 1일	국제 노동절
9월 2일	건국 기념일(독립 기념일)

명절

휴일은 아니지만 가족과 이웃, 지역별로 의미 있는 행사를 한다.

1월 15일(음력)	정월 대보름
5월 5일(음력)	단오절
7월 15일(음력)	종월절(백중)
8월 15일(음력)	추석

기념일

휴일은 아니지만 의미 있는 날로 지낸다. 베트남에서 여성의 날은 2번 있다. 3월 8일은 국제 여성의 날, 10월 20일은 베트남 여성의 날이다.

2월 3일	공산당 창립 기념일
3월 8일	국제 여성의 날
3월 26일	성년의 날
4월 15일(음력)	석가 탄신일
5월 7일	디엔비엔푸 승전 기념일
5월 19일	호찌민 생일
6월 1일	어린이 날
6월 28일	가정의 날
7월 27일	전몰자 기념일
8월 19일	혁명 기념일
10월 20일	여성의 날
11월 20일	스승의 날
11월 23일	문화유산의 날

·Tip·
남부 해방 기념일 ~ 노동절 연휴의 여행 플랜

공휴일이 연결된 남부 해방 기념일~노동절의 주말 포함 2~5일 연휴와 독립 기념일 연휴(8월 말~9월 2일, 3~4일간)는 관공서와 은행, 학교는 쉬지만 호텔, 관광 산업은 대부분 정상 영업한다. 주 6일 업무 환경으로 황금 같은 노동절 연휴에는 고향 방문이나 가족 여행을 하는데 항공 교통량과 주요 도시의 도로 교통 체증이 폭증하며 호텔과 교통, 투어 예산도 대폭 상승하므로 이 시기의 여행 플랜은 반드시 충분히 여유 있게 사전 예약해야 한다.

베트남 축제

1년 동안 베트남 곳곳에서는 크고 작은 축제가 열린다. 축제 기간에 맞춰 여행한다면 색다른 경험이 될 것이다. 해마다 날짜가 바뀌므로 축제 일정은 아래 내용을 참고하자.

음력 1월 1일~4일(구정 연휴)

뗏 페스티벌 Tết New Year Festival
음력 정월 초하루 전후 5~7일의 연휴가 있다. 전통 음식(바잉 쯩)을 만들어 나눠 먹고 '좋은 결실을 맺으라'는 의미의 선물도 한다. 아이들에게는 붉은 봉투에 세뱃돈을 담아 준다. 레스토랑과 쇼핑몰 등은 단축 영업을 하거나 쉰다. 각 지역은 유등 축제 등의 행사를 한다.

음력 1월 15일

정월 대보름 Tết Nguyên Tiêu
붉은색의 찰밥과 음식을 만들어 오전에 조상께 제를 올리고 사찰에서 고인의 명복을 빌며 개인의 복을 기원한다. 낮에는 전통 음식을 먹고 저녁에는 호찌민, 호이안 등지에서 유등 축제가 펼쳐진다.

3월 첫째 주 중

부온 마 투옷 커피 페스티벌
Buôn Ma Thuột Coffee Festival
닥락(Dak Lak)에서 열리는 축제로 '부온 마 투옷 커피'와 '베트남 커피'를 국제 홍보하고 세계 커피 역사, 거리 축제, 무료 시식과 코끼리 축제 등 다채로운 프로그램이 구성된다. 2018년에는 세계 커피 박물관이 개관하였다.

음력 3월 10일(4월 중)

덴 훙 축제 Giỗ Tổ Hùng Vương
건국 시조 훙 황제의 기일로, 우리나라 개천절과 비슷한 의미다. 고대 하늘에 제를 올리던 사당의 제단에 정부가 향을 피우면 다양한 민속놀이가 펼쳐지는 국가적 대규모 행사이다.

음력 2월 15~22일

밧 짱 도자기 축제 Bat Trang Festival
민속놀이는 물론 마을의 중심지에 있는 밧짱 도자기 시장에서 우수한 도자기 제품도 전시한다.

짝수 해 4~6월 중

후에 페스티벌 Hue Festival
2000년부터 2년 1회 개최하는 국제 문화 교류 축제로 과거 수도였던 후에의 문화·역사적 가치를 되새긴다.

`4월~6월 중`

다낭 국제 불꽃 축제
Da Nang International Firework Festival
매회 다른 테마로 참가국의 불꽃 쇼와 용 다리, 바나힐, 미케 비치에서 관련 이벤트를 즐길 수 있다.

`4월 30일~5월 1일`

남부 해방 기념일(통일 기념일) & 노동절
2~4일 연휴를 고향 방문이나 가족 여행을 가능 등 뜻깊은 시간으로 보낸다.

`음력 4월 15일(5월 중)`

석가 탄신일
각 사찰의 중요 연례 행사로 2~3일간 연등 퍼레이드가 있다. 특히, 사찰이 많은 후에의 행사가 볼 만하다. 채식을 하며 유명 사찰에 시주를 하고 받는 기념 화폐와 부적을 지갑에 잘 보관한다. 잡힌 새와 물고기를 놓아주는 방생제도 한다.

`음력 5월 5일`

단오절
여름이 시작될 무렵의 단오는 설날 다음으로 중요한 명절이다. 과거 해충과 기생충을 퇴치하고 질병을 예방하는 기회로 삼았다. 전통 음식을 나누고 사위는 장인 장모님께, 며느리는 시부모님께, 학생은 선생님께 감사의 선물을 한다.

`홀수 해 5월 중`

나트랑시 축제 Nha Trang Sea Festival
'세계에서 가장 아름다운 해변의 하나'에 선정된 것을 기념하여 관광청 주관으로 2013년부터 2년마다 축제 개최된다.

`9월 2일`

독립 기념일
1945년 하노이 바딘 광장에서 호찌민이 독립 선언문을 낭독한 날을 기념하고 8월 말부터 9월 2일까지 3~4일간 연휴가 이어진다. 도시 곳곳 성대한 기념행사와 국기게양이 볼거리로 통제에 주의하자.

`음력 8월 15일(9월 중, 추석)`

뗏 쭝투 Tết Trung Thu
베트남 추석으로 월병(반 뗏 중 투, Banh Tết Trung Thu)을 만들어 조상에 제를 지내고 서로 덕담을 나눈다. 농번기가 끝나고 자녀와 놀아 주었던 풍습에서 어린이날과 동일시한다. 우리나라와 비슷한 탈춤 공연을 즐긴다. '달을 보는 날'이라는 의미로 뗏 쭝짱(Tết Trong Trang)이라고도 한다. 관공서와 은행, 학교, 상업 시설은 정상 영업한다.

`10월 중`

고래 축제
베트남 어민들의 가장 큰 축제다. 중남부 일부 어민들은 고래에 경의를 담은 애칭으로 '고래 씨'라는 의미의 까 옹(Cá ông) 이라고 한다.

`10월 중`

카마 페스티벌 CAMA Festival
2007년부터 개최하는 하노이의 국제 뮤직 페스티벌이다.

`홀수 해 12월 중`

달랏 플라워 페스티벌 Dalat Flower Festival
중남부 고원 달랏시(쑤언흐엉 호수와 플라워 가든 등)와 바오록시 등에서 홀수 해에 개최하는 국제 규모의 페스티벌이다. 관상용 꽃 전시와 10여 가지 다채로운 프로그램이 있으며 관광 진흥, 투자 무역 등 폭넓은 분야의 지역별, 국가별 교류가 활발하다.

베트남에서 꼭 가 봐야 할 곳

각 지역별로 많은 매력이 곳곳에 숨어 있는 베트남. 여행 일정이 한정되어 있어 몇 가지만 선택하려면 굉장히 고민이 될 것이다. 어디를 가야할지 고민이라면 주목! 베트남에서 꼭 가봐야 할 대표 명소들을 소개한다.

> 베트남 북부

하노이 올드 타운

호안끼엠 호수 북쪽의 하노이 랜드마크 36거리를 기본으로, 힙 플레이스 따 히엔 맥주 거리에서는 다양한 맥주와 안주를 저렴한 가격으로 푸짐하게 즐길 수 있다. p.124

하노이의 콜로니얼 건축물

천년의 역사를 가진 하노이의 주요 명소에서 프랑스 식민 정부가 본국의 건축 양식을 모방한 콜로니얼 건축물을 만날 수 있다.

세계 8대 비경 하롱베이와 깟바섬

한 폭의 수묵화처럼 펼쳐진 세계 자연 유산 하롱베이의 카르스트 지형 기암괴석과 동굴, 남동쪽 깟바섬을 크루즈 투어로 감상할 수 있다. p.136

일요일 아침 박하 시장

사파와 함께 투어하기 좋은 소수 민족 최대의 전통 시장이다. 화려한 플라워 흐몽족 여인들과 다양한 소수 민족의 커뮤니티의 장이다. p.145

사파 트레킹

배낭여행자의 성지인 사파에서는 트레킹 투어, 전통 의상 체험, 홈스테이를 경험할 수 있다. 9월에는 가파른 계곡에 금빛 파노라마처럼 펼쳐지는 계단식 논(다랑이 논)을 볼 수 있다. p.142

땀꼭

육지의 하롱베이 닌빈에서 삼판 배 투어로 땀꼭의 세 동굴을 탐험해 볼 수 있다. 푸른빛이 도는 동굴 속 사원(빅동 사원)과 닌빈 전역을 조망할 수 있는 바위산, 항무아도 함께 돌아본다. p.140

퍼퓸 파고다

듬직한 코끼리 바위 행렬이 이어지는 1시간 뱃길을 따라가면 만날 수 있는 베트남인들의 불교 성지 순례지다. 논 라 모자와 자외선 차단제는 필수로 챙긴다. p.140

베트남 전쟁사 투어

베트남 군역사 박물관에서 베트남 전쟁사의 이면을 생생하게 체감해 볼 수 있다. p.121

`베트남 중부`

호이안 올드 타운
프랑스풍 건축물, 베트남 전통 가옥, 중국식 상점들이 뒤섞여 있어 이색적인 풍경을 자아낸다. 슬로 시티인 올드 타운을 천천히 걸어 보자. p.186

미케 비치
미국 포브스지 선정 '세계에서 가장 아름다운 해변 7'중 하나이다. 새해에는 근사한 해돋이 명소가 된다. p.155

린응사
67m 크기의 해수 관음보살상이 바닷가를 향해 있고 해발 700m에서 탁 트인 선짜반도를 조망할 수 있다. p.162

미선 유적지
약 9백 년에 걸친 고대 참파 왕국의 힌두교 성지로 반나절 투어를 이용해 돌아볼 수 있다. p.200

후에 황궁과 카이딘 황제릉
1945년 역사의 뒤안길로 사라진 응웬 왕조의 황궁, 화려함의 극치 카이딘 황제릉의 계성전과 석상 등 역사적인 유물들이 남아 있다. 후에는 도시 전체가 세계 문화유산에 등재되었다. p.212, 227

> 베트남 남부

호찌민 시티의 통일궁

1868년 프랑스 식민 정부가 인도차이나반도 전체를 지배하기 위해 지은 건축물로 베트남 근현대사에 중요한 의의가 있다. p.244

무이네 화이트 샌드 듄

별빛 가득한 이른 새벽, 드넓은 하얀 모래 언덕을 가르는 지프 또는 ATV 투어로 짜릿함을 만끽할 수 있다. 선라이즈 포인트에서 인생 사진 남기기는 필수이다. p.300

호찌민 시티의 노트르담 대성당

19세기 파리 노트르담 대성당을 모방해 신로마네스크 양식으로 지은 건축물로 마르세유에서 공수한 붉은 벽돌은 세월을 더해 한 층 더 운치가 있다. p.243

나트랑 빈펄 랜드
볼거리, 즐길 거리가 가득한 테마파크로 하루 일정만으로는 부족하다. p.280

달랏 근교 폭포들
다딴라 폭포와 프렌 폭포, 사랑의 계곡 등 규모는 크지 않지만 시원하게 흐르는 물줄기와 자연 풍광이 여유로움을 준다. p.293, 295

나트랑 비치
동양의 나폴리라 불리며, 새하얀 고운 모래와 맑은 물이 넘실거린다. p.270

메콩 델타

남서부 메콩강 하류의 삼각주로 '아홉 용'이라는 의미를 가진 베트남 2대 곡창 지대이다. 다양한 동식물이 서식하는 동남아의 젖줄인 메콩강을 크루즈 투어로 돌아보자. 껀터 방면은 베트남 최대 수산 시장을 체험할 수 있다. p.268

린프억 사원

병과 도자기 파편의 화려한 모자이크 타일이 인상적인 불교 사원으로 대웅전 황금 불상과 노란 국화꽃 65만 송이의 드라이플라워로 장식한 관음보살상이 볼거리이다. 베트남 최고 종탑에서는 소원을 빌며 타종도 해 보자. p.295

달랏 쑤언흐엉 호수와 플라워 가든

프랑스 강점기에 만든 인공 호수이다. 산책하며 맞은편 리틀 에펠 타워(송전탑)를 배경으로 인생 사진을 남기기에도 좋다. 북쪽의 플라워 가든은 호수 해마다 국제적인 플라워 페스티벌이 개최된다. p.290, 291

베트남에서 꼭 해 봐야 할 것

각종 여행 관련 순위에서 꾸준히 상위권에 있는 여행지인 베트남. 하루가 다르게 인기가 치솟고 있는 이유는 볼거리, 놀 거리, 먹을거리 등 그 매력이 풍부하기 때문이다. 베트남 여행을 알차게 보내기 위해서 놓치지 말고 꼭 해야 할 것을 소개한다.

맑고 투명한 바다 대탐험

남북으로 길게 뻗어 있고 바다를 끼고 있는 지형적 특성 때문에 아름다운 해변이 많은 베트남. 그 규모만큼이나 다양한 해양 액티비티를 즐길 수 있다. 파도가 잔잔한 곳들이 많아 초보자도 서핑, 패들 보트, 스쿠버 다이빙 등을 배우기에 좋다.

MUST DO 호핑 투어, 스노클링, 스쿠버 다이빙, 서핑 등

베트남 음식 정복

베트남 여행의 묘미는 대표 음식들을 맛보는 것이다. 쌀국수는 물론, 채소를 듬뿍 넣어 바삭하게 즐기는 반쎄오, 커피와 연유의 환상 콜라보인 카페 쓰어 다 등 가장 맛있는 맛집을 찾아보자.

MUST DO 쌀국수, 반쎄오, 반미, 분짜, 커피 등

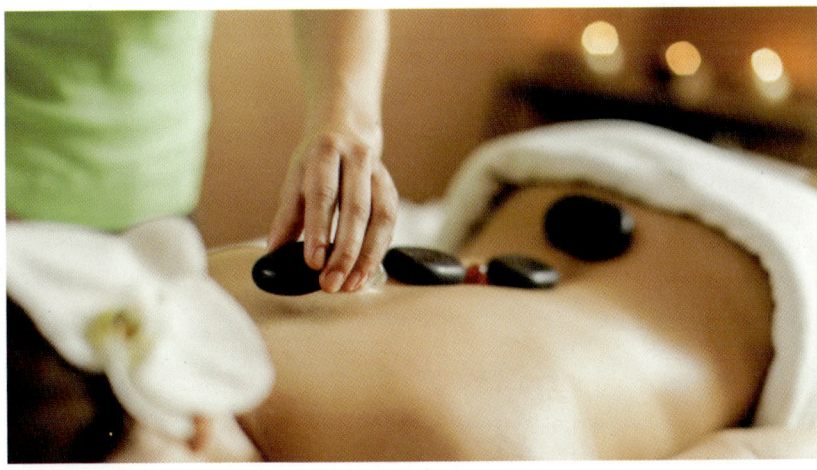

가성비 최고 스파 & 마사지

여행에서 즐길 수 있는 최고의 호사는 스파 & 마사지일 것이다. 베트남에서는 하루 한번 마사지라는 말이 가능할 만큼 생각보다 저렴한 가격에 좋은 시설과 서비스를 제공한다. 임산부와 키즈 마사지가 가능한 곳도 많아 가족 여행 시 이용하기에도 좋다.

MUST DO 머드 스파, 마사지 등

리조트에서 즐기는 완벽한 휴식

베트남에서 휴양하는 방법은 무궁무진하지만 한 번쯤은 풀 빌라나 리조트에서 프라이빗한 휴식을 즐겨 볼 것을 추천한다. 넓고 쾌적한 객실, 야외 수영장에서의 물놀이, 호화로운 식사와 스파 서비스, 전용 해변의 근사한 선셋에 이르기까지 즐길 거리는 넘쳐난다. 더욱더 기쁜 사실은 비교적 저렴한 가격에 꽤 좋은 숙소에서 숙박할 수 있다는 것이다.

> MUST DO
> 빈펄 리조트, 실크 빌리지 등

역사 문화 탐방

찬란했던 참파 왕국의 문명을 엿볼 수 있는 미선 유적지, 마지막 왕조 응웬의 흔적이 남아있는 후에, 그 외 프랑스 식민지 역사, 베트남 전쟁에 이르기까지 베트남이 걸어온 발자취를 따라가 보자.

> MUST DO 미선 유적지, 후에, 참 박물관, 호찌민 박물관, 전쟁 박물관 등

어린이도 어른도 즐거운 테마파크

놀이공원, 동물원, 수족관, 워터파크 등 마치 종합 선물 세트 같은 빈펄 랜드를 비롯해 프랑스인들의 휴양지에서 즐겨 보는 테마파크까지 하루가 부족할 만큼 즐길 거리, 볼거리가 가득하다.

> MUST DO 빈펄 랜드, 선 월드 바나힐 등

베트남의 음식 이야기

아시아 3대 미식 국가인 베트남은 역사적으로 오랫동안 밀접한 관계였던 중국, 인도, 프랑스, 미국과 지리적으로 인접한 동남아의 영향을 받아 독특한 식문화가 형성되었다. 한국인 입맛에 잘 맞지만 호불호가 있는 고수, 레몬그라스, 바질 등의 허브에 주의하여 주문하자.

쌀국수 Phở
명실상부한 베트남의 대표 음식이다. 담백한 국물에 소고기, 닭고기 등 원하는 재료를 넣어 먹는다.

월남쌈 Goi Cuon
베트남어로 '고이 꾸온'이라고 하며, 라이스페이퍼에 각종 채소를 넣고 말아 땅콩소스 또는 피시 소스에 찍어 먹는다.

짜 조 Chả Giò
베트남식 튀김 만두로 라이스페이퍼에 소를 넣고 말아서 튀긴다.

반미 Bánh Mì
아침에 바게트 샌드위치로 먹거나 소스만 발라 미트볼, 샐러드, 수프와 먹는다.

반쎄오 Bánh Xèo

프랑스의 크레페의 영향을 받은 베트남식 부침개로 쌀가루 반죽에 각종 채소, 해산물을 얹은 뒤 바삭하게 부치고 반달 모양으로 접어 낸다.

깐쭈어 Canh Chua
베트남 사람들이 즐겨 먹는 새콤한 생선국이다.

분짜 Bún Chả
숯불 돼지고기 완자나 편육, 각종 고명과 쌀국수를 새콤한 국물에 적셔 먹는 북부의 쌀국수다.

반꾸온 Bánh Cuốn
묽은 쌀가루 반죽을 불 판 위에 부은 다음 고기, 채소 등을 넣어 돌돌 말아 낸 음식이다.

껌 가 Cơm Gà
강황을 넣어 지은 밥에 닭 가슴살과 볶은 야채를 얹은 음식이다.

넴 느엉 Nem Nướng

그릴에 구운 베트남식 돼지고기 소시지(넴 루이, Nem Lụi)와 속재료를 마른 라이스페이퍼 튀김에 돌돌 말아 특제 소스에 찍어 먹는 베트남 쌈이다.

짜오 똠 Chạo Tôm
새우 살을 갈아서, 사탕수수 속대에 감아 튀기거나 구운 음식이다.

리얼 베트남 쌀국수

다 같은 쌀국수가 아니다. 쌀국수 면도 넓은 건 '퍼', 얇은 건 '분', 당면은 '미엔', 볶음면은 '미'로 나뉘고 소고기, 어묵, 닭고기, 해산물 등 속재료 따라 종류도 명칭도 달라진다. 첫술은 그대로 먹어 보고 테이블 위의 해선장, 칠리소스, 고추기름 등의 소스를 조금씩 첨가해 입맛에 맞춰 먹어 보자.

분짜까 Bún Chả Cá
가는 면, 어묵튀김, 매콤한 국물이 일품인 중부 지방 국수.

까오 러우 Cao Lâu
일본 우동의 영향을 받은 호이안의 돼지고기 비빔 국수.

분 보 싸오 Bún Bò Xào
퍼(Pho)에 국물 없이 볶은 소고기와 고명을 얹은 비빔(볶음) 쌀국수.

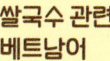

쌀국수 관련 베트남어 ·TIP·

- 퍼Phở [쌀국수]
- 보Bò [소고기]
- 가Gà [닭고기]
- 남Nạm [양지 고기]
- 닥 비엣Đặc Biệt [스페셜]
- 따이Tái [덜 익힌]
- 찐Chín [잘 익힌]
- 꽈이Quẩy [찹쌀 꽈배기]

미 꽝 Mì Quảng
중부 꽝남성(다낭)의 쌀국수.

분 보 후에 Bún Bò Huế
분 보의 원조 후에의 매운 소고기 쌀국수.

베트남 테이블 매너

중국과 프랑스 등의 영향을 받은 베트남 테이블 매너와 금기를 알아둔다면 현지인의 식사 초대를 받거나, 베트남 친구와 식사할 기회가 생긴 경우에 도움이 될 것이다.

기본적인 테이블 매너

베트남인은 큰 접시와 식기에 넉넉하게 담은 음식(밥, 국, 탕 등)을 개인 나눔 접시에 본인 젓가락의 위쪽이나 새 젓가락으로 조금씩 담아 먹는다. 밥은 손바닥으로 감싸 잡은 밥그릇을 입가로 가져가 젓가락으로 조금씩 떠먹는다. 국그릇은 테이블 위에 두고 국물 음식을 숟가락으로 조금씩 떠먹는다. 테이블 위는 깨끗하게 유지한다. 음식물 쓰레기와 뼈, 해산물 껍데기 등은 쓰레기통에 버리거나 보이지 않는 곳에 모아 처리한다. 식후에는 따뜻한 차를 천천히 음미하듯 마신다.

베트남 식사의 금기

- 젓가락으로 식기를 두드리는 행동은 식사를 대접하는 이에 대한 불만 표시로 삼간다. '주위의 배고픈 귀신을 부른다'는 미신도 있다.
- 음식 위에 젓가락을 수직으로 꽂는 행동은 분향하는 모습과 비슷해 불행이 생긴다고 여긴다.
- 구운 생선은 뒤집어 먹지 않는다. 과거 수상 가옥 주민은 생선을 뒤집는 것을 배가 뒤집히는 의미로 이해하고 불운으로 여겼다.
- 마지막 반찬을 먹는 사람은 탐욕스럽다고 여기므로 삼간다.

베트남의 과일 이야기

연중 날씨가 덥고 습한 베트남은 과일이 자라기 좋은 환경이기 때문에 아열대 대표 과일인 망고, 두리안, 망고스틴 외에 온대 과일인 달랏의 특산품 딸기와 포도에 이르기까지 다양한 종류의 과일을 두루 맛볼 수 있다. 가성비는 물론 가심비도 만족시키는 베트남 과일의 달콤함에 빠져 보자.

망고스틴 Mangosteen [Măng Cụt, 망꿋]

4~7월이 제철로 잎이 달리고 꼭지가 진한 초록빛인 것이 싱싱하다. 두 손으로 감싸고 양손 엄지로 가운데 부분을 누르면 쉽게 갈라지며, 마늘처럼 생긴 하얀 알맹이를 먹는다. 껍질의 자줏빛이 손끝과 옷에 물들 수 있으니 주의한다. 영국 빅토리아 여왕이 즐겨 먹었다고 하여 '과일의 여왕'이라고 한다.

두리안 Durian [Sầu Riêng, 싸우리엥]

열대 과일의 왕이라고 하지만 공공장소와 호텔에서 반입 금지를 당하는 고약한 냄새로 더 유명하다. 껍데기는 깨야 할 정도로 단단하지만 연 노란색의 과육은 크림처럼 부드러워 반전 매력이 있다. 영양분만큼이나 열량도 높아 예부터 기력 보충용으로 먹기도 하였다.

망고 Mango [Xoài, 쏘아이]

특유의 향이 나고 진한 노란색을 띠는 것이 당도가 높다. 구입할 때 잘라 달라고 하는 것이 좋다. 그러지 못했을 경우에는 세로로 세운 후 가운데 씨를 두고 삼등분으로 자른다. 칼이 껍질에 닿는 느낌으로 과육에 바둑판 모양으로 칼집 내어 하나씩 떼어 먹으면 된다.

패션 프루트 Passion Fruit [Chanh Dây, 짜인저이]

젤라틴 상태의 올챙이알처럼 생긴 씨와 과즙을 먹는 과일로 새콤하다. 살짝 얼린 상태에서 숟가락으로 떠먹거나, 주스로 많이 먹는다. 갱년기에 좋아 '여신의 과일'이라고 한다.

애플 망고 Apple mango [Xoài Đỏ, 쏘아이 도]

잘 익으면 사과처럼 빨갛다고 해서 붙여진 이름으로 과즙과 향이 풍부하고 당도가 높아 세계 5대 과일로 꼽는다. 잘 익은 애플 망고는 새콤달콤한 향이 난다. 껍질이 깨끗한 붉은색에 검은 반점이 없고, 부분적으로 노란색을 띠고 있는 것을 고른다.

람부탄 Rambutan [Chôm Chôm, 촘촘]

리치와 비슷하게 생겼다. 5~8월이 제철로 붉을수록 당도가 높다. 가운데 부분에 칼집을 내거나 손으로 찢어 껍질을 벗기고 과육이 풍부하고 달콤한 반투명 과육을 먹는다. 쓴맛이 나는 씨는 발라낸다.

잭 프루트 Jack Fruit [Mít, 밋]

세상에서 가장 큰 과일로 불리는 베트남 대표 과일이다. 두리안과 비슷한 모습이지만, 껍질을 잘라내면 씨앗이 들어 있는 노란색 파프리카 형태의 과육이 나온다.

용안 Longan [Nhaõn, 냔 / Lóngyǎn, 롱냔]

용의 눈과 닮았다 해서 붙여진 이름으로 포도알과 비슷하다. 나뭇가지에 붙은 채로 판매한다. 반투명한 껍질을 벗겨 불투명한 과육을 먹으며 커다란 씨는 발라낸다.

드래곤 프루트 Dragon Fruit [Thanh long, 타인롱]

용이 여의주를 물고 있는 모습과 닮았다고 하여 보통 용과라고 부른다. 선인장 열매의 일종으로 안은 까만 씨가 박힌 무처럼 생겼지만, 키위 정도의 부드러운 식감이다. 과육은 흰색과 분홍색 두 종류가 있다. 단단하고 진한 분홍색을 띤 것으로 고른다.

슈가 애플 Sugar Apple [Mãng Cầu, 망꺼우 / Na, 나]

커스터드 애플(Custard Apple) 또는 생김새 때문에 석가두, '석가모니의 머리'라고도 한다. 만져서 껍질이 말랑하면 잘 익은 상태로, 손으로도 잘 갈라진다. 결을 따라 찢은 다음 하얀 속살 안의 씨를 발라내고 먹는다.

로즈 애플 Rose apple [Mận, 만 / Roi, 로이]

워터 애플(Water Apple)이라고도 하며 남부에서는 '만', 북부에서는 '로이'라고 부른다. 빨간 파프리카 같은 모양이다. 사과처럼 그대로 먹는 것이 좋으며 독특하게 고추가 들어간 볶은 소금에 찍어 먹기도 한다.

파파야 Papaya [Đu đủ, 두두]

설익은 초록빛 파파야는 아삭아삭한 샐러드로, 잘 익은 진한 주황색의 파파야는 달콤한 멜론처럼 그대로 먹거나 주스로 마신다.

깔라만시 Calamansi [Tắc, 딱]

독소를 제거하는 디톡스 효과가 있어 우리나라 만큼이나 공기 오염으로 고역을 겪고 있는 베트남 사람들이 즐겨 먹는 과일이다. 북부는 '꽛 Quát'이라고 한다.

코코넛 Coconut [Dừa, 두아]
체내에 필요한 수분을 빠르게 공급해 갈증 해소에 도움이 된다. 각종 음식의 재료로 다양하게 활용한다.

구아바 Guava [Ổi, 오이]
초록색의 구아바는 신맛이 나고, 잘 익은 상태의 노란색은 단맛 난다. 독특하게 1년에 두 번 수확할 수 있다. 색이 선명하고 단단한 것을 고른다. 껍질째 먹을 수 있다.

과일 구매하기

대형 마트에 가면 깔끔하게 포장된 과일을 만날 수 있지만, 종류와 가격이 아쉬운 게 사실이다. 베트남은 열대 과일의 천국답게 노점상과 어깨에 과일 바구니를 지고 다니며 판매하는 상인을 쉽게 만날 수 있다. 과일을 고르면 저울에 달아 무게를 확인하고 비닐에 담아 준다. 바가지를 쓴다 해도 1kg당 약 만 동, 한국 돈으로 500원 정도이니 가볍게 흥정하는 것이 좋다. 종종 덤을 받는 즐거움도 있다.

베트남어 과일 이름

과일	Trái cây [짜이까이]	토마토	Cà chua [까 쭈어]	바나나	Chuối [쭈오이]
복숭아	Quả đào [꾸어 다오]	포도	Cây nho [까이 뇨]	자몽	Bưởi [브어이]
사과	Táo [따오]	키위	Kivi [끼비]	석류	Lựu [르우]
리치	Vải [바이]	오렌지	Cam [깜]	아보카도	Bơ [버]
멜론	Dưa tây 북부 : [즈어 떠이] 남부 : [유아 떠이]	수박	Dưa hấu 북부 : [즈어 허우] 남부 : [유아 허우]	딸기	Dâu tây 북부 : [저우 떠이] 남부 : [여우 떠이]

베트남 스타일 커피

19세기 중후반 프랑스의 강점기에 남부를 중심으로 커피 재배가 시작되었고, 1975년 통일 이후부터 정부 주도하에 본격적으로 커피를 대량 생산하였다. 1980년대 개혁 개방 도이 머이 정책의 영향으로 세계 시장에 진출하였는데, 단기간에 세계 2위 커피 생산·수출국으로 커피 강국이 되었다.

베트남 커피 품종과 산지

아라비카 Arabica

아라비카는 중남부 산악 지대 럼동성의 까우닷에서 재배하는 커피 원두로 풍미가 뛰어난 만큼 가격이 높다. 프리미엄 커피 연구로 끊임없이 로부스타와 아라비카를 혼합한 다양한 종류의 원두(커피 체리 등)를 선보이고 있다. 럼동성의 수도 달랏과 비교적 가까운 거리의 커피 농장 투어를 신청하면 사향 족제비의 배설물에서 추출한 고급 커피인 위즐 커피도 시음해 볼 수 있다.

로부스타 Robusta

세계적 생산량의 로부스타(Robusta)는 해발 600m 이상의 중부 고원 닥락성의 성도인 '부온 마 투옷(Buôn Mê Thuột)'에서 재배한다. 아라비카에 비해 카페인이 강하고 씁쓸한 맛으로 풍미는 부족하지만, 척박한 환경에서도 생명력이 강하며 가격도 저렴해서 인스턴트 커피, 커피 믹스에 사용되는 원두이다. 베트남 로부스타 원두는 로스팅 과정에서 버터와 소금을 첨가해 특유의 씁쓸한 맛을 감소시킨다고 한다.

> 베트남 오리지널 카페 브랜드

쭝웬 Trung Nguyen

TNI 기업은 프리미엄 카페 체인 시스템(쭝웬 레전드, Trung Nguyen Legend)을 운영하는 한편, 세계적으로 대중화된 G7의 고멧 인스턴트 커피(Gourmet Instant Coffee)와 로스팅 후, 굵게 간 그라운드 커피, 갈지 않은 원두 홀빈(Whole Bean), 원두커피와 프리미엄 위즐 커피, 캡슐 커피 라인 제품까지 다양하게 생산한다. 프리미엄 브랜드 국민 커피, 킹 커피(King Coffee)를 생산, 제조, 유통하는 기업으로도 유명하다. 2019년 12월에는 압구정동 로데오 거리에 대한민국 킹 커피 프리미엄 카페 1호점을 오픈하여 우리나라에서도 만나 볼 수 있다.

홈페이지 trungnguyen.com.vn

콩 카페 Công Cà Phê

2007년 하노이 옛 카페 거리(Trieu Viet Vuong Street)에서 1960년 결성되었던 베트남 민족주의 해방 전선 '베트콩'을 콘셉트로 한 빈티지 스타일 인테리어의 카페테리아로 시작해 현재는 전국 규모 카페 체인점으로 성장했다. 시그니처 메뉴는 코코넛 스무디 커피이며, 직원들은 밀리터리 룩의 유니폼을 선보인다.

홈페이지 congcaphe.com

하이랜드 커피 Highlands Coffee

'베트남의 스타벅스'로 불릴 만큼 여행 중 자주 만날 수 있는 카페로, 카페 쓰어 다와 반미를 비교적 합리적인 비용으로 즐길 수 있다. 커피는 자체 생산·제조·유통 시스템을 운영하며, 최근 콩 카페 매출을 초과하는 성장세에 있다.

홈페이지 highlandscoffee.com.vn/en

베트남 커피 상식

베트남 스타일의 핀 커피를 스스로 내려 마시는 방법과 이색적인 커피 용어, 종류를 알아 두면 카페 라이프를 부담 없이 즐길 수 있다.

베트남 커피 마시는 방법

카페 쓰어다 핀(Cà Phê Sữa Đá Phin)은 커피잔 위에 핀(Phin)을 올려놓고 그라인더로 간 로부스타 커피 가루와 뜨거운 물을 넣은 다음 뚜껑을 닫아 내린다. 느릿느릿하게 모두 추출되면 연유와 얼음을 채우고 적당히 녹기를 기다려 스푼으로 잘 저은 후 달콤하고 진한 아이스 커피를 음미하듯 마신다. 블랙커피라 해도 조금 달콤한 카페 덴이 부담스럽다면 주문 시 미리 'No Sugar' 요청하자.

베트남 커피의 기본 용어 & 커피 종류

- ★ 카페[Cà Phê, 카페] ★ 연유[Sữa, 쓰어]
- ★ 아이스[Đá, 다] ★ 뜨거운 [Nóng, 농]
- ★ 검은[Đen, 덴] ★ 달걀[Trứng, 쯩] ★ 커피핀[Phin, 핀]
- ★ 아이스 커피 [Cà Phê Đá, 카페 다]
- ★ 아이스 연유 커피[Cà Phê Sữa Đá, 카페 쓰어 다]
- ★ 핀 필터가 나오는 아이스 연유 커피[Cà Phê Sữa Đá Phin, 카페 쓰어다 핀]
- ★ 뜨거운 연유 커피[Cà Phê Sữa Nóng, 카페 쓰어농]
- ★ 블랙커피[Cà Phê Đen, 카페 덴]
- ★ 아이스 블랙커피[Cà Phê Đen Đá, 카페 덴 다])
- ★ 뜨거운 블랙커피[Cà Phê Đen Nóng, 카페 덴 농]
- ★ 베트남 스타일 에그 커피[Cà Phê Trứng, 카페 쯩]

에그 커피 *TIP*

베트남 스타일의 부드럽고 진한 크림 타입 에그 커피는 하노이 카페지앙(Cafe Giang) 이 유명하다.

베트남에서 여유로운 차 한잔

하노이 북쪽 80km 지점의 타이 응웬(Thai Nguyen)은 최고급 녹차 산지로 유명하다. 카페 문화 못지 않게 차 문화도 발달한 베트남 중남부 고산 지대와 곳곳의 다원에서 재배, 생산한 고품질의 순수 전통차, 허브차, 꽃차, 과일차 등을 재래시장과 티 매장, 마트에서 쉽게 구입할 수 있다.

녹차 Green Tea /Trà Xanh
베트남 녹차 구입은 타이 응웬(Thai Nguyen) 산지의 제품인지 미리 체크하자. 순수한 녹차와 재스민차, 홍차 등에 녹차 향을 추가해 부담 없는 타입으로도 즐길 수 있다.

노니차 Noni Tea
2003년에 노벨 푸드로 선정되어 주목을 받았다. 다낭의 특산품으로 차와 주스 등으로 판매한다. 또한 마실 거리 외에도 파우더, 농축액, 비누 등으로 판매하기도 한다.

우롱차 Oolong Tea
오리지널 우롱차 이외에도 우롱차에 녹차 향을 더해 마시거나 우롱차를 베이스로 우유를 타서 마시기도 한다. 베트남 럼동(Lâm Đồng)성의 바오 록(Bảo Lộc)에서 생산된다.

여주차 Tra Khổ Qua Tea
우리나라의 고야차와 같은 표현이다. 베트남 차 전문점에서 쉽게 마실 수 있다. 또한 베트남 슈퍼마켓에서도 구매할 수 있다.

국화차 Chrysanthemum Tea

혈액 순환에 효과적으로 수족냉증을 개선하고, 진정 작용으로 두통과 스트레스 완화에 도움을 준다. 비타민 C가 함유되어 꾸준히 마시면 노화 예방, 손상된 피부 재생 효과도 기대할 수 있다. 달랏의 특산품을 판매하는 랑팜과 다양한 매장에서 구입할 수 있다.

재스민 티 Jasmine Tea

녹차 향을 첨가한 재스민 그린 티는, 우롱차 타입으로 부담 없이 마실 수 있다. 베트남 가정과 레스토랑에서는 재스민 찻잎이나 녹차잎을 넣고 끓인 물에 얼음을 채워 넣은 짜 다(Trà đá)를 식수 대용으로 마신다.

홍차 Black Tea

풍부하고 진한 풍미의 얼 그레이 타입은 물론, 복숭아, 레몬, 리치, 모과를 비롯한 과일 풍미를 더한 타입이나 장미 꽃잎, 연꽃잎 등의 향기가 더해진 홍차로 가볍게 마실 수 있다.

모란차 Peony Tea

모란은 '꽃 중의 왕'이라는 애칭이 있다. 모란차는 약간 차가운 성질이 있어 여름차로 좋다. 달랏의 특산품을 판매하는 랑팜, 나트랑 등 여러 곳에서 비교적 저렴하게 구입할 수 있다.

로터스 티 Lotus Leaf tea

녹차에 말린 연꽃잎을 추가해 향기로운 '로터스 스캔티드 티'나 홍차에 은은한 연잎 향을 더한 '블랙 로터스 티'로 즐긴다. 중부 호이안의 '카페 MOT'에서는 반미와 연잎차를 함께 즐길 수 있다.

아티초크·히비스커스 티
Artichoke Tea & Hibiscus Tea

베트남에서는 고대부터 아티초크를 '먹는 꽃봉오리 아티소(Atisô)'라고 불렀다. 국화과 다년초로 꽃봉오리로 차를 만든다. 원산지는 지중해 연안으로 럼동성의 성도 달랏, 라오까이성의 사파 등 곳곳에서 재배되는데, 달랏의 특산품이기도 하다.
'빨간 봉오리의 아티소'를 의미하는 히비스커스는 항산화 작용으로 심혈관계 환자에게 효과적이다. 클레오파트라가 즐겨 먹었다고 한다.

피치 블랙 티 Peach Black Tea

달콤한 복숭아 향이 감도는 홍차 아이스티를 마시면 기분이 좋아진다. 중남부 중심의 푹롱 커피 & 티 프랜차이즈(Phuc Long Coffee & Tea)에서는 아이스 블랙 티에 황도 조각이 추가된다. 외국인 여행자들은 간편한 티백 제품을 구입해 간다.

레몬 블랙 티 Lemon Black Tea

오리지널 레몬 티와 레몬 홍차, 두 가지 타입으로 마실 수 있다. 시내 찻집에서 마시거나, 수입 홍차 제품과 베트남 인스턴트 티백 제품으로 간편하게 즐길 수 있다.

베트남의 물보다 싼 맥주

낮에는 카페와 음식점에서, 저녁에는 노점에 빼곡한 목욕탕 의자에 앉아 맥주 한잔을 하는 것이 베트남에서는 자연스러운 생활이다. 베트남 맥주는 대부분 라거 계열이지만 지역마다 조금씩 다르기 때문에 다양하게 즐길 수 있다. 시원하게 들이키는 맥주 한잔은 여행의 빼놓을 수 없는 즐거움이다.

비아 허이 Bia Hơi

가장 보편적인 베트남 생맥주로 매일 생산해 제공하는 것을 기본으로 한다. 깔끔하고 산뜻한 맛으로 끝맛은 쌉싸름한 게 특징이다.

비아 333 Bia 333

비아 사이공과 같은 맥주 회사 사베코(SABECO)에서 만든 베트남 국민 맥주다. 1893년 프랑스 기술을 도입한 주조장에서 독일 원료로 제조한 이후, 현재도 그 맛을 재현하고 있다. 처음에는 이름이 '33'이었다가 1975년 '3'을 하나 더 붙여 현재의 이름이 되었다. 베트남어로 숫자 3을 '바'라고 하기 때문에 흔히 바바바 맥주라고 한다. 맥주 본연의 향이 강하지만 알코올 도수 대비 청량감 있는 가볍고 부드러운 맛이어서 특히 여성들에게 인기가 있다. 알코올 도수는 5.3%.

비아 하노이 Bia Ha Noi
베트남 수도 하노이의 이름을 딴 북부 대표 맥주다. 국영 기업 하베코(Habeco)에서 생산한다.

비아 하노이 라거 Bia Ha Noi Lager
전형적인 라거 맥주로 청량감 있는 탄산과 쌉싸름한 끝 맛이 일품이다. 알코올 도수는 4.6%.

비아 하노이 프리미엄
Bia Ha Noi Premium
유럽식 라거와 비슷하며 맥주 풍미가 강하다. 첫맛은 가볍고 달지만 끝맛은 쌉쌀하다. 알코올 도수는 4.9%.

비아 사이공 Bia Saigon
호찌민은 물론, 베트남 전역에서 가장 대중적이고 무난한 맥주이다.

비아 사이공 라거 Bia Saigon Lager
페일 라거로 쓴맛이 덜하고 깔끔하고 담백하다. 알코올 도수는 4.9%.

비아 사이공 스페셜
Bia Saigon Special
쌀과 홉의 구수하고 약간 쓴맛이 조화로운 맥주로 유럽산 맥아만을 사용한다. 한국을 포함해 외국인들에게 인기가 있다. 알코올 도수는 4.9%.

비아 사이공 익스포트 Bia Saigon Export
수출용 맥주로 고소한 향과 시큼 쌉싸름한 맛이 난다. 알코올 도수는 4.4%.

비아 라루 Bia Larue
호랑이가 그려진 다낭 지역 맥주로 하이네켄에서 생산·관리한다.

비아 라루 스페셜 Bia Larue Special
오리지널 라루보다 맥주 향과 쌉싸름한 맛은 더 하지만 알코올 도수는 4.6%.

비아 라루 Bia Larue
과일 향이 은은하고 거품과 탄산이 풍부하다. 수출용 레드, 내수용 블루, 레몬 맛의 그린 3종류가 있으며 레몬 맛이 인기 있다. 알콜 도수는 블루 4.2%, 레드 4.5%, 레몬 2.6%.

비아 후다 Bia Huda
후에의 지역 맥주로 덴마크 칼스버그 맥주에서 생산·관리한다. 2013년 월드 비어 챔피언에서 은메달을 수상했다.

비아 후다 Bia Huda
과일 향이 느껴지는 순하고 부드러운 맛으로 여성들에게 인기가 있다. 알코올 도수는 4.7%.

비아 후다 골드 Bia Huda Gold
오리지널보다 더 깊은 맥주 본연의 맛이 난다. 알코올 도수는 4.7%.

비아 하리다 Bia Halida
북부 하노이 지역 맥주로 흔히 코끼리 맥주라고 한다. 첫맛은 부드럽고 은은해 목 넘김이 좋지만, 이후에 느껴지는 쌉싸름한 맛이 일품이다. 알코올 도수는 4.5%.

중 꾸엇 Dung Quat
구수한 홉 향과 맛이 진한 것이 특징이다. 알코올 도수는 4.5%.

다이비엣 Dai Viet

후에 지역 맥주의 하나로 탄산과 쌉싸름한 맛 모두 강하지만 무겁지 않고 전반적으로 깔끔한 편이다. 라거, 블랙, 레드, 필스너 4종류가 있다. 알코올 도수는 4.7%.

비아 하롱 Bia Ha Long

북부 하롱베이의 지역 맥주로 세련된 블루 패키지 디자인이 유명하다. 청량감있는 탄산으로 가볍게 마시기에 좋다. 알코올 도수는 4.8%.

비아 라오까이 Bia Lao Cai

북부 라오까이 지역의 맥주로 달콤한 맥아와 시큼한 맛, 향이 어우러져 독특한 매력이 있다. 알코올 도수는 3.5%.

베트남 맥주 상식

베트남 3대 맥주와 이름의 의미

베트남의 3대 맥주는 비아 사이공, 333, 비아 하노이이다. 그 외 로컬 맥주 브랜드로 비아 껀터, 비아 꾸이년 등이 있으며 지역 이름을 따는 경우가 많다. 비아(Bia)라는 단어는 프랑스어 맥주(Bière)에서 파생되었다.

물보다 싼 맥주

베트남에서는 가능한 이야기다. 비아 허이의 경우 생맥주 한 잔에 5천~1만 동으로 한화로 계산하면 약 250~500원, 그 외 다른 캔맥주도 천원 안팎의 가격대로 애주가들에게는 그야말로 맥주 천국이 아닐 수 없다.

온 더 록스로 먹는 맥주

주문한 맥주가 시원하지 않은 상태로 나온다고 해도 실망은 금물! 대개 얼음이 담긴 잔이 함께 나오는데 여기에 맥주를 부어 온 더 록스로 시원하게 마신다.

> **TIP**
> **베트남어로 "건배!" 표현은?**
> 베트남에서는 건배할 때 '못 하이 바 조(Một Hai Ba Zô)', 하나 둘 셋 짠! 이라고 한다.

베트남의 디저트 음료

더운 날씨 때문에 커피와 차 이외에도 디저트가 다양하다. 베트남 여행 중 더위를 날려 줄 시원한 디저트 음료를 소개한다.

주스 Nước

길거리나 재래시장, 야시장에서 쉽게 접할 수 있으며 주문 즉시 그 자리에서 착즙해 내어 준다. 달콤 시원한 사탕수수 주스 느억 미아(Nước Mía)는 더운 날씨에 당 충전으로 딱이다. 코코넛에 구멍을 내서 빨대로 마시는 코코넛 워터 느억 두아(Nước Dừa)는 미지근하고 단맛은 없지만 갈증 해소에는 물론 건강에도 좋다. 열대 과일의 왕으로 통하는 두리안 주스 느억 엡 싸우 리엥(Nước ép Sầu riêng)은 가스를 뿜어내는 듯한 냄새만 잘 넘기고 나면 커스터드 크림 같은 부드러운 매력에 빠지게 된다.

짜다 Trà đá

여느 동남아 국가들과 마찬가지로 식수 여건이 좋지 않은 베트남에서는 재스민차 잎과 녹차 잎 등을 끓여 내어 만든 냉차인 짜다를 주로 마신다. 짜(trà)는 차, 다(đá)는 얼음을 뜻한다. 북부에서는 쩨다(Chè đá)라고 하며, 따뜻한 차는 '짜' 또는 '쩨'라고 하면 된다.

쩨 Chè

신또와 함께 손꼽히는 베트남의 국민 디저트이자 전통 음료다. 파르페, 화채, 푸딩이나 젤리 등 다양한 형태가 있고, 일부 북부 지역은 따뜻하게 먹기도 한다. 각종 과일에 사고, 타피오카 펄, 코코넛 밀크 등 다양한 부재료를 섞기 때문에 만들 수 있는 메뉴가 무궁무진하다.

콘밀크 Sữa Ngò

달콤한 옥수수 맛 우유이다. 음식점이나 편의점, 마트에서 쉽게 볼 수 있다.

신또 Sinh tố

스무디와 비슷하지만 물 대신 우유 또는 요구르트를 베이스로 하며, 시럽 대신 연유가 들어간다. 신또는 베트남어로 비타민이라는 뜻인데 그 어느 음료보다 과일의 함량이 월등히 높기 때문이다. 신또 뒤에 과일 이름을 붙이므로 좋아하는 과일 이름만 베트남어로 확인하면 주문하기 쉽다.

수박 dưa hấu	아보카도 bơ	파파야 đu đủ
리치 vải	코코넛 dừa	두리안 sầu riêng
패션프루트 chanh dây		

와인 Rượu vang

중남부 고원 지대 달랏은 베트남 최대의 포도, 와인 생산지다. 저렴한 가격에 맛볼 수 있어 가성비가 좋다. 달랏 카페 거리에 간다면 와인 커피 메뉴도 맛보자.

버블 밀크티 Trà Sữa Trân Châu

홍차와 우유를 블렌딩한 밀크티에 쫀득쫀득한 타피오카 펄을 넣어 만든 음료이다. 베트남어로는 짜스어쩐저우라고 한다. 최근 우리나라와 마찬가지로 베트남에서도 흑설탕을 찐득하게 졸여 극강의 단맛을 느낄 수 있는 흑당 버블티가 인기를 끌고 있으며 대만의 타이거 슈가(Tiger sugar), 더 앨리(The alley)는 물론 로컬 브랜드도 점점 늘고 있는 추세이다. 블랙 버블 아이스티도 인기 메뉴이다.

베트남의 쇼핑 리스트

베트남은 기념품, 선물용품, 먹거리, 장식품 등 살거리가 많아 깜짝 놀라게 될지도 모른다. 게다가 우리나라 물가보다 저렴하니 이보다 더 좋을 순 없다.

기념품

실크제품
호이안의 대표적인 특산품 실크로 만든 아오자이, 옷, 스카프 등이 있다.

논 라
야자나무 잎으로 만든 원뿔 모양의 전통 밀짚모자 논 라(nón lá)는 가볍고 시원해서 양산과 우산 대용으로 사용한다.

아오자이
베트남 여성들이 즐겨 입는 전통 의상으로 '아오'는 옷, '자이'는 길다는 의미이다. 기성품을 구입하거나, 맞춤으로 주문할 수 있다.

호이안 등
중부 꽝남(Quang Nam)성의 특산품 대나무로 만든 등과 다양한 색의 베트남 전통 등 덴 롱(Đèn lồng)이 인테리어 소품으로 인기가 있다.

베트남 테디베어
베트남 전통 의상과 모자를 쓰고 있는 곰 인형이다.

마스크
매연으로 인해 대중적이며, 면 재질에 중간 부분이 입체적으로 불룩한 모양을 하고 있다. 디자인과 색이 다양하고 도톰해서 방한용으로도 좋다.

코코넛 보디 제품
다이어트와 건강에 좋기로 소문이 난 식용 오일 외에도 보습력이 좋은 마사지 오일, 클렌징 오일, 립밤, 크림, 비누 등 다양한 보디 제품은 선물용으로 안성맞춤이다.

> 비엣코코(Vietcoco) 코코넛 오일 등

커피핀
별도의 필터 없이 추출할 수 있는 베트남식 커피 드리퍼이다. 분쇄 원두를 넣고 템퍼로 살짝 누른 다음, 뜨거운 물을 부어 추출한다. 대개 알루미늄이나 스테인레스 재질이기 때문에 오일류로 연마제를 닦아낸 다음 주방 세제로 세척해 사용하면 좋다.

먹거리

커피

커피 생산량 세계 2위, 수출량도 늘 상위권을 유지하는 커피 강국답게 원두를 비롯해 연유, 코코넛, 우유, 두리안 등 다양한 맛의 인스턴트 커피를 만나 볼 수 있다. 고품질의 아라비카, 베트남에서 가장 대중적으로 보급되고 있는 쌉쌀한 맛의 로부스타가 대표적이다. 우유와 코코넛 알레르기가 있다면 인스턴트 커피 G7 퓨어 블랙커피(G7 Pure Black Coffee) 라인에서 선택하자.

콘삭 커피

귀여운 다람쥐 로고로 친숙한 콘삭 커피는 닥락 커피 농장에서 잘 익은 커피 체리를 다람쥐가 맛있게 먹는 모습에서 착안해 제작되었다고 한다. 아라비카 순수 원두, 아라비카 원두와 로부스타 원두를 5:5, 7:3 비율로 블렌딩하고 헤이즐넛 향을 첨가해 맛과 향기를 업그레이드한 프리미엄 제품을 홀빈, 그라인드, 1회용 드립 필터 타입으로 다양하게 구입할 수 있다. 한국 공식 수입처도 있어서 간편하게 만나 볼 수 있다.

1회용 드립 커피

사향 족제비의 배설물에서 추출한 위즐 커피와 다람쥐 로고의 콘삭 커피(헤이즐넛 가향 아라비카, 커피 체리 등), 한국계 프리미엄 브랜드 칼디 코넛 디카페인 위즐 커피 등은 1회용 드립 백이나 1회용 드립 필터가 첨부된 타입으로도 판매한다.

베트남 커피 구입 요령

① 로스팅 후 갈지 않은 홀빈(Whole Bean) 형태로, 포장 등에 표시된 로스팅 날짜와 그라인드 날짜를 사전 체크하고 구입한다.
② 로부스타(Robusta) 커피 최대 산지인 '부온 마 투옷' 이 표시되어 있으면 일단 체크하자.
③ 호찌민 시티 벤탄 시장의 원두커피는 종류도 다양하고 가격도 저렴해서 외국인들이 선호한다.

G7 고멧 인스턴트 커피의 헤이즐넛 풍미 카푸치노, 아치 카페 코코넛 커피, 두리안 커피 등

쌀국수와 라면

건면, 컵라면, 봉지라면 타입이 있다.

새우탕 맛의 핑크색이 인기 하오하오(Hảo Hảo), 소고기 쌀국수 맛의 보라색이 인기 비폰(Vifon) 등

차

차 문화가 발달해서 고품질의 순수 전통차, 허브차, 꽃차, 과일 차 등을 재래시장과 티 전문점, 마트에서 파우더, 티백 등의 타입으로 쉽게 만날 수 있다.

딜마 홍차

세계 3대 홍차 브랜드 딜마(Dilmah)는 스리랑카산 최고급 찻잎을 수확해 발효시킨 후 풍미를 추가해 생산하는 오스트레일리아 브랜드이다. 수입 제품이지만 티백을 포일 팩과 진공 팩 포장으로 간편하게, 한국보다 합리적인 비용에 구할 수 있다. 진한 풍미의 얼 그레이와 달콤한 사과 향, 복숭아 향을 첨가한 제품이 인기가 있다.

코지 차

달랏 지방의 찻잎을 수확하고 블렌딩 가공하여 고품질의 티백 타입 특산품을 생산한다. 스트로베리 티, 피치 티, 리치 티, 페퍼민트 티, 히비스커스 티, 재스민 그린 티, 캐모마일 티 등 다양한 종류를 마트에서 간편하게 구할 수 있다.

베트남 차 구입 요령

우리나라에서 구매 대행은 국제 운송비 부담으로 거의 하지 않는다. 현지 구입하거나 온라인 몰, 지인을 통해 구하게 되는 만큼, 원산지와 마시는 방법, 효능과 부작용 등을 미리 알아보고 각별한 주의가 필요하다. 베트남 차는 타이 응웬(Thai Nguyen) 산지의 제품인지 먼저 체크하고 구입하는 것이 좋다.

다낭의 특산품 노니, 달랏의 특산품 아티초크, 세계적 홍차 브랜드 딜마(Dilmah) 얼 그레이, 복숭아, 사과 가향 홍차, 베트남 오리지널 브랜드 코지 허브 티 등.

반건조 과일과 말린 과일칩

베트남 과일을 간편하게 맛볼 수 있는 말랑 말랑한 식감의 건조 과일칩은 단연 인기 1순위의 쇼핑 아이템이다.

비나밋 반건조 망고(Vinamit Soft Dried Mango), 비나밋 건조 과일칩 잭 프루트 등

더 래핑카우

베트남 내 가공 치즈 업계 점유율 85%인 프랑스 벨 그룹(Bel Group)의 베트남 공장에서 대량 생산하는 다양한 종류의 제품을 한국 대비 절반 이하의 가격으로 구입할 수 있다. 멸균 가공 처리로 생산한 제품이기 때문에 1인당 5kg 이하까지 밀봉 상태로 여행자 휴대품 신고서에 작성하면 국내 반입이 가능하다.

벨큐브(Belcube), 치즈 디퍼스(Cheeze Deepers), 미니 베이비벨(Mini Babybel), 키리(Kiri)

견과류

원산지와 보관 노하우, 생산 시 분류되는 등급을 살펴보고 구입하도록 하자.

마카다미아 넛(Macadamia nut), 구운 캐슈너트 (Roasted Cashew nut), 프리미엄 캐슈너트 카스나(Roasted Cashew CasNa Salt & Honey) 등

페바 초콜릿

베트남 과일을 간편하게 맛볼 수 있는 말랑 말랑한 식감의 건조 과일칩은 단연 인기 1순위의 쇼핑 아이템이다.

맥주

베트남 수도 하노이의 맥주 비아 하노이, 호찌민을 대표하는 333 익스포트, 베트남 남부의 비아 사이공과 비아 사이공 스페셜, 호랑이가 그려져 있는 다낭의 지역 맥주 비아 라루 & 비아 라루 스페셜이 있다. 그 외 수입 맥주로는 싱가포르의 타이거 맥주와 타이거 크리스털, 레몬 맛의 타이거 라들러를 흔하게 구입할 수 있다.

젤리

과즙 맛이 살아있는 말랑 탱탱한 젤리는 가격이 저렴하고 맛있어서 인기가 있다. 달랏의 젤리는 체크할 만하다. 위탁 수하물로만 한국으로 가지고 올 수 있다.

Lot100 망고 젤리, 체리쉬 망고 푸딩 젤리

과자 & 스낵

하노이의 특산품인 땅콩으로 만든 캔디, 코코넛 캔디 외에도 녹두콩 과자 등이 있다.

치즈 크래커(Gery), 베트남 국민 사탕 알펜리베(Alpenliebe), 녹두콩 과자 바잉더우 싸잉(Bánh Đậu Xanh)

각종 조미료

요리 초보도 베트남의 각종 요리 재료와 소스, 조미료, 향신료로 현지의 맛을 한국에서 손쉽게 재현해 볼 수 있다. 튀김, 샤브샤브에 빠질 수 없는 칠리소스, 세계 점유율 50%에 달하는 후추, 풍미를 더한 레몬 페퍼 솔트와 쉬림프 페퍼 솔트, 베트남을 대표하는 피시소스 느억맘 등이 있다. 항공사 또는 한국 규정에 반입 불가한 제품이 아닌지, 구입 전에 미리 확인하자.

촐리맥스의 뜨엉 엇(Tuong Ot) 칠리소스, 레몬 페퍼 솔트, 쉬림프 페퍼 솔트, 푸꾸옥 특산품 통후추, 치킨스톡, 느억맘 등

Vietnam
추천 코스

- **북부 베스트 코스**
  하노이 · 하롱베이 3박 4일
  하노이 · 사파 · 박하 5박 6일
  하노이 · 사파 · 박하 · 하롱베이 7박 8일

- **중부 베스트 코스**
  다낭 · 다낭 근교 · 호이안 · 미선 유적지 4박 5일
  다낭 · 다낭 근교 · 후에 · 호이안 · 미선 유적지 5박 6일

- **북부 베스트 코스**
  나트랑 · 나트랑 근교 3박 4일
  나트랑 · 나트랑 근교 · 달랏 · 무이네 5박 6일
  호찌민 · 메콩 델타 · 구찌 터널 4박 5일
  나트랑 · 달랏 · 무이네 · 호찌민 7박 8일

- **베트남 종주 코스**
  베트남 종주 24박 25일

Best Course

북부

Course 1. 하노이 – 하롱베이 3박 4일

하노이를 중심으로 하롱베이까지 돌아보는 코스

하노이에 머물면서 투어 프로그램을 이용하는 것이 보편적이다. 이른 아침 출발하는데 하노이~하롱시까지 차량 이동에만 왕복 8~10시간 가까이 소요되기 때문에 여유가 된다면 1박 2일, 2박 3일 코스를 이용하는 것이 좋다. 하롱베이 숙박은 크루즈 선상과 깟바섬 중에서 선택한다. 투어 프로그램에는 보트 트립, 카약 체험, 트레킹 등이 포함된다.

일차	도시명	일정
1일	하노이	하노이 시티 도착, 호안끼엠 호수 주변 관광
2일	하노이	하노이 시티의 호찌민 관련 명소와 역사 유적지 관광
3일	하롱베이	하롱베이 크루즈 투어로 하롱베이 비경과 깟바섬 관광
4일	하노이	맛집, 쇼핑, 마사지 즐긴 후 귀국

Course 2. 하노이 – 사파 – 박하 5박 6일

수도 하노이와 근교의 소수 민족 마을 사파와 박하를 돌아보는 코스

사파는 공항이 없기 때문에 야간 슬리핑 버스, 야간 슬리핑 기차를 이용한다. 하노이 시티의 하노이 B역에서 베트남 북부행 기차 종착역 라오까이까지 8~9시간 정도 이동해 새벽에 도착하기 때문에 보통 2박 3일 이상으로 사파 투어를 진행한다. 박하는 일요일 아침의 박하 시장이 핵심이기 때문에, 토~일 1박 2일 또는 금~일 사파 & 박하 2박 3일 일정을 짜도록 한다. 현지에서 전용 차량을 이용한 1일 가이드 투어를 이용하는 방법도 있다.

일차	도시명	일정
1일	하노이	하노이 시티 도착, 호안끼엠 호수 주변 관광
2일	사파	깟깟 마을 전통가옥, 깟깟 폭포, 사파 시장
3일	사파	라오짜이 마을, 따반 마을 트레킹 투어
4일	박하	일요일 아침 박하 시장, 플라워 흐몽족 마을 트레킹
5일	하노이	하노이 시티의 호찌민 관련 명소와 역사 유적지 관광
6일	하노이	맛집, 쇼핑, 마사지 즐긴 후 귀국

Course 3. 하노이 – 사파 – 박하 – 하롱베이 7박 8일

베트남 북부의 대표 관광지를 모두 돌아보는 여행 코스

도시, 카르스트 지형, 바다, 고산지대 등 다양한 자연을 경험하는 투어 코스다. 하노이에 도착해 양일간 하노이를 돌아보고 2박 3일 일정으로 근교 사파 & 박하를 여행한다. 장시간 이동하기 때문에 사파와 박하에서 돌아온 후 중간 지점인 하노이에서 휴식하고 익일 하롱베이로 출발한다.

일차	도시명	일정
1일	하노이	하노이 시티 도착, 호안끼엠 호수 주변 관광
2일	하노이	하노이 시티의 호찌민 관련 명소와 역사 유적지 관광
3일	사파	깟깟 마을 전통 가옥, 깟깟 폭포, 사파 시장
4일	사파	라오짜이 마을, 따반 마을 트레킹 투어
5일	박하	일요일 아침 박하 시장, 플라워 흐몽족 마을 트레킹
6일	하노이	하노이 시티로 이동, 숙소에서 휴식
7일	하롱베이	하롱베이 크루즈 투어로 하롱베이 비경과 깟바섬 관광
8일	하노이	맛집, 쇼핑, 마사지 즐긴 후 귀국

하노이 추천 나이트 라이프

전망대 칼리다스 랜드마크 72 로열 레지던스(Calidas Landmark 72 Royal Residence), 롯데 센터(Lotte Center)
루프 톱 & 라운지 바 롯데 호텔(Lotte Hotel) 탑 오브 하노이, 호안끼엠 호수의 야간 라이트업
여행자 거리, 맥주 거리, 북부 최대 재래시장 동 쑤언의 야시장(금~일요일 18:00~24:00)

Best Course
중부

Course 1. 다낭 – 다낭 근교 – 호이안 – 미선 유적지 4박 5일

다낭과 세계 문화유산의 도시 호이안 그리고 미선 유적지를 돌아보는 코스

베트남 휴양의 1번지인 다낭에서 여행을 시작하여, 문화 유산의 도시 호이안 그리고 참파 왕국의 흔적을 느낄 수 있는 미선유적지 까지 돌아보는 코스이다. 노약자, 임산부, 영유아를 동반한 여행, 또는 휴양이 목적이라면 미선 유적지를 생략하고 호텔 & 리조트의 스파와 마사지, 호핑 투어로 휴식을 즐긴다.

일차	도시명	일정
1일	다낭	다낭 도착, 참 박물관과 대성당, 린응사 등 시내 관광
2일	다낭 근교	바나힐, 오행산 관광(또는 하이반 패스 투어 포함)
3일	호이안	안방 비치, 올드 타운, 야시장 관광
4일	미선 유적지	미선 투어 프로그램으로 고대 참파 왕국의 성지 여행
5일	다낭	맛집, 쇼핑, 마사지 즐긴 후 귀국

Course 2. 다낭 – 다낭 근교 – 후에 – 호이안 – 미선 유적지 5박 6일

세계 문화유산인 후에, 호이안, 미선 유적지 3곳 모두를 돌아보는 코스

다낭에서 휴식, 쇼핑, 맛집, 마사지, 시내 관광을 즐기고 세계문화유산으로 지정된 호이안, 미선 유적지에서 찬란했던 베트남 고대 참파 왕국의 역사를 느껴본다. 후에, 미선 유적지는 도보 이동이 많기 때문에 이른 시간 방문하고 오후 시간은 마사지 또는 숙소에서 휴식하는 일정으로 진행하자.

일차	도시명	일정
1일	다낭	다낭 도착, 참 박물관과 대성당, 린응사 등 시내 관광
2일	다낭 근교	바나힐, 오행산 관광(또는 하이반 패스 투어 포함)
3일	후에	궁정 박물관, 후에 역사 박물관, 황궁, 호찌민 박물관, 여행자 거리 관광
4일	호이안	안방 비치, 올드 타운, 야시장 관광
5일	미선 유적지	미선 투어 프로그램으로 고대 참파 왕국의 성지 여행
6일	다낭	맛집, 쇼핑, 마사지 즐긴 후 귀국

Best Course

남부

Course 1. 나트랑 – 나트랑 근교 3박 4일

휴양 도시 나트랑에서 휴식을 즐기는 코스

나트랑은 휴식과 휴양을 목적으로 방문하는 경우가 대부분이기 때문에 하루나 이틀 정도 가볍게 시내를 관광하고, 리조트와 머드 온천, 호핑 투어를 즐긴다. 빈펄 랜드만으로도 즐길 거리가 풍성하기 때문에 며칠간 머물며 일정을 보내는 것도 좋다.

일차	도시명	일정
1일	나트랑	나트랑 도착, 나트랑 시내 관광
2일	나트랑 근교	나트랑 최대 테마파크인 빈펄 랜드 관광
3일	나트랑	호핑 투어(보트 투어) 프로그램으로 물놀이, 비치 또는 리조트에서 휴식
4일	나트랑	맛집, 쇼핑, 마사지 즐긴 후 귀국

Course 2. 나트랑 – 나트랑 근교 – 달랏 – 무이네 5박 6일

휴양 도시 나트랑과 사막, 산과 계곡 호수 등 자연을 만끽하는 코스

나트랑과 달랏, 무이네까지 베트남 남부를 모두 돌아보는 일정이다. 차량으로 나트랑 → 달랏 약 4시간, 달랏 → 무이네 약 4시간 30분, 무이네 → 나트랑 약 4~6시간 정도를 이동해야 하기에 아침 일찍 출발하고 오후에는 휴식을 하도록 한다. 무이네, 달랏, 나트랑 모두 공항이 있기 때문에 비행기를 이용하는 방법도 좋다.

일차	도시명	일정
1일	나트랑	나트랑 도착, 시내 관광과 머드 온천 체험, 포나가르 사원 관광
2일	나트랑 근교	나트랑 최대 테마 파크인 빈펄 랜드 관광
3일	나트랑	호핑 투어(보트 투어) 프로그램으로 물놀이, 비치 또는 리조트에서 휴식
4일	달랏	쑤언 흐엉 호수, 대성당, 크레이지 하우스 등 관광 (또는, 주변 다딴라 폭포와 린프억 사원 관광)
5일	무이네	모래 언덕 지프 투어(또는 선라이즈 투어, 선셋 투어 프로그램 선택 관광)
6일	나트랑	맛집, 쇼핑, 마사지 즐긴 후 귀국

Course 3. 호찌민 – 메콩 델타 – 구찌 터널 4박 5일

호찌민을 중심으로 메콩 델타와 구찌 터널을 돌아보는 코스

호찌민 시티를 포함해 라오스, 캄보디아, 베트남, 남중국해로 흐르는 메콩강 델타, 베트남 전쟁 당시 게릴라전의 흔적을 만날 수 있는 구찌 터널을 돌아보는 일정이다. 버스, 보트 등 대중교통보다는 투어 프로그램을 이용하는 것이 편리하고 가격도 저렴하다. 시간적인 여유가 된다면 메콩강 섬과 자연환경, 현지인들의 삶에 더 깊숙이 들어가 보는 1박 2일, 2박 3일 코스도 좋다. 구찌 터널은 보통 반나절 투어로 진행되기 때문에 까오다이교 사원과 묶어 방문하는 1일 투어가 인기가 있다. 메콩강과 구찌 터널을 결합한 상품도 있기 때문에 시간과 비용을 절약하며 효율적으로 여행할 수 있다.

일차	도시명	일정
1일	호찌민	호찌민 시티 도착, 통일궁과 노트르담 대성당 등 시내 관광
2일	호찌민	호찌민 박물관, 미술관, 여행자의 거리 등 시내 관광
3일	메콩 델타	메콩 델타 크루즈(보트) 투어로 남부 수상 가옥, 수상 시장, 로컬 음식 체험
4일	구찌 터널	구찌 터널 투어 프로그램으로 베트남 전쟁 당시 주민들의 열악한 피난 상황을 간접 체험
5일	호찌민	맛집, 쇼핑, 마사지 즐긴 후 귀국

TIP. 호찌민 시티의 나이트 라이프

본사이 크루즈(Bonsai Cruise) 야경, 클럽 아포칼립스 나우(Apocalypse Now), 렉스 호텔 사이공(Rex Hotel Saigon) 루프톱 가든, 르네상스 리버사이드 호텔 사이공(Renaissance Riverside Hotel Saigon) 루프톱 바, 쉐라톤 사이공 호텔 & 타워(Sheraton Saigon Hotel & Tower) 루프톱 바, 벤탄 야시장

Course 4. 나트랑- 달랏 - 무이네-호찌민 7박 8일

휴양 도시 나트랑과 베트남 남부의 중심 도시 호찌민을 모두 돌아보는 코스

짧은 일정에 많은 곳을 방문하기 때문에 나트랑으로 입국해서 호찌민 시티로 출국하는 비행 스케줄을 이용하는 것도 좋은 방법이다.

일차	도시명	일정
1일	나트랑	나트랑 도착, 시내 관광과 머드 온천 체험, 포나가르 사원 관광
2일	나트랑	호핑 투어(보트 투어) 프로그램으로 물놀이, 비치 또는 리조트에서 휴식
3일	달랏	쑤언 흐엉 호수, 대성당, 크레이지 하우스 등 관광 (또는, 주변 다따라 폭포와 린프억 사원 관광)
4일	무이네	모래 언덕 지프 투어(또는 선라이즈 투어, 선셋 투어 프로그램 선택 관광)
5일	무이네	리조트에서 휴식
6일	호찌민	호찌민 시티 도착, 통일궁과 노트르담 대성당 등 시내 관광
7일	호찌민	호찌민 박물관, 미술관, 여행자의 거리 등 시내 관광
8일	호찌민	맛집, 쇼핑, 마사지 즐긴 후 귀국

무이네 리조트 투어 프로그램 *TIP.

호찌민 시티와 가까운 무이네를 돌아보는 리조트 투어 프로그램이 다양하다. 호찌민 시티에서 차량으로 약 4시간 이동 후, 무이네 리조트(방갈로) 이용, 선라이즈, 선셋 투어를 선택 관광하는 1박~3박 프로그램과 1일 투어 후 호찌민 시티로 돌아가는 방법이 있다.

Best Course

베트남 종주

Course 1. 베트남 종주 24박 25일

하노이 시티에서 시작해 호찌민 시티로 아웃하는 베트남 종주 코스

호찌민 시티로 들어가 하노이 시티로 나오는 방법도 가능하다. 차량, 열차, 야간 버스 등 이동이 많은 편이므로, 베트남 국내선을 이용하는 것도 좋다. 베트남의 무사증 여행 기간은 14박 15일이기 때문에 불필요한 지역은 과감히 생략하고 전체 일정을 15일에 맞추거나, 그 이상을 머물게 된다면 반드시 사전에 비자를 발급받자.

일차	도시명	일정
1일	하노이	하노이 도착, 호안끼엠 호수 주변 관광
2일	하노이	하노이 시티의 호찌민 관련 명소와 역사 유적지 관광
3일	하롱베이	하롱베이 크루즈 투어로 하롱베이 비경과 깟바섬 관광
4일	하노이	하노이 도착, 쇼핑, 마사지 등 휴식
5일	사파	깟깟 마을 전통 가옥, 깟깟 폭포, 사파 시장
6일	사파	라오짜이 마을, 따반 마을 트레킹 투어
7일	박하	일요일 아침 박하 시장, 플라워 흐몽족 마을 트레킹
8일	하노이	쇼핑, 마사지 등 휴식
10일	하노이	다낭으로 이동, 시내 산책 후 숙소에서 휴식
11일	다낭	참 박물관과 대성당, 린응사 등 시내 관광
12일	다낭 근교	바나 힐, 오행산 관광(또는 하이반 패스 투어 포함)
13일	후에	궁정 박물관, 후에 역사 박물관, 호찌민 박물관, 여행자 거리 관광
14일	호이안	안방 비치, 올드 타운, 야시장 관광
15일	미선	미선 투어 프로그램으로 고대 참파 왕국의 성지 여행. 다낭으로 이동 쇼핑, 마사지 후 휴식
16일	나트랑	나트랑으로 이동, 시내 관광과 머드 온천 체험, 포나가르 사원 관광
17일	나트랑	호핑 투어(보트 투어) 프로그램으로 물놀이, 비치 또는 리조트에서 휴식
18일	달랏	쑤언 흐엉 호수, 대성당, 크레이지 하우스 등 관광(또는, 주변 다딴라 폭포와 린프억 사원 관광)
19일	무이네	모래 언덕 지프 투어(또는 선라이즈, 선셋 투어 프로그램 선택 관광)
20일	무이네	리조트에서 휴식
21일	호찌민	호찌민 시티로 이동, 통일궁과 노트르담 대성당 등 시내 관광
22일	호찌민	호찌민 박물관, 미술관, 여행자의 거리 등 시내 관광
23일	메콩 델타	메콩 델타 크루즈 투어로 남부 수상 가옥, 수상 시장, 로컬 음식 체험
24일	구찌 터널	구찌 터널 투어 프로그램으로 베트남 전쟁 당시 주민들의 열악한 피난 상황을 간접 체험
25일	호찌민	맛집, 쇼핑, 마사지 즐긴 후 귀국

Vietnam
여행 정보

베트남 여행 준비
한국 출국하기
베트남 입국하기
한국으로 돌아오기
베트남 교통 정보

베트남
여행 준비

여권

여권은 외국 여행을 하는 대한민국 국민이 국적, 신분을 증명하고 외국 출입국을 할 수 있도록 정부가 발급해 주는 증빙 서류이다. 종류는 5년 또는 10년간 유효한 복수 여권과 1년간 딱 1회만 한국 출입국이 가능한 단수 여권으로 분류한다. 단수 여권은 베트남 무비자 입국과 도착 비자의 발급이 불가능하다. 만 18세 이상 성인은 구비 서류를 준비하고 외무부가 허가한 전국 여권 사무 대행 기관이나 재외 공관에서 본인이 신청, 발급받아야 하는데 보통 3~7일, 여행 성수기에는 10일 정도 소요된다. (상세 정보는 외교부의 여권 안내 홈페이지 참고 www.passport.go.kr, 또는 외교부 여권과 전화 문의.)

일반 여권 발급의 구비 서류
- 여권 발급 신청서 1통(여권과에 비치)
- 여권용 사진 1장(여권 신청일로부터 6개월 이내 촬영한 3.5×4.5cm 사이즈의 천연색 상반신 정면 사진으로 정수리부터 턱까지 머리 길이가 3.2~3.6cm일 것, 전자 여권이 아닌 경우는 2장)
- 신분증(주민 등록증, 운전면허증, 공무원증, 군인 신분증)
- 만 18세 미만 미성년자는 기본 구비 서류와 법정 대리인 동의서, 법정 대리인의 본인 서명 사실 확인서, 법정 대리인 신분증
- 25세~37세 군 미필자는 기본 구비 서류를 준비

• TIP •
여권의 유효 기간을 확인
베트남 입국 예정일로부터 6개월 미만이거나 분실 시 반드시 재발급받아야 한다. 기본 구비 서류와 여권 재발급 신청 사유서, 여권 분실 신고서를 추가해 여권 재발급을 신청하면 보통 3~7일 정도 소요된다(공휴일 제외). 현지에서 여권 분실 시 재발급을 대비해 여권 사본과 출국일로부터 6개월 이내의 여권용 사진 2장 이상을 준비한다.

해외 신분증의 로마자 성명
여권상 로마자 성명은 한글 성명을 국내 로마자 표기법에 따라 영어 알파벳으로 음역 표기하는 것이 원칙이다. 알파벳 대문자로 붙여쓰는 것이 좋으며 여권, 해외 결제 겸용 신용 카드, 기타 해외 신분증의 로마자 성명은 일치하도록 한다.

하고, 병무청 홈페이지에서 국외 여행 허가서를 발급 신청해야 한다.

※ 가족 관계 기록 사항에 관한 증명서와 병역 관계 서류(미필자)는 행정 정보 공동 이용망을 통해 확인 불가능한 경우 제출(공통 사항).

• 수수료

여권 종류	유효 기간	발급 수수료
복수 여권	10년	5만 3천 원
	5년	4만 5천 원
단수 여권	1년간 딱 1회만 사용	2만 원

베트남 비자 받기

베트남 비자는 베트남 이민국이 발행하는 출입국 허가서로 베트남 대사관과 베트남 항공사에서 받을 수 있다. 결격 사유가 없는 한국인은 베트남 이민국 직원에게 유효한 일반 여권과 체류 기간 이내 귀국 항공 티켓, 또는 제3국행 출국 항공 티켓을 제시하고 14박 15일 동안 베트남 무비자(무사증) 여행을 할 수 있다. 현재는 무비자 체류 15일 이내 출국 다음 날로부터 32일 차에 베트남 무비자 재입국이 가능하다.

※ 2020년 3월 초 기준 베트남 정부는 코로나 19 감염증 확산 방지를 위해 대구, 경북 출발 및 경유 한국인 입국 금지, 여타 한국 출발 한국인의 경우 도착일로부터 14일 자가 격리, 2020년 2월 29일 00시 00분부터 한국 국민에 대한 일방적 사증 면제 제도(무비자) 임시 중단 등 새로운 조치를 시행 중이다.

베트남 비자 발급이 필요한 경우

- 일반 여권으로 베트남 무비자 체류 후 출국 30일 이내 재방문.
- 푸꾸옥을 제외한 지역 15일 이상 체류(한 달 살기)
- 여권 만료 기간 6개월 이내.

한국 기준 비자 종류

<u>단수 비자</u> 유효 기간에 베트남 출입국을 딱 1회, 30일, 90일 체류할 수 있는 비자로, 현지에서 체류 기간 연장은 불가능하다. 발급일로부터 30일, 90일 유효하기 때문에 단수 관광 비자 신청서에 발급일과 베트남 입국 예정일(Proposed date of entry)을 일치하도록 작성해서 도착 비자와 E 비자를 선택 발급받아야 한다. 이미 발급받은 비자는 베트남 입국일을 지정해서 변경 요청을 해야 한다. 대행사를 통한 발급은 공휴일을 제외하고 3일, 실제로 1~5일 소요된다. 여행 성수기에는 넉넉한 여유 기간을 둔

다. 단수 비자 발급비 미화 25달러 정도.

<u>복수 비자</u> 여러 종류가 있지만, 보통은 증빙 서류를 첨부해서 상용 복수 비자를 도착 비자로 발급받아 3개월, 6개월 유효 기간 동안 사용한다. 복수 비자 발급비 미화 50달러 정도.

<u>상용 비자</u> 비즈니스 목적의 방문자는 대한민국 주재 베트남 대사관에 구비 서류를 첨부해서 베트남 이민국에서 발송하는 초청장(비자 발급 승인서, 입국 허가증)과 유효 기간(3개월, 6개월)에 여러 번 방문 가능한 상용 복수 비자(Business Visa)를 발급받아야 한다. 무비자 관광으로 출입국 횟수가 여러 차례일 경우 당국이 비즈니스 목적을 의심, 블랙리스트 대상이 될 수 있기 때문이다. 적발되면 과태료나 강제 추방 조치를 당할 수 있으며 향후 베트남 출입국에 제한이 생길 수 있다.

> **Tip**
>
> **E 비자(E-Tourist Visa)**
>
> 발급일 또는 베트남 입국일부터 30일 유효한 단수 관광 비자만 발급 가능하다(현지에서 체류 기간 연장 신청은 불가). 발급 신청서에 개인 인적 사항을 영문 작성하고 비자, 마스터 카드로 비자 발급비 25달러와 수수료 1달러를 결제한다. 접수 번호는 메모해서 비자 승인 조회를 한다. 비자 발급 완료 이메일을 수신하면 E 비자 홈페이지에 코드를 입력하고 비자를 발급받아 프린트한다. 베트남 공항의 입국 심사대로 가서 E 비자와 유효 여권을 제시한다. 입출국 시에 모두 필요하니, 잘 보관하자. (베트남 E-Visa 홈페이지 evisa.xuatnhapcanh.gov.vn)

도착 비자(Arrival Visa/Landing Visa) 베트남 공항으로 입국하는 복수 여권의 소지자는 출국 전 베트남 대사관이나 비자 발급 대행사에 구비 서류를 발송하고 베트남 이민국(출입국 사무소)에서 발행한 초청장과 여행 정보를 미리 보내서 도착 비자 승인서를 발급받을 수 있다. 승인 신청부터 발급까지 공휴일을 제외하고 공식적으로 3일 소요된다. 베트남 공항에 도착하면 도착 비자(Arrival Visa) 발급 창구로 이동해서 입국일로부터 6개월 이상 유효한 여권과 도착 비자 승인서, 입국한 항공편의 탑승권, 출국 예정일의 E 리턴 티켓을 제시하고 입국 신청서를 받아 영문으로 서류에 기입, 반명함판 규격 사진 2장 정도를 부착해 제출하면 잠시 후에 현장에서 발급비(단수는 미화 현금 25달러, 복수는 미화 50달러 정도)를 결제하고 비자가 붙은 여권을 돌려받는다.

경유 비자 (Transit VISA) 베트남 항공기로 베트남을 경유해서 제3국으로 이동 중에 베트남에서 15일 이상 체류하거나 최근 베트남 무사증 체류 후 출국일로부터 30일 이내 무사증 재입국하는 경우에 발급받는 비자이다. 비자 발급 신청서와 유효 여권, 입국한 항공기의 탑승권, 출국 예정 E 티켓을 준비하면 되지만, 경유 비자는 발급 거부되는 경우가 많다.

★ 인접국 → 베트남 육로로 국경을 횡단하는 경우
개별 여행자들은 인접국 주요 도시의 베트남 영사관에서 비자를 발급받아 육로로 입국 가능하며 베트남 내에서 인지대를 내고 체류 기간을 연장할 수 있다.

★ 베트남 → 인접국 육로로 국경을 횡단하는 경우
반대로 베트남에서 인접 국가로 출국할 경우 육로 국경에서 비자를 발급해 주지 않음으로 사전에 하노이, 호찌민 등의 대사관, 영사관이나 여행사의 비자 대행 서비스를 이용하여 해당 국가의 비자를 받아 두어야 한다. 인접 국가의 비자 발급용 반명함판 증명사진 여러 장을 미리 준비해 가자. 경유 비자 발급비는 미화 5달러.

대한민국 & 베트남 양국의 재외 공관

서울 주재 베트남 대사관
주소 서울시 종로구 북촌로 123
전화 02-734-7948
시간 월~금 09:30~12:30, 14:30~17:30 / 토~일·공휴일 휴관

하노이 주재 대한민국 대사관
주소 SQ4 Diplomatic Complex, Do Nhuan St, Xuan Tao, Bac Tu Liem, Ha Noi
전화 대사관 024-3831-5111 영사부/비자·여권 024-3771-0404
24시간 긴급 전화(근무 시간 외) 090-402-6126
시간 09:00~12:00, 14:00~16:00(비자 신청은 09:00~12:00 / 토~일·공휴일 휴관)
홈페이지 overseas.mofa.go.kr/vn-ko

호찌민 주재 대한민국 총영사관
주소 107 Nguyen Du, Dist 1, HCMC
전화 028-3822-5757. 여권·공증 028-3824-2593, 사증(비자) 028-3824-3311, 24시간 긴급 093-850-0238
시간 09:00~12:00, 13:30~17:30 / 토~일·공휴일 휴관

영사 콜센터(24시간)
해외 휴대폰 자동 로밍
(유료) 서울 02-3210-0404
해외 유선 전화, 휴대폰
(유료)+ 82-2-3210-0404
(유료) 현지 국제 전화 코드
+ 82-2-3210-0404
(무료①) 현지 국제 전화 코드
+ 800-2100-0404 / + 800-2100-1304
(무료②) 국제 자동 콜렉트콜
(무료③) 국가별 접속 번호(120-82-3355)+ 5번

·TIP·
베트남 도착 비자 발급 대행 서비스
여권 사본(사증 한 면도 가능)과 여권 사진 사본, 전자 항공권을 스캔하여 메일로 첨부, 비자 발급에 필요한 개인 인적 사항 사본이나 메모를 전달하고 대행 수수료를 송금하면 며칠 후 발급되는 도착 비자 승인서를 프린트 아웃하고 출국한다. 베트남의 공항 입국 심사대 근처 도착 비자 발급 창구의 이민국 직원에게 위에 언급한 준비물과 비자 발급 수수료를 제출한다.

해외 여행자 보험 가입

여행 중 사건 사고를 대비하기 위해 출발 전 해외 여행자 보험에 가입하자. 보험 가입은 보험사 홈페이지와 여행사, 은행 환전 이벤트, 공항 내 보험사 창구 등에서 가능하다. 출국 날짜, 귀국 날짜(시간), 주민 등록 번호와 연락처 등을 기입하고 가입하는데 보험 보장 내역과 범위, 기간, 나이, 여행지에 따라 금액이 달라진다. 보험사 연락처를 알아 두고 출국하도록 하며, 현지에서 질병, 사고 발생 또는 소지품 분실, 도난 시 접수에 필요한 서류가 무엇인지 확인하자. 자세한 사항은 각 보험 사이트에서 꼼꼼히 읽어 보자.

마이뱅크 www.mibank.me
삼성화재 www.samsungfire.com
KB손해보험 www.kbinsure.co.kr
현대해상 www.hi.co.kr

국제 학생증(ISEC)

만 7세~만 26세의 학생은 국제 학생 교류 센터에 국제 학생증을 신청, 발급받아서 해외여행 시 다양한 할인 혜택을 누릴 수 있다. 요금은 유효 기간 1년은 1만 5천 원, 2년은 2만 8천 원이다. 온라인 신청(www.isecard.co.kr) 시 배송비가 추가된다.

국제 학생증의 기능
① 출국 전 여행 국가의 호텔, 게스트 하우스를 특별 할인가로 예약 가능.
② 여행 국가의 박물관, 미술관 등 관광 명소를 방문하면 입장권 할인 혜택 가능.
③ 해외 신분증을 겸하므로 여권 분실, 도난을 방지.

발급 신청하는 방법
① 유효 기간을 선택하고 신청서 양식을 작성.
② 서류(인물 사진, 신분증, 학생 증빙 서류) 준비.
③ 다양한 발급 방법 중에서 선택.
④ 카드 발급 완료.
※ 발급처 방문 시 당일 발급, 온라인은 2~3일 내 자택 배송. 긴급은 인천 공항 픽업 서비스(문의 1644-8045)로 수령.

만 14세 미만 미성년자
① 부모(성인 보호자)가 발급처를 방문해 대리 신청.
② 온라인 대리 신청비(배송비 포함 50% 할인 혜택).

> **TIP**
> **국제 학생증의 모바일 카드**
> 모바일 카드만 구입할 수 없으며 실물 카드를 구입한 경우에만 무료 제공한다. 스마트폰에 네이버, 크롬 또는 사파리 어플을 열고 www.isecard.com/m 입력 후 모바일 카드를 접속한다.

숙소 예약

인기 있는 숙소는 일찍부터 만실이 되거나, 여행 날짜가 임박할수록 가격이 오르기에 원하는 숙소가 있다면 일정이 확정됨과 동시에 예약하도록 하자. 반대로 날짜가 임박했음에도 공실인 경우에는 큰 폭으로 할인해서 판매하는 경우도 많기 때문에 비교하고 예약하는 것이 좋다. 숙소 예약 시 인터넷 사용, 조식, 송영 서비스, 취소 가능 여부 등이 다르므로 각 조건을 잘 살펴보자. 사진과 이용 후기를 참고해서 안전한 숙소를 고르는 것이 좋다.

온라인 숙소 예약
아고다 www.agoda.co.kr
호텔닷컴 kr.hotels.com
익스피디아 www.expedia.co.kr

호텔 가격 비교 사이트
부킹닷컴 www.booking.com
호텔스컴바인 www.hotelscombined.co.kr

항공권 준비

여행 기간, 예산, 귀국일 변경 가능 여부를 꼼꼼히 확인하고 본인에게 가장 잘 맞는 항공권을 구입하자. 베트남 국내선으로 주로 이동한다면 우리나라에서 베트남 항공 국제선과 국내선 항공권을 같이 발권하면 유리하다.

국적기
대한항공 www.koreanair.com
아시아나항공 www.flyasiana.com

저가 항공사
진에어 www.jinair.com
에어서울 flyairseoul.com
에어부산 www.airbusan.com
제주항공 jejuair.net
이스타항공 www.eastarjet.com
티웨이항공 www.twayair.com

베트남 항공사
베트남항공 www.vietnamairlines.com
뱀부항공 www.bambooairways.com
비엣젯항공 www.vietjetair.com
젯스타 www.jetstar.com

항공권 싸게 구입하는 요령
- 성수기(여름 휴가철, 명절 연휴 등)는 피하기.
- 유효 기간이 짧을수록 저렴.
- 국적기보다 중저가 항공사를 잘 알아보기.
- 공동 구매 또는 단체 티켓, 특가 항공권을 이용.

할인 항공권 취급 여행사
G 마켓 여행 gtour.gmarket.co.kr
인터파크투어 tour.interpark.com
여행박사 www.tourbaksa.com
웹투어 www.webtour.com
땡처리닷컴 www.ttang.com

항공권 가격 비교 사이트
스카이스캐너 www.skyscanner.co.kr
아고다닷컴 www.agoda.com
익스피디아 www.expedia.co.kr
네이버 항공권 flight.naver.com

항공사에서 지정한 세일 기간을 노려라
항공사에서는 임박한 날짜에 좌석이 다 차지 않으면 좌석 판매를 위해 특가 세일을 한다. 이 경우는 제약 조건이 따르는 경우가 있지만, 시간이 허락된다면 항공 일정에 여행 일정을 맞추는 것도 좋은 방법이다.

일정 변경이 절대 없다면!
비수기에 앞서 항공사에서는 좌석 판매를 위해 미리 45일 전 발권, 또는 마일리지 적립이 안 되는 항공권 등 다양한 조건을 내걸어 프로모션을 한다. 그러나 만약 일정 변경을 할 경우 환불이 안 된다거나 패널티가 부과되기 때문에 오히려 경비 절감에는 마이너스다. 저렴한 항공권일수록 항공사에서 정한 이벤트 조건이 본인 일정에 맞는지, 항공권의 유효 기간과 환불 정책도 상세하게 살펴보고 유류 할증료를 포함한 최종 비용까지 파악해야 한다.

다양한 기내식
비행기를 타면 싫든 좋든 먹게 되는 기내식, 꼭 정해진 기내식만 먹으라는 법은 없다. 아동을 위한 햄버거, 스파게티 등 다양한 기내식이 있다. 물론 항공 노선에 따라 탑재되는 기내식이 달라지기도 한다. 그리고 당뇨병 환자를 위한 환자식도 제공되는데, 출발하기 72시간 전에 신청해야 한다.

베트남 현지 한국계 여행사 홈페이지
신 투어리스트 thesinhtourist.vn
발로 투어 balotour.net
플라잉 베트남 flyingvietnam.net
베트남 스토리 www.vietnamstory.co.kr

해외 겸용 신용 카드

서로 다른 브랜드(마스터, 비자, JCB Card)의 해외 결제 겸용 신용 카드를 2장 정도 준비한다. 참고로, 아멕스(American Express)는 결제가 안 되는 곳이 많다. 베트남은 IC 카드 리더기 시스템이 보편화되어 있으므로, IC 카드 비밀번호 등록 여부를 사전 확인하고 안 돼 있으면 지점 방문한다. IC 카드 비밀번호가 미등록된 비자, 마스터 카드를 도용, 부정 사용하는 사례가 있어 각별한 주의가 필요하다. 베트남과 동남아에서는 대형 쇼핑몰에서조차 신용 카드 도난, 분실에 따른 피해 사례가 상당하기 때문에 항상 신용 카드의 유무를 확인해야 한다.

신용 카드 사용시 유의 사항
① 해외 카드의 유효 기간과 결제일, 결제 한도 범위를 미리 체크한다.
② 여행 전에 카드 모바일 앱을 반드시 등록하고 결제 내역을 관리한다.
③ 현지에서 해외 유심 칩을 이용하는 경우는 결제 알림 서비스를 가족 번호로 신청한다.
④ 해외 원화 결제 차단 서비스 신청을 사전 완료한다.
⑤ 현지 출금은 가능한 국제 현금 카드(체크 카드)를 이용한다.
⑥ 사설 ATM기는 가능한 사용하지 않는다.
⑦ 신용 카드의 서명은 해외 신분증(여권, 운전면허증 등)의 영문 알파벳 대문자 성명 표기와 일치시킨다.
⑧ 해외 결제는 일시불이지만, 귀국 후 할부 결제로 전환 신청이 가능하다.
⑨ 카드 대금은 전표가 카드사에 매입되는 시점에 정해지므로, 환율이 영향을 준다.
⑩ 카드 결제는 미화로 결제하기 바란다는 의미로 "I'd like to pay with US Dollar."라고 요청한다.

국제 현금 카드(체크 카드)

국제 현금 카드(체크 카드)와 연결된 본인 카드 결제 계좌의 잔액 한도 내에서 사용할 수 있다. 해외 여행 혜택이나 본인에게 유리한 조건의 국제 현금 카드(체크 카드)를 선택한다. 베트남에 해외 결제 겸용 신용 카드를 가져간다 해도, 가능한 현금 결제를 하고 출금은 국제 현금 카드(체크 카드)를 이용하자.

환전

현재 외환은행, 국민은행에서도 베트남 동으로 환전 가능하지만 원화 대비 환율이 좋지 않아서 주거래 은행이나 사이버 환전, 환전 어플로 원화를 100달러(USD) 정도 환전하거나, 신권 100달러 단위로만 환전한 다음 베트남 현지에서 이중 환전하면 유리하다. 공항 환전소보다 은행, 호텔, 시내 사설 환전소의 환전율이 좋다. 은행에서 환전은 여권을 소지해야 한다. 현지에서 달러를 베트남 동화로 환전하기는 어려우니, 필요한 만큼 조금씩 동화로 환전하는 것이 좋다.

베트남 ATM 사용

현지 큰 건물, 은행 창구가 있는 큰 은행 ATM기(야간 방문은 자제)에 타인이 없을 때 방문하여 국제 현금 카드(체크 카드)로 필요한 만큼 50만 동과 20만 동, 10만 동 중심으로 현금 인출해서 핸드 스트랩을 부착한 동 지갑에 화폐 단위별로 칸을 나눠 사용하면 안전하다. 현금 인출 수수료가 있기 때문에 큰 금액을 인출하는 것이 오히려 경제적이다. 위폐 방지용 폴리머 소재의 화폐는 서로 달라붙기 쉬우므로 환전하고 바로 영수증과 화폐 수를 확인해야 한다. 한국계 NH 신한 베트남 은행, KB 국민은행, NH 농협은행, 우리은행 등을 이용하면 편리하다.

시간(은행 업무)
월~금 08:30~16:30

홈페이지
NH 신한베트남은행 shinhan.com.vn/en
우리은행 go.wooribank.com
KB 국민은행 글로벌 global.kbstar.com

• TIP
현지 ATM 사용법
① 카드가 해외 현금 인출이 가능한지 미리 확인.
② 큰 은행이나 큰 건물의 ATM을 이용.
③ 현금 인출 비밀번호(PIN) 6자리를 손으로 가리고 안전하게 입력. 비밀번호가 4자리인 경우는 비밀번호 뒤에 00을 입력.
④ Withdrawal 현금 인출은 USD/VND를 선택.
⑤ 체크 카드Checking, 신용 카드Cash Card.
⑥ 체크 카드는 Savings Account 현금 계좌를, 신용 카드는 Cash/Default 현금 서비스 선택.
⑦ ATM기에 따라 인출 한도는 3백만 동, 또는 5백만 동으로 다름.
⑧ 영수증을 선택하고 보관.
⑨ 타인이 있거나 늦은 시간 이용은 피할 것.
⑩ 핸드 스트랩 부착한 가방과 지갑에 안전히 수납.
⑪ 오토바이 날치기를 주의하자. 크로스 백은 인도 방향으로 착용.

스마트폰 사용하기

인터넷 사용이 가능하면 위치 정보 서비스로 목적지를 쉽게 찾을 수 있고, 한국에서 관련 어플을 미리 다운받아 설치해가면 다양한 분야에서 유용하게 활용할 수 있다. 무선 인터넷과 와이파이 서비스가 발전한 베트남에서 스마트폰을 사용하는 다양한 방법을 알아보고 본인에게 합리적인 것을 선택하자.

무제한 데이터 로밍 서비스

인천 국제공항의 로밍 센터나 사용 중인 이통사에 전화 신청할 수 있다. 24시간 기준으로 과금되는 점을 잘 활용해서 로밍 서비스의 개시 일시를 지정하면 1일 신청으로 2일간 데이터 로밍 서비스를 무제한 사용할 수 있다. 단, 국내보다 속도가 느리고 가격도 비싼 편이다.

데이터 로밍 One Pass
LTE/3G 망으로 데이터 제공 300MB/1일, 소진 시 속도 제어.
요금 부가세 포함 1일 9,900원~
홈페이지 troaming.tworld.co.kr

SKT 자동 안심 T 로밍 서비스
현지에 도착해서 휴대폰의 비행기 모드를 끄고 전원과 데이터를 켜면 한국에서 사용하던 그대로 이용할 수 있어 간편하다.

KT 올레 하루 종일 ON
LTE / 3G 망으로 데이터(300MB) 제공하고 1일 데이터량 소진 시 속도 제어가 된다. 요금 부가세 포함 1일 11,000원이다.
홈페이지 globalroaming.kt.com

LG U+ 하루 데이터 로밍
300MB 데이터를 제공하고 1일 데이터량 소진 시 속도 제어가 된다. 요금 부가세 포함 1일 11,000원이다.
홈페이지 www.uplus.co.kr

> **TIP**
> **스마트폰 해외 데이터 차단 방법**
> ① 공항에서 스마트폰의 해외 데이터 차단 신청.
> ② 통신사 고객 센터에 해외 데이터 차단 신청.
> ③ 비행기 탑승 전에 스마트폰의 비행기 모드 전환, 모바일 데이터 차단.
> ④ 현지에서 비행기 모드로 포켓 와이파이 사용.

포켓 와이파이

스마트폰이나 태블릿 PC 등 휴대용 기기에서 자유롭게 인터넷을 사용할 수 있는 단말기이다. 포켓 와이파이를 대여하면 충전도 해야 하고 단말기가 뜨겁게 과열된다는 단점이 있다. 하지만 휴대폰의 한국 전화번호를 그대로 사용하면서 단말기 한 대로 여러 기기에 연결이 가능해 2명 이상만 사용해도 통신사의 데이터 로밍 서비스보다 훨씬 저렴할 뿐만 아니라, 현지 통신망을 사용하기 때문에 속도도 월등히 빠르다. 주로 함께 하는 가족 여행자가 많이 사용한다.

와이파이 도시락
www.wifidosirak.com

와이파이 존(Wifi Zone)에서 이용하기

3박 4일 이상 데이터 로밍 서비스의 이동 통신료가 여행 예산에 추가되는 것이 부담스럽다면 숙소, 카페 등의 와이파이 존을 이용하자. 우리나라처럼 이동 통신사 대부분이 비밀번호를 설정해 두지만 최근 건축물, 게스트하우스, 레스토랑에 와이파이 존을 설치해 놓는 추세이다. 카페에서는 무료 와이파이도 사용할 수 있다.

> **베트남 현지 유심 칩의 핫 스팟 테더링** *TIP*
> 베트남 장기 여행을 준비 중이라면 한국에서 여분의 스마트폰을 하나 더 가져간다. 현지에서 전화와 데이터 서비스가 제공되는 유심 칩을 구입하고 메인 휴대폰에 장착한 다음, 핫 스팟 테더링(tethering)을 설정해서 서브 폰에 사용하면 가성비도 좋고 편리하다.

여행자 선불제 유심

한국에서 미리 구입하거나 현지에서 쉽게 구입해 사용할 수 있다. 베트남은 무선 인터넷과 와이파이 서비스 네트워크가 잘 갖춰져 있어 여행자는 물론이고 현지인들도 로밍 서비스보다 요금이 합리적인 선불제 카드 충전 타입의 유심 칩을 주로 사용한다. 외국인 단기 여행자는 베트남 공항의 24시간 매장에서 여행자 유심을 구입해 휴대폰에 장착하여 이용하는 방법과, 현지 매장에 방문하여 여행자 유심보다 저렴한 비용으로 일반 유심을 구입하여 정상 작동 여부 확인 후, 직원의 도움을 받아 알맞은 요금제로 개통하고 필요하면 선불제 카드 금액을 충전하는 방법이 있다. 현지인들은 인터넷 속도가 빠르고 잘터지는 모비 폰과 비엣텔을 주로 사용한다. 유의 사항은 휴대폰에 유심을 교환해 넣으면 전화번호도 변경된다는 점이다.

홈페이지
모비 폰(MobiFone) Mobifonewww.mobifone.vn
비엣텔 모바일(Viettel Mobile) www.vietteltelecom.vn
비나폰(Vinaphone) vinaphone.com.vn

여행 가방 꾸리기

베트남 여행 일정을 준비하며 남부와 북부의 우기(5~11월)와 건기(12~4월)는 참고하는 것이 좋다. 중부의 우기(8~12월)와 건기(1~7월)는 조금 다르다. 중북부는 6~11월에 걸쳐 태풍의 영향을 받는다. 우기에는 때때로 단시간에 스콜과 태풍, 폭풍우까지 몰아치기에 우산과 간편한 얇은 우비를 준비한다. 북부 산악 시대의 겨울은 기온이 많이 내려가기에 따뜻한 의상을 준비하는 것이 좋다. 무엇보다, 공항에서 번거로운 일이 생기지 않도록, 우리나라와 베트남 항공기 내 반입이 가능한 품목과 금지 품목을 확실히 체크하자.

베트남 여행 준비물 체크 리스트

품명	정보	체크
해외 여행자 보험	여행 중 일어날 수 있는 사건 사고 대비용 보험	
항공권	체류 유효 기간 내 귀국 또는 제3국행 리턴 E 티켓, 왕복 E 티켓	
여권	여권과 여권 사본, 분실 시 재발급을 위한 출국 6개월 이내 여권용 사진 2장 이상	
바우처	호텔, 각종 투어 프로그램 예약 시 필요한 모든 E 바우처와 모바일 바우처	
예방 접종 및 구충제	베트남과 인접 국가 여행 시 사전 예방 접종, 출국 2주 전이나 귀국 후 구충제 복용	
상비약	감기약, 소화제, 지사제 등. 영유아·아동은 소아과 처방 약과 체온계, 해열 패치 등	
기타 상비 약품	피로 회복제, 비타민, 변비약, 파스, 밴드, 연고, 거즈, 알코올 솜, 생리식염수, 면봉 등	
모기 기피제	모기를 매개로 한 질병 예방을 위해 한국에서 미리 준비하거나 현지에서 구입	
동 지갑과 가방	동화 수납 지갑과 백팩, 크로스 백, 슬링 백, 폴더 백	
환전	한국에서 신권 100달러(USD) 단위로 준비.	
촬영용품	카메라, 액션 캠과 넉넉한 용량의 메모리 카드	
전자제품	휴대폰, 이어폰, 노트북, 태블릿 PC, 충전기, 보조 배터리, 멀티탭 등	
스마트폰 로밍	로밍 서비스나 와이파이 단말기 대여, 유심 칩 등	
해외 겸용 신용 카드	비자, 마스터 각 1장. 한국에서 원화 결제 차단 서비스 신청	
국제 현금 카드	해외여행 혜택이 있는 국제 현금(체크) 카드	
여행 애플리케이션	여행, 호텔, 모바일 로밍 서비스, 교통, 지도, 번역 등의 어플을 사전 설치 및 가입	
의류	길이별 상의와 하의, 윈드 브레이커, 시즌별 외투, 스커트, 원피스, 잠옷, 속옷, 양말 등	
신발	샌들, 슬리퍼, 편안한 운동화 와 우기 또는 북부 산악 지대 투어 시 필요한 장화 등	
물놀이용품	수영복, 래시가드, 튜브, 물안경, 아쿠아슈즈, 방수팩, 구명조끼 등	
도난 방지 용품	귀중품에 사용할 카라비너(등산 고리) 또는 핸드 스트랩, 캐리어 TSA 잠금 장치	
압축팩	짐의 부피를 줄일 때 사용	
자외선 차단용품	자외선 차단제와 수딩, 진정을 위한 피부 케어 제품, 선글라스, 모자 등	
세면용품, 위생용품	샴푸, 린스, 올인원 클렌저, 칫솔, 치약 등의 세면용품과 물티슈, 여성 위생용품	
샤워기 필터	동남아는 수돗물에 석회수 비중이 높아 예민한 피부, 영유아 동반이라면 추천	
기능성 지퍼락	의류, 신발이나 세탁물 등을 분류해 넣는 데 사용	
먹거리	김치, 껌, 사탕, 초콜릿 등	
호신용품	배낭여행자, 여성 여행자의 경우 호신용 경보기, 스프레이 등	
마스크	쎄옴, 씨클로, 바이크 탑승 시 매연 대비용, 슬리핑 버스, 기차 내 호흡기 보호용	
날씨 관련 용품	스콜성 소나기를 대비한 우산, 우비와 양산, 휴대용 선풍기, 부채 등	
가이드 북, 필기구	여행 가이드북, e-book, 노트와 필기구	
수면용품	기내, 야간 슬리핑 버스, 기차에서 사용할 수면 안대 ,에어 목베개, 이어 캡 등	

여행 중
사건·사고 대처하기

여행 전, 안전 여행 준비하기

- 출국 전 구충제 복용과 예방 접종 주사는 필수다.
- 라오스 여행도 계획 중이라면 말라리아까지 예방 접종하도록 한다.
- 베트남 주재 한국 대사관과 총영사관의 연락처를 확인해 두자.
- 해외 여행자 보험의 보장과 제외 내용 등을 잘 살펴보고 알맞은 상품에 가입한다.

현지에서 휴대품 분실·도난

- 공항 안에서 수하물을 분실한 경우는 해당 항공사 직원에게 수하물 인수증을 제시하고 수하물 분실 신고서를 작성한다. 공항 안에서 되찾지 못하면 해당 항공사에서 책임 보상한다.
- 영사관과 경찰서에 바로 신고한다.
- 공안 지구대에서 폴리스 리포트 작성 시, 도난과 분실의 구분을 확실히 해야 한다.
- 해외 여행자 보험 가입자는 여행 중 휴대품 도난, 파손 피해에 대해 물품당 20만 원 한도(자기 부담금 1만원 / 총 보상 한도 100만 원)로 보상받을 수 있다.
- 현지 경찰에 도난품 명세서 작성 시는 도난품을 낱개 단위로 기록하는 것이 좋다.

해외 겸용 결제 신용 카드 분실·도난

신용 카드의 분실, 도난 시는 카드의 위변조, 해외 수수료 과다 청구 등의 피해를 받을 수 있다. 카드사에 바로 연락해서 해당 카드의 도난, 분실 신고 및 이용 중지, 해외 결제 차단 조치를 한다.

베트남 여행 중 여권 분실·도난

대한민국 총영사관에 연락을 취하거나 영사관에 바로 방문한다.

- 영어 또는 베트남어로 작성한 여권 분실 신고서를 가지고 통역인(증인으로서 호텔 직원 등의 현지인)과 분실 지구 관할 경찰서에 방문한다.
- 공안에게 여권 분실 신고 증명 확인서(폴리스 리포트)와 귀국 후 보상 청구용으로 사본 1장을 반드시 추가 발급받는다. 도난(be stolen)과 분실(lost)을 구별해 신고해야 한다.
- 공안에게 받은 폴리스 리포트와 신분증(구 여권 사본 또는 주민 등록증, 운전면허증), 출국 항공권(유효한 E 티켓), 출국 6개월 내 여권 사진 2장 이상을 준비해서 영사관에 본인 방문한다.
- 분실 신고서, 여권 재발급 신청 사유서와 긴급 여권 재발급 사유서를 작성하고 수수료(7달러)를 현금 결제한다.
- 출입국 사무소에 제출할 출국 비자 신청서의 내용 기입은 가능한 영사관 직원에게 도움을 받는다.
- 귀국 시 1회용 임시 여권인 '대한민국 여행 증명서'를 다음 날에 받을 수 있지만, 출국 비자를 받아야 하기에 실제 출국일이 5~7일 걸릴 수 있다.
- 여권 사본(또는 여권 번호와 발행 연월일, 여행 국가의 우리나라 공관 주소와 전화번호 등의 메모)은 반드시 준비해 두자.
- 기념 스탬프나 낙서 등의 여권 훼손은 출입국 시에 문제가 될 수 있다.
- 여권은 호텔 금고나 캐리어 안에 넣고 잘 잠가 둔다. 외출 시 여권 사본이나 여권 이름 면의 사진만 휴대폰에 저장해 다니는 것도 요령이다.

출국 비자(Exit Visa)

대한민국 여행자 증명서를 발급받았다면, 다음 서류를 준비해서 호찌민이나 하노이 출입국 관리소를 방문해서 출국 비자를 발급받고 귀국한다.

출국 비자(Exit Visa) 발급 서류

- 대한민국 여행 증명서(재발급받는 여권) 원본
- 총영사관의 출국 비자 협조 공문 원본
- 비자 신청서(Form N 14)에 내용 기입하고 서명
- 베트남 경찰서가 발행한 여권 분실 신고 증명 확인서 원본
- 2~3일 이내 긴급 귀국 필요 시, 출국 항공권(유효한 E 티켓)
- 수수료(VND 현금 결제)
- 소요 기간 5~7일

긴급 연락처

베트남 주재 대한민국 대사관
- 주소: SQ4 Diplomatic Complex, Do Nhuan St, Xuan Tao, Bac Tu Liem, Ha Noi
- 전화: 대사관 024-3831-5111 영사부 / 비자·여권 024-3771-0404
- 시간: 09:00~12:00, 14:00~16:00(비자 신청은 09:00~12:00) / 토~일·공휴일 휴관
- 24시간 긴급 전화(근무 시간 외) 090-402-6126
- 홈페이지 overseas.mofa.go.kr/vn-ko/index.do

호찌민 주재 대한민국 총영사관
- 주소: 107 Nguyen Du, Dist 1, HCMC
- 전화: 028-3822-5757
- 여권·공증: 028-3824-2593
- 사증(비자): 028-3824-3311
- 24시간 긴급 전화 093-850-0238
- 시간: 09:00~12:00, 13:30~17:30 / 토~일·공휴일 휴관

영사 콜센터(24시간)
(무료 ①) 현지 국제 전화 코드
+800-2100-0404 / +800-2100-1304
(무료 ②) 국제 자동 콜렉트콜
(무료 ③) 국가별 접속 번호(120-82-3355)+5번
해외 무료 연결 번호는 유선 전화(현지 일반 전화, 공중 전화)의 사용 권장.

하노이 출입국 관리소
- 주소: 44-46, Tran Phu street, Ba Dinh Dist, Ha Noi
- 홈페이지 evisa.xuatnhapcanh.gov.vn

베트남 여행 중 사고 시

하노이 시티의 국제 의료 서비스 병원
Family Medical Practice Hanoi
홈페이지 care24h.com.vn
Vinmec Times City International Hospital
홈페이지 vinmec.com

하노이 시티의 국제 의료 서비스 병원
Family Hospital Danang
홈페이지 familyhospital.vn
Hospital Danang International Vinmec
홈페이지 vinmec.com

호찌민 시티 국제 의료 서비스 병원
American International Hospital
홈페이지 aih.com.vn
Vinmec Central Park International Hospital
홈페이지 www.vinmec.com
Family Medical Practice
홈페이지 www.vietnammedicalpractice.com

베트남의 드럭 스토어 체인
Pano Pharmacy, Vin Fa, Pharmacity Medicare, Guardian 등

국제 의료 서비스 방문 시 현지 준비물
- 유효한 여권
- 항공권(사본) 또는 E 항공권(사본)
- 여행(체류) 일정 / 비즈니스 일정
- 해외 겸용 결제 신용 카드와 현금

※ 진료 전후, 해외 여행자 보험 처리용 구비 서류를 요청한다. 해외 체류 출입국 기록이 판명되는 진단명이 입력된 진단서와 처방 영수증을 반드시 발급받아 둔다. 보험 보상은 국내 보험사에 청구한다.

해외 여행자 보험 보상 청구 시 구비 서류
- 해외에서 준비해 온 서류
- 피해품의 구입가와 구입처가 명시된 구입 영수증
- 보험 증권 사본, 보험금 청구서
- 여권 사본, 신분증
- 본인 명의 통장 사본 등

TIP · 외교부 해외 안전 여행
홈페이지에서 지역별 최신 정보 확인. 스마트폰에 해당 어플을 설치, 해외 안전 여행 동행 서비스에 가입한다.
홈페이지 www.0404.go.kr

한국 출국하기

공항 리무진 버스 & 공항 고속 전철

인천 국제공항까지 서울에서 공항 버스와 자가용으로 이동할 수 있다. 공항 고속 전철로는 김포 공항에서 30분 정도, 서울역에서 넉넉히 50분 정도 소요된다. 서울역에서 인천 국제공항까지 공항버스로 약 1시간이 소요되지만, 서울 시내의 러시아워에 출발하는 경우는 이동 시간을 여유 있게 잡자. 공항 철도와 공항 버스의 상세한 정보는 홈페이지에서 확인할 수 있으며, 버스 노선별로 적용되는 할인 쿠폰도 다운받을 수 있다.

공항 철도 홈페이지 www.arex.or.kr
공항 리무진 홈페이지 www.airportlimousine.co.kr

> **•TIP•**
> **한국 도심 공항**
> 수도권 도심 공항 터미널에서 출발 3시간 20분 전까지 출국 심사와 수하물 발송을 미리 끝내고 쾌적한 리무진 버스로 인천 국제공항까지 간편하게 이동할 수 있다. 주요 항공사가 입점한 도심 공항 터미널은 삼성동 코엑스, 서울역, 광명역, 수락에 있다.
> 홈페이지 www.calt.co.kr

탑승권 발급

국제선 항공을 이용하기 위해서는 최소 출발 시각 2시간 전(여행 성수기는 3시간 전)에 공항에 도착해 수속을 하는 것이 좋다. 공항과 항공사별로 40~60분 전에 수속을 마감한다. 대한항공과 공동 운항하는 항공편 이용자는 반드시 출국장을 미리 확인하자. 제1여객터미널에는 아시아나항공과 저가 항공사, 베트남항공, 비엣젯항공 등의 기타 외항사가 취항하고 있으며 제2여객터미널에는 대한항공과 외항사 다수가 취항하고 있다. 체크인 시 모르는 사람이 접근해서 짐을 대신 부쳐 달라고 요청할 경우, 범죄에 휘말릴 가능성이 높기 때문에 분명하게 거절하도록 한다.

※ 공동 운항편(코드 셰어)의 경우, 실제 항공편에 따라 출입국 터미널이 달라질 수 있으니 전자 항공권(E 티켓) 또는 홈페이지 내 항공편 검색을 통해 터미널 반드시 확인하자.

> **•TIP•**
> **웹 체크인이란?**
> 항공편 출발 1~48시간 전까지 웹 체크인(항공사 홈페이지나 어플을 이용하는 사전 탑승 수속)을 하고 항공사 웹 체크인 전용 카운터에서 간편하게 수하물을 보내고, 탑승권 항공권을 받아서 들어간다.

셀프 체크인

대한항공, 아시아나항공 등은 셀프로 탑승권(보딩 패스)을 발급받을 수 있는 키오스크를 운영한다. 오래 대기할 필요가 없어 빠르게 탑승 수속을 할 수 있다. 해당 항공사 발권 카운터 옆 키오스크 기기에서 여권을 스캔하면 티켓이 자동 발권된다. 그리고 셀프 체크인 전용 카운터에서 짐을 부치면 된다.

세관 신고

여행에 사용하고 다시 가져올 귀중품과 고가품은 출국전 세관에 신고한 후 '휴대 물품 반출 신고(확인)서'를 받아야 입국 시 면세를 받을 수 있다. 미화 1만 달러를 초과하는 일반 해외여행 경비 또한 반드시 세관 외환 신고대에 신고해야 한다.

세관 신고해야 할 물품

- 전문 기구의 임시 반입과 재반출 또는 이에 상응하는 사항.
- 중독성 의약품.
- 미화 30달러 초과의 기타 약품.
- 미화 5천 달러 이상, 베트남 1,500만 동 이상, 금 300g 이상.

출국장

출국 당사자만 출국장에 입장해서 항공권과 커버를 제거한 여권, 기내 반입 수하물(7~10kg)을 확인한다.

보안 심사

여권과 탑승권을 제외하고 모든 소지품은 검사를 받게 된다. 칼과 가위 같은 날카로운 물건과 스프레이, 인화성 물질은 반입이 안 되므로 기내 수하물 준비 시 미리 체크하자. 주머니의 소지품도 별도로 제공된 바구니에 넣어 검사를 받는다. 캐리어는 TSA 잠금 장치를 하는 편이 좋다.

출국 심사

대한민국 국민은 출입국 신고서를 작성할 필요가 없다. 출국심사대 대기선에서 차례가 오면 한 사람씩 여권과 탑승권을 제시한다. 가족이나 동행도 한 명씩 순서대로 심사를 받아야 한다. 심사 중 선글라스와 모자는 벗고 전화 통화는 자제한다.

자동 출입국 심사

출입국 수속의 번거로움을 없애기 위해 시행하는 제도로, 심사관의 대면 심사를 대신하여 자동 출입국 심사대에서 여권과 지문을 스캔하고, 안면 인식을 한 후 출입국 심사를 마친다. 주민 등록과 법정 대리인의 동의가 있는 만 7세 이상 14세 미만 아동과 만 14세 이상 17세 미만 청소년은 사전 등록 후 이용 가능하며 주민 등록증을 발급받은 만 17세 이상 대한민국 국민은 사전 등록 없이 이용할 수 있다. 때때로 자동 출입국 심사대가 더 붐비기도 하니, 상황에 맞게 이용한다.

> **TIP**
>
> ### 당일 여권 발급
>
> 인천공항 여권 민원 센터(제1, 2 터미널)에서는 평일 오후 4시 30분까지 신분증을 지참해 긴급성 증빙 서류를 제출, 접수 당일 여권 발급을 신청 완료하면 사진 부착식 긴급 단수 여권이 1시간 30분에 발급 완료된다.
> **구비 서류** 신분증(주민 등록증, 기간이 남은 운전면허증, 유효한 여권), 긴급성 증빙 서류(사건 사고 공문, 사망 진단서, 출장 증명서 등)
> **전화** 제1터미널 여권과 032-740-2777~8, 제2터미널 여권과 032-740-2782~3, 외교부 영사 콜센터(근무 시간 외) 02-3210-0404
> **시간** 09:00~12:00, 13:00~18:00 / 토·일·공휴일 휴관
>
> ### 패스트 트랙
>
> 만 70세 이상 고령자, 만 7세 미만 영유아 동반 여행자, 임산부, 장애인 등의 교통 약자와 출입국 우대자가 간편하게 출국 수속할 수 있는 서비스이다. 인천 국제 공항 제1여객 터미널(동, 서) 패스트 트랙 전용 출국장은 07:00~10:00, 17:00~19:00까지 운영한다. 본인이 이용하는 항공사의 체크인 카운터에서 확인받고, '패스트 트랙 패스'를 받아 전용 출국장 입구에서 여권과 함께 제시해, 보안 검색 및 출국 심사 후 탑승 게이트로 이동한다.

면세점 쇼핑

출국 당일 공항 면세점을 이용하는 방법과 출국 전 미리 인터넷 면세점이나 시내 면세점에서 구입하는 방법이 있다. (출국 60일 전부터 가능) 후자의 경우 출국 심사를 마친 후 면세 구역의 면세품 인도장에서 물건을 찾는다. 출국 시 내국인 구매 한도는 1인당 미화 $5,000(국내외 브랜드 구매 금액 모두 포함)이지만 입국 시에는 해외 구매 포함 면세 금액 $600라는 점을 주의한다. 이를 초과할 경우 세관에 신고 후 세금을 납부한다. 2020년 7월부터 관세법이 개정되어 귀국 시 입국장 면세품 인도장에서 수령할 수 있게 됐다.

시내 면세점
여유로운 쇼핑을 위해서는 시내 면세점을 이용하는 것이 좋다. 고가의 명품은 출국 2~3일 전까지 쇼핑을 끝내야 한다. 본인 여권과 정확한 출국 정보 확인이 가능한 항공권(E 티켓)을 소지해야 하며 상품 구입 후 교환권을 받는다. 출국 당일 출국 심사 후 면세품 인도장에서 교환권과 여권을 함께 제시하면 상품을 수령할 수 있다.

공항 면세점
출국 심사를 마치고 나가면 볼 수 있는 공항 면세점은 비행기가 뜨기 전까지 쇼핑을 즐길 수 있는 큰 쇼핑센터이다. 시내 면세점이나 인터넷 면세점에서 미처 사지 못한 상품을 구매하기 좋긴 하지만, 충동 구매할 수 있으니 주의해서 쇼핑하자.

인터넷 면세점
다양한 할인 쿠폰과 높은 할인율로 상품을 합리적인 가격에 구입할 수 있다. 출국 당일 3시간 전까지 쇼핑이 가능하다. 대신 입점해 있는 브랜드는 시내 면세점이나 공항 면세점에 비해 적은 편이다. 주문을 하면 휴대폰 MMS로 교환 번호가 오는데, 인도장에서 여권과 함께 제시하면 면세품을 찾을 수 있다.
신라 www.shilladfs.com
롯데 kor.lottedfs.com
현대 www.hddfs.com

기내 면세점
비행기 탑승 후에도 책자에 있는 물품을 구매할 수 있다. 상품이 한정되어 있지만 항공사가 개별적으로 판매하는 상품도 있으며 저렴한 편이다. 좌석의 비상등을 누르고 승무원이 다가오면 그때 구매 의사를 밝히면 된다. 결제는 신용 카드, 현금 모두 가능하다.

비행기 탑승

출국편 항공 해당 게이트에서 출국 30분 전에 탑승이 가능하므로 이 시간을 꼭 지키도록 하자. 항공 탑승권 보딩 타임 밑에 탑승 시간이 적혀 있으므로 늦지 않도록 주의한다. 베트남은 자율적으로 세관 신고서를 작성하므로, 해당 사항이 없으면 작성할 필요 없다.

지방 국제공항으로 출국하는 경우
베트남 직항편을 이용할 수 있는 공항은 인천 국제공항 외에도 김해(부산)국제공항, 대구 국제공항과 무안 국제공항이 있다. 각 공항에 관한 정보는 한국공항공사 홈페이지 www.airport.co.kr에서 확인할 수 있다.

베트남 입국하기

베트남 국제공항 도착

국제공항은 하노이의 노이바이(Noi Bai), 호찌민의 떤손녓(Tan Son Nhut), 꽝남성의 다낭(Da Nang), 나트랑(냐짱)의 깜란(Cam Ranh), 달랏의 리엔크엉(Lien Khuong), 끼엔장성 푸꾸옥섬의 푸꾸옥(Phu Quoc), 하이퐁의 깟비(Cat Bi), 메콩 델타의 껀터(Can Tho) 등이 있다. 후에(훼)의 푸바이(Phu Bai)는 베트남항공과 비엣젯항공이 하노이 또는 호찌민을 경유하는 국내선을 운항 중이다. 국내선은 15곳 정도가 있다.

입국 심사

도착층에 들어가서 입국 심사대(Immigration)로 향한다. 차례가 되어 커버를 제거한 한국 여권을 이민국 직원에게 제출하면 E 티켓 (또는 무비자 15일 안에 베트남 출국을 증명하는 E 리턴 티켓, 제3국행 항공 티켓 등) 제시를 요구하기도 하며 체류 기간과 출국일을 확인 후 스탬프를 찍고 돌려준다. E 리턴 티켓 사본이나 모바일 바우처를 미리 준비해 두자.

수하물 찾기

수하물 수취대(Baggage Reclaim)로 이동해서 수하물에 붙은 인환증(Baggage Claim Tag)과 본인의 인환증이 일치하는지 확인하고 수하물을 찾는다.

세관 검사

준비한 세관 신고서를 제출하고 공항을 나와 베트남 시내로 이동한다. 베트남 출입국 시, 미화 5천 달러 이상을 현금 소지한 경우에는 반드시 세관 신고서에 기입하고 제출해야 트러블을 방지할 수 있다.

> **·Tip**
> **2020년 7월 1일부터 변경되는 사항**
> ① 베트남 해안 경제 특구 18곳에서 일반 여권의 한국인(외국인) 여행자 대상으로 비자 30일 면제가 시행된다.
> ② 일반 여권으로 15일 무비자 체류하고 베트남 출국 후 바로 무비자 재입국이 가능해진다.

한국으로 돌아오기

인천 국제공항 도착

인천 공항에 도착하면 입국 심사대로 이동한다. 우리나라 국적자는 한국인 줄에 서서 대기하면 된다.

입국 심사

입국 심사를 받을 때는 유효한 일반 여권만 커버를 미리 제거하고 제출하면 된다.

수하물 찾기

입국 심사를 마친 후 아래층으로 내려와서 수하물 수취대 위의 항공편명과 본인의 항공편명이 일치하는 곳으로 가서 수하물 인환증과 본인의 인환증 일련 번호가 일치하는지 확인하고 수하물을 찾는다.

세관 검사

기내에서 작성한 세관 신고서(여행자 휴대품 신고서)를 제출해야 한다. 세관 신고를 할 여행자는 자진 신고하는 곳으로 가자. 만약 면세 이상의 물건을 가지고 세관 검사장을 나가다 세관 심사관에게 발각되면 추징금을 더 내야 할 수도 있다.

입국장

세관 검사가 끝나면 4곳 중 하나의 입국장으로 나온다. 마중 나오는 지인이 있으면 비행기 편명을 알려주고 이곳에서 만나면 된다.

TIP

모바일 관세 신고

2019년 11월 25일부터 인천 국제공항 제 2 여객 터미널의 일반 내국인 여행자가 모바일 관세청 어플이나 모바일 사이트(m.customs.go.kr)에서 여행자 휴대품 신고 등록 후, QR 코드를 발급 받아 모바일 심사 전용 게이트에서 스캔, 자동 심사 과정을 통과할 수 있게 됐다.

베트남 교통 정보

비행기

국내선은 하노이 시티와 호찌민 시티를 중심으로 여러 지역으로 연결된다. 국적기 베트남항공이 안정적이며 저가 항공사는 비행 직전 출발 시간이 변경되거나 결항되는 경우가 자주 있다. 특히 성수기에는 여유 있게 공항에 도착하거나 사전에 출발 여부와 시간을 확인해야 한다. 공항 도착 후 본인이 탑승하는 항공편명 카운터에서 항공권과 커버를 제거한 유효 여권을 제시하고 탑승권을 받는다. 국내 여행은 공항세가 항공료에 포함되어 따로 낼 필요가 없다. 항공 스케줄과 운임료는 시기별로 다르므로 자세한 사항은 베트남항공 홈페이지(www.vietnamairlines.com)에서 확인하자.

베트남 국내선 직항편의 지역별 소요 시간

지역	소요 시간	지역	소요 시간
하노이↔호찌민	2시간 15분	호찌민↔달랏	1시간
하노이↔껀터	2시간 15분	호찌민↔후에	1시간 30분
하노이↔달랏	2시간	호찌민↔나트랑	1시간 10분
하노이↔나트랑	2시간	다낭↔호찌민	1시간 30분
하노이↔후에	1시간 15분	다낭↔껀터	1시간 35분
하노이↔다낭	1시간 20분	다낭↔달랏	1시간 15분
달랏↔후에	1시간 10분	다낭↔나트랑	1시간 15분

여객선

베트남 여행에서는 드물게 보트, 크루즈에 승선할 기회가 있다. 북부의 하이퐁 ↔ 깟바섬, 하롱베이와 메콩 델타를 비롯해 나트랑(냐짱)의 스피드 보트 투어(크루즈 호핑 투어), 도심을 가로지르는 강을 따라 선셋 크루즈를 즐길 수 있다. 관광 목적인 만큼, 각 지역의 우기는 피하고 다른 교통수단을 알아보는 것이 좋다.

베트남 여객선 티켓 예약 에이전시 홈페이지
신 투어리스트 thesinhtourist.vn
12 고 아시아 12go.asia
북어웨이 www.bookaway.com
클룩 www.klook.com
케이케이데이 www.kkday.com

기차

통일 열차 (통낫 Thong Nhat)

남북 분단 시기, 남베트남 수도였던 호찌민과 북베트남 수도였던 하노이를 연결해 남북 영토로 길게 뻗은 철도 노선이기 때문에 베트남 국영 철도청의 남북선을 베트남 사람들은 통일 열차라고 한다. 프랑스 식민지 시대에 건설된 하노이 ↔ 호찌민(사이공 역)의 남북선 1,726km 구간의 선로는 단선으로 40km/h의 느린 속도로 각 역을 경유하기에, 차량 10종이 남북 종단의 대장정을 마무리하는 데 32~42시간이 소요된다.

S자 모양으로 크게 굽이치며 길게 뻗은 지형의 특성상, 여러모로 효율적인 동선을 선호하는 여행자와 현지 젊은이들은 열차의 시설과 목적지까지 이동 거리, 소요 시간을 고려하고 지역 간 장거리 이동에 요금이 더 저렴한 오픈 투어 버스와 국내선 항공편을 조합해서 이동하는 편이지만, 여전히 침대칸 열차의 낭만을 그리는 현지인과 여행자는 존재한다. 침대가 있는 객실 한 구역을 6명이 함께 사용하는 남꿍(Nam Cung)과 4명이 함께 쓰는 남멤(Nam Mem)이 있는데 수면 안대와 귀마개는 준비하는 것이 좋다. 현지인은 냉방이 없는 딱딱한 좌석을 이용한다. E1과 E2는 에어컨 냉방 칸, 침대의 위 칸보다 조금 더 편안한 아래칸이 더 비싸다. SE1~SE10은 남북선 전역을 운행하는 차량으로 홀수 번호는 북부 하노이에서 남부 호찌민(사이공 역)으로 향하는 하행선, 짝수 번호는 남부 호찌민(사이공 역)에서 북부 하노이로 향하는 상행선을 의미한다.

이 열차가 낯선 외국인 여행자에게는 에어컨 냉방이 있는 편안한 좌석과 2층 침대가 마련된 4인 1구역 조건의 티켓을 추천한다. 이용 일주일 전부터 발매를 시작하는 열차 티켓은 여권을 지참하고 직접 대도시 주요 역에 가서 외국인 창구를 통해 구입하는 방법과 수수료를 결제하고 여행사 대행 서비스를 이용하는 방법이 있다. 요금은 외국인으로 적용되어 현지인보다 비싸고 티켓은 대도시에서 출발하는 편도 티켓 정도만 구할 수 있다.

베트남 국영 철도청 www.vr.com.vn
베트남 철도 예약 www.baolau.com/en
호찌민 시티의 사이공 기차역
saigonrailway.com.vn
베트남 철도 티켓 예약 에이전시
www.baolau.com/en
12go.asia
www.klook.com
www.vietnamtrain.com
vietnam-railway.com
www.bookaway.com
www.kingexpresstrain.vn

버스

시외버스

도시와 도시를 연결하며 각 도시의 시외버스 터미널에서 출발한다. 시설 대부분이 낡아서 에어컨 냉방이 부실하고 출발 시간이 되어도 만차를 기다려서 여행 일정이 지연되기도 한다. 현지인들이 주로 이용해서 외국어가 거의 통하지 않는다. 하노이 ↔ 호찌민 구간은 3박 4일 정도 걸린다. 또한 내국인용 장거리 버스는 휴게소가 고역이기 때문에 물은 가능한 마시지 말고 마스크와 휴대용 물티슈를 꼭 준비하자. 티켓은 오전 7시~오후 4시경까지 시외버스 터미널의 행선지별 예매 창구에서 구입해야 하기 때문에 상당히 번거롭다. 중소 도시를 연결하는 미니버스는 인원이 차면 출발한다.

투어 버스

외국인 여행자에게 시외버스의 불편을 덜어 주는 각 여행사와 버스 회사의 직영 오픈 투어 버스(Open Tour Bus)가 있다. 유효 기간 동안 이용 날짜가 정해지지 않은 티켓을 구입하면 그 기간에는 노선의 어느 지역이든 자유롭게 승하차할 수 있어서 장거리 여행에 좋다. 하지만 너무 다양한 구성은 가격이 부담되므로 본인 일정에 합리적인 선택을 하자. 유효 기간이 길고 장거리 구간을 이용할 수 있는 오픈 버스 티켓을 유난히 저렴한 가격에 팔고 있다면 현지 버스에 승차도 하기 전에 사기로 판명될 가능성이 높다. 버스비가 저렴하고 쾌적한 시설이지만, 1시간 넘게 시내 호텔을 돌면서 예약 승객을 픽업하기 때문에 시간이 다소 지체되기도 한다. 노선도 '하노이 → 후에 → 호이안 → 나트랑 → 달랏 → 호찌민'을 거쳐 남북 종단, 도시 간 이동, 이외에 메콩 델타나 캄보디아로 가는 버스도 있다. 슬리핑 버스는 장시간 밀폐 공간에 에어컨 냉방이 되어 마스크와 얇은 긴소매 상의(점퍼, 카디건) 그리고 휴대용 물티슈를 준비하자. 버스표는 여행사에서 직접 구매할 수 있는데, 출발 하루 전 좌석과 출발 시간을 확약받는 것이 좋다. 오픈 투어 버스를 운행하는 여행사는 The Sinh Tourist, Hanoi Toserco, TNK Travel 등이다. 이외에도 버스 티켓 예약 에이전시를 통해 리무진 버스와 고급 좌석 버스도 이용할 수 있다.

베트남 버스 티켓 예약 에이전시

thesinhtourist.vn
www.tnktravel.com
www.tamhanhtravel.com
www.hungthanhtravel.vn
www.kvisiontours.com
futabus.vn/en-US
kumhosamco.com.vn
hanoitoserco.com.vn/en
mailinhexpress.vn
vietfuntravel.com/open-bus
3slimo.com
12go.asia/en
www.baolau.com/en/
vexere.com/en-US
www.bookaway.com/ko
www.rome2rio.com
www.vietnambustickets.com
interbuslines.com

북부 사파 투어 버스 티켓 예약 홈페이지

www.sapaexpress.com/en
www.goodmorningsapa.com/en

베트남 버스의 지역별 소요 시간과 이동 거리

지역	소요 시간	이동 거리
호찌민 ↔ 달랏	7~8시간	310km
무이네 ↔ 호찌민	5시간~5시간 30분	250km
달랏 ↔ 무이네	4시간	160km
나트랑 ↔ 무이네	5시간	250km
나트랑 ↔ 달랏	4시간	140km
호이안 ↔ 나트랑	11~12시간	530km
다낭 ↔ 호이안	1시간	30km
후에 ↔ 다낭	3시간~3시간 25분	100km
하노이 ↔ 사파	5시간 30분	290km
하노이 ↔ 깟바섬	5시간	150km
하노이 ↔ 하롱베이	4시간~4시간 30분	150km

택시

택시는 하노이와 호찌민 등 대도시에서 주로 이용 가능하다. 택시는 호텔 컨시어지 데스크와 레스토랑 직원에게 전화로 택시 드라이버와 약속 시간, 택시 이동 구간과 이용자 수를 전달해 주기를 부탁하면 추가 요금 없이 바로 도착하는 편이다. 심야, 새벽 시간 공항에는 택시가 거의 없다는 것과 야간 할증(22:00~07:59) 시간도 미리 알아 두는 것이 좋다. 모든 공인 택시는 미터기 기본 요금제와 거리 병산제로 계산한다. 4인승, 7~8인승 1대가 기본으로, 한국인은 인원 수보다 조금 넉넉한 차량을 이용하는 것이 좋다. 사설 택시 기사들이 외국인을 상대로 미터기를 조작하거나 잔돈이 없다는 이유로 거스름돈을 주지 않는 경우가 있다. 잔돈 준비가 어려운 아침에는 5천 동 단위나 10만 동의 화폐로 지불하는 편이 좋다.

또한 출발 전에 미터기를 초기화하는지 반드시 확인해야 한다. 일방통행 거리가 많은 베트남의 택시는 U턴하는 경우가 많다. 우회 속임수와 바가지 요금이 의심되면, 스마트폰에 구글맵 내비게이션을 켜고 목적지까지 경로를 확인하는 모습을 보이자.

미터기 요금 표시는 10K=1만 동으로, 화폐 단위를 착각하지 않도록 각별히 주의한다. 대도시 공항에서 시내로 10분에 5만 동, 20분에 10만 동 정도의 택시비와 톨게이트비(1만~1만 5천 동)를 미리 준비해 두고 하차 시까지 지갑은 절대 보이지 않는다. 택시, 그랩 서비스의 드라이버가 밑장 빼기 수법으로 요금 이상의 금액을 편취할 수 있기 때문이다.

TIP. 대도시의 공인 택시 구별

호찌민, 다낭 등 대도시를 중심으로 공인 택시를 사칭하는 수법이 늘어나고 있다. 회사의 영문 철자가 정확한지, 오리지널 브랜드 로고인지,회사 고유 번호인지 확인한다. 택시 경고등과 승객 출입문 겉면, 조수석, 시트 등에 회사 고유 번호가 크게 있으며 운전석 헤드 뒷면에 크게 택시의 개별 번호가 표시되어 있으니 운전자의 얼굴, 차내 비치된 운전면허증과 함께 스마트폰으로 찍어 두고 영수증을 챙겨 두면 트러블 대처에 도움이 된다. 남부는 초록색 마이린과 흰색 비나선 택시를,북부는 마이린과 택시 그룹(Taxi Group)의 택시를 이용하면 비교적 안전하다. 호객 행위로 접근하는 사설 택시는 상대하지 않도록 한다.

비나선 택시(Taxi Vinasun) 고유 번호 38. 27 27 27
마이린 택시(Taxi Mai Linh) 고유 번호 38. 38 38 38
꿕테 택시(Taxi Quoc Te) 고유 번호 38. 52 52 52
하노이 택시 그룹(Taxi Group Airport) 고유 번호 38.53 53 53

승차 공유 IT 모빌리티 플랫폼 서비스

스마트폰에 IT 모빌리티 플랫폼 서비스 관련 앱을 다운로드, 설치하고 멤버 가입 승인을 받아서 일반 택시보다 저렴한 비용으로 승차 공유 차량을 이용할 수 있다. 인원수와 차종, 탑승 위치와 목적지에 따라 자동 산정된 요금을 앱에 등록된 해외 겸용 신용 카드나 현금으로 자동 결제하는 시스템이다. 흥정할 필요가 없고, 추가 요금이나 팁은 필요 없다. 또한, 앱에 일정 기간 사용 기록이 남아서 합리적인 소비가 가능하다. 궂은 날씨나 러시아워(07:00~09:00, 17:00~19:00)는 수요자가 많아 요금이 오른다는 점을 유의하자.

그랩 (Grab)

하노이, 다낭, 호찌민과 나트랑을 중심으로 베트남에서 가장 대중적인 승차 공유 IT 모빌리티 플랫폼 서비스 겸 딜리버리 서비스이다. 스마트폰에 가장 안정적인 Grab/be 어플을 다운로드 설치하고 유사한 가짜 어플을 주의한다. 차종은 그랩 택시(Grabtaxi), 그랩카(Grabcar), 그랩 바이크(Grabbike)의 3종이 있다. 그랩카는 일반 택시보다 정도 저렴한 비용으로 이용 가능한 것이 장점이다. 또한, 대도시 도심에서 공항으로 이동하는 경우는 공항 근거리 정찰제(Airport CR) 서비스를 선택하고 톨게이트비를 미리 준비하는 것이 합리적이다. 좁은 골목도 기동성이 좋고 가성비가 높아 유용한 그랩 바이크는 현 위치에서 목적지까지 자동 산정된 요금을 현금으로 결제한다.

그랩카(Grabcar) 이용 시 주의 사항

최근 그랩카 드라이버 사칭 사기가 빈번하게 발생하기 때문에 각별한 주의가 필요하다.
① 국제공항과 관광 명소 주변에 호객을 하거나, 호출받은 드라이버를 사칭해서 접근해 오는 경우를 각별히 주의해야 한다.
② 본인이 호출한 모바일 그랩 앱에 소개된 배차 번호와 차종, 드라이버(사진 포함) 정보와 요금이 정확히 일치하는지 꼼꼼히 확인하고 탑승한다.
③ 베트남의 복잡한 화폐 단위가 낯선 외국인 여행자의 지갑에서 요금보다 많은 지폐를 가져가고 잔돈을 모두 주지 않는 밑장 빼기 수법도 발생하기 때문에 하차까지 지갑은 절대 보이지 않는다.
④ 공항 ↔ 시내 구간은 편도 톨게이트비(1만~1만 5천 동)을 미리 준비해둔다.

카카오T

베트남의 그랩 서비스와 제휴하고 2019년 10월부터 대도시 중심으로 승차 공유 IT 모빌리티 플랫폼 서비스를 실시한다. 영어와 우리말로 서비스 검색 가능한 것이 장점이지만, 그랩 서비스보다 1.5배 비싼 것이 단점이다.

카카오T 앱 설치 & 이용 방법

① 우리나라에서 출국 전에 스마트폰의 앱 스토어에서 카카오 T(Kakao T)앱을 다운로드, 설치한다.
② 기존 사용자는 현지에서 한국어/영어가 지원되는 최신 카카오T 앱으로 업그레이드한다.
③ 결제 가능한 계좌와 연계된, 국내에서 발급받은 국내 전용 신용 카드, 잔액이 남은 체크 카드, 또는 현지의 현금 결제 서비스를 선택 등록하고 멤버 가입, 인증받는다.
④ 인원수와 차종, 탑승 위치와 목적지를 검색해서 자동 산정된 요금을 체크하고 차량을 호출한다.
⑤ 모바일 앱에 소개된 드라이버 신원과 배차 순서, 차종, 요금 등의 정보와 실제 정보의 일치 여부를 확인한 다음에 탑승한다.
⑥ 사전 자동 결제 시스템이므로, 목적지에 도착하면 바로 하차한다.

패스트고(Fast Go)

베트남 딜리버리 서비스 겸, 승차 공유 IT 모빌리티 플랫폼 서비스로 호이안에서 다낭으로 이동 시 이용하면 좋다. 차종은 저스트 고(Just Go), 4인승·7인승 패스트 카(Fast Car)가 있다. 저스트 고를 선택하면 택시가 호출될 위험이 있기 때문에 인원 수에 맞게 패스트 카를 선택 호출하자.

> **패스트고(Fast Go) 앱 설치 & 인증 방법**
> ① 한국에서 스마트폰의 앱 스토어에서 파란색 패스트고 앱을 다운, 설치한다.
> ② 휴대폰 번호를 입력하고 SMS 사용을 클릭한다.
> ③ SMS 메시지로 발급받은 6자리 코드를 입력하고 인증 완료한다.

공항 픽드롭 서비스 & 프라이빗 투어 서비스

호텔이나 투어 프로그램을 예약한 여행사에 공항 픽드롭 서비스를 미리 신청하면 공항에 심야, 새벽에 도착해도 합리적인 비용으로 이동할 수 있다. 하지만 모집 인원 단위로 대기하고 이동하기 때문에 조금 번거롭다. 사설 업체를 이용하면 비용은 다소 높지만 불필요한 대기 시간을 줄이고 개인별로 간편하게 이동할 수 있다. 한편, 여행사와 사설 업체의 프라이빗 투어 서비스로 시내 투어, 관광지 광역 투어도 쾌적하고 편리하게 즐길 수 있다.

홈페이지
클룩 www.klook.com/ko,
케이케이데이 www.kkday.com

쎄옴

오토바이 택시인 쎄옴은 전국적인 대중교통 수단으로 혼자 이용하기에 편리하다. 장거리 이동이나 투어에 이용하려면 사전에 반드시 최종 요금을 합의해야 한다. 매연과 강한 자외선 때문에 마스크와 선글라스, 챙모자 또는 베트남 전통 밀짚모자 논라를 착용하고 자외선 차단제(우기에는 간편한 우비)도 준비하는 것이 좋다. 날치기 피해 방지를 위해 지갑과 스마트폰, 카메라 등의 귀중품은 반드시 가방(백팩, 크로스 백, 슬링 백 추천)에 넣고 앞쪽에 둔다. 여성 여행자는 안전을 위해 외진 교외 지역으로 나가지 않는 편이 좋다.

씨클로

자전거를 개조해 만든 씨클로는 대도시에서 점차 입지가 좁아지고 있으며 여행자들이 관광지에서 잠깐 타 보는 경험으로 그친다. 사전에 최종 요금 흥정은 필수 처음 제시한 요금의 절반 정도로 합의해 보자. 소매치기와 오토바이 날치기 위험이 있어, 핸드 스트랩 없는 카메라와 스마트폰을 셀카봉에 연결해 촬영을 하거나 SNS에 실시간으로 업로드하는 행동은 삼간다.

오토바이 & 자전거 대여

TIP

일부 호텔이나 게스트 하우스의 고객은 자전거를 무료로 이용할 수 있다. 호텔을 통하거나 시내 대여점에 여권을 지참, 보증금을 결제하면 영업 시간 내 12시간 기준으로 자전거와 언더 본 스타일 스쿠터(100~125cc)는 5~7달러에 대여할 수 있다. 대여료는 다낭과 호이안이 비싸고, 소도시는 저렴하다. 50~150cc 미만의 스쿠터는 국제 운전면허증(2종 소형 면허, 2륜차 및 3륜차 운전에 유효 스탬프)과 해외여행자 보험 증서를 반드시 소지해야 한다. 대여 시 영수증과 오토바이 등록증 사본을 잘 보관하고, 주유비는 별도 부담한다. 메인 도시와 근교의 힐링 포인트를 따라 라이딩 투어는 어떨까. 다낭→호이안, 후에, 무이네 코스를 추천한다. 렌탈 체인을 이용하면 다른 도시에서 대여와 반납이 가능하다. 관광지마다 오토바이 유료 주차장이 있어 편리하다.

① 미세먼지 마스크(우기는 제외)와 헬멧을 꼭 착용하고 50km/h~70km/h로 서행한다.
② 직진 신호에 우회전 가능한지 보조 신호를 확인하고 우회전해야 한다.
③ 차선 변경이나 방향 전환 시에는 20km/h 속도로 방향 지시등을 꼭 켜야 범칙금 부과를 피한다.
④ 원형 교차로에서는 반시계 방향으로 천천히 회전 통과한다.
⑤ 혼잡한 대도시는 특히 접촉 사고를 주의해서 안전 운행한다.
⑥ 반납 전 주유는 대형 주유소를 방문하면 외국인 대상의 바가지 요금 피해를 줄일 수 있다.
⑦ 머플러에 의한 화상은 흐르는 찬물이나 식염수로 15~30분 씻어내고 물집, 수포는 깨끗한 거즈로 덮고 바로 병원 진료를 받는다. 귀국 후 바로 전문 진료를 받는다.
⑧ 한국의 국제 운전면허증은 베트남에서 인정되지 않으므로, 주의가 필요하다.
⑨ 수많은 일방통행 거리에서 역주행하지 않도록 각별히 주의한다.
⑩ 오후 7시 이후에는 반드시 라이트를 켜야 한다.

바이크 대여점 홈페이지
렌탈 바이크 베트남 rentabikevn.com
베트남 탑 라이더스 닷 컴 www.vietnamtopriders.com
스타일 모터바이크 www.facebook.com/StyleMotorbikesVietnam

베트남의 교통 안전 팁

도심의 횡단보도에서조차 안전 보행에 각별히 주의해야 하는 곳이 베트남이다. 길을 건널 때는 반드시 좌우를 살펴 오토바이 운전자와 시선을 맞추고 길을 건넌다는 사인을 보낸 후, 한 손을 높이 들고 정면을 주시하며 적절한 속도로 길을 건넌다. 보행자가 정면으로 직진하고 오토바이 운전자가 그 틈을 유지하며 서행하는 것이 암묵적인 룰이다. 보행자가 뛰어가거나 도중에 방향을 바꿔, 뒤돌아 가는 것은 심각한 교통 안전 사고와 직결되므로 절대 삼간다. 현지인들 옆에서 흐름대로 길을 건너는 것이 좋다. 오토바이 날치기가 극성이기에 휴대폰, 카메라, 지갑 등의 귀중품을 안전하게 수납한 가방(크로스 백, 슬링 백, 백팩)을 앞쪽으로 착용하도록 한다.

베트남에서 육로로 인접 국가 이동

인도차이나반도의 베트남과 인접한 3국(중국, 라오스, 캄보디아)을 육로로 국경 횡단하는 루트를 간단하게 살펴본다. 외국인 여행자로서 각국 출입국에 비자가 필요한 경우도 있다. 준비물은 6개월 이상 유효 여권, 귀국 항공 티켓, 반명함판 규격 사진 3장 이상, 비자 발급과 스탬프 수수료는 USD 현금이다.

캄보디아

베트남 호찌민 → 캄보디아 프놈펜(Phnom Penh)

국제 버스로 6~7시간이면 국경 횡단을 할 수 있다. 회사에 따라 요금이 다르고 바벳 국경 지역에서 캄보디아 입국 시 직원에게 35달러를 추가 지급하면 비자 발급을 대행해 준다. 미리 비자를 발급했어도 입국 스탬프는 반드시 찍어야 출국 시 문제를 예방할 수 있다. 베트남 입국 시 국경에서는 베트남 비자를 받지 못하니 프놈펜에서 미리 받아 두어야 한다.

신 투어리스트 thesinhtourist.vn
자이언트 아이비스 giantibis.com
금호 고속 kumhosamco.com.vn
바오로(Baolau) www.baolau.com/en

호찌민 주재 캄보디아 영사관

주소 41 Phung Khac Khoan, Da Kao, District 1, HCMC
전화 028-829-2751
시간 08:30~11:30, 14:00~17:00 / 토·일·공휴일 휴관
요금 30일 관광 비자 1일 소요 35달러.

하노이 주재 캄보디아 대사관

주소 71a Tran Hung Dao Street, Hoan Kiem District, Ha Noi
전화 024-3942-4788/4789
시간 07:30~11:30, 14:00~17:00 / 토·일·공휴일 휴관

프놈펜 주재 베트남 대사관

주소 436 boulevard Monivong, Phnom Penh, Cambodia
전화 (+855) 023-726-274
시간 08:30~17:30(토, 일, 공휴일 휴관)
요금 30일 관광 비자 2일 소요 25달러 (1일 42달러)

중국

베트남에서 기차를 타고 중국을 가려면 티켓을 구할 수 있는 비자가 있어야 하므로 베트남 주재 중국 대사관이나 발급 대행사에서 비자를 미리 받아 두자. 중국과 베트남은 1시간의 시차를 두고 있어서 베트남↔중국 국경을 넘는 시간을 잘 확인해야 한다. 국경 검문소와 이민국 운영 시간은 유동적이므로 목적지로 떠나기 전에 확인하자.

동당(Dong Dang) → 요우이관(Youyi Guan)

하노이 ↔ 베이징 국제열차를 이용하면 편리하다. 동당 역 구내에서 출국 수속을 한다.
① 하노이에서 미니버스를 타고 랑선(Lang Son)에서 하차한다. 랑선 출입국 검문소(베트남 07:00~20:00, 중국 08:00~21:00)를 통과하고 다시 동당으로 가는 미니버스를 타는데 제품 밀수 여부를 검문하기 때문에 출입국 수속이 늦어지곤 한다. 랑선에서 동당까지 오토바이로 이동하면 시간도 절약된다.
② 동당에 이르면 요우이관(우의관, Youyi Guan)을 건너 중국으로 간다. 가까운 핑샹(Ping Xiang)까지 오토바이 택시로 가면 기차로 동남부 난닝(Nanning)에 갈 수 있다.

라오까이(Lao Cai) → 허커우(Hekou)

라오까이에서 중국 윈난 성의 허커우로 국경 횡단 여행은 하노이 ↔ 쿤밍 간 국제 열차를 이용한다. 국경 개방 시간은 베트남 07:00~20:00, 베트남 08:00~21:00(일요일 제외)로 변경되었다.

몽까이(Mon Cai) → 둥싱(Dong Xing)

베트남 북부 꽝닌성 북동부의 도시 몽까이(Mon Cai)에서 중국 서남부 최남단 광시성 팡청강 시 좡족 자치구 둥싱(Dong Xing)까지 다리를 통해 주로 국경 지대의 중국인과 베트남인이 무역로로 이용한다. 외국인은 거의 이용하지 않는다.

하노이 주재 중국 대사관

- 주소 46 Hoang Dieu Road, Ba Dinh, Ha Noi
- 전화 024-3845-3736
- 시간 08:30~11:30, 14:30~17:00(토·일·공휴일 휴관)

라오스

베트남 다낭 → 라오스 사반나켓(Savannakhet)

중부 다낭에서 버스를 타고 후에로 이동한다. 신투어리스트 후에 오피스로 도보 이동해 버스를 환승하고 DMZ가 있는 동하(Dong Ha), 라오바오(Lao Bao) 국경 검문소(07:00~22:00)를 통과해 라오스 사반나켓으로 10~12시간, 총 480km 정도 이동한다. 라오스 국경 지역은 외국인에게 마땅한 숙소가 없다는 점을 참고하자.

개별 여행자는 라오스로 국경을 넘어가지 않고, 국경 앞 마을까지 가는 사기에 대한 주의가 필요하다. 베트남과 라오스 국경 이민국에서는 국경 개방 시간이 끝났다는 이유로 뇌물을 요구한다. 라오스 비자는 하노이, 호찌민, 다낭에서 미리 받아야 한다. 일주일짜리 통과 비자(Transit Visa)는 30달러, 1개월 관광 비자는 50달러이며 하루가 소요된다.

- 홈페이지 thesinhtourist.vn

하노이 주재 라오스 대사관

- 주소 40 Quang Trung, Hoan Kiem, Ha Noi
- 전화 024-3942-4576
- 시간 월~금 08:30~11:30, 13:00~16:00 / 토~일·공휴일 휴관

호찌민 주재 라오스 영사관

- 주소 93 Pasteur St, District 1, HCMC
- 전화 028-3829-7667
- 시간 08:00~11:30, 13:00~16:30 / 토~일·공휴일 휴관

라오스 주재 베트남 대사관

- 주소 85-23 Singha Road, Ban Phonxay, Saysettha District, Vientiane, Laos
- 전화 (+856) 021-451-990/ (+856) 021-413-403
- 시간 08:30~17:30 / 토~일·공휴일 휴관

베트남 빈(Vinh) → 라오스 비엔티안(Vientiane)

베트남 북부 응에안성의 성도 빈(Vinh)에서 하띤 성의 께오누아(Keo Nua) 국경 검문 지역을 경유하여 라오스 수도 비엔티안(Vientiane)까지 국제 버스를 이용한다. 비엔티안까지 12시간 정도 소요되며, 버스비는 30달러 정도. 역시 비자는 사전에 하노이에서 받아 놓는다.

- 버스 회사 Saysamons Transports
- 버스 티켓 예매처 Vinh Railway Station Market

지역 여행
Vietnam

- **베트남 북부**
  하노이 / 하롱베이 / 전통 도자기 마을 /
  퍼퓸 파고다 / 땀꼭 / 사파 / 박하

- **베트남 중부**
  다낭 / 호이안 /미선 유적지 / 후에

- **베트남 남부**
  호찌민 / 구찌 터널 & 까오따이교 / 나트랑 /
  달랏 / 무이네

Vietnam

천혜의 자연경관, 각기 다른 매력을 가진 지역들, 저렴한 물가로 베트남의 인기는 식을 줄 모른다. 북부부터 남부까지 놓치지 말아야 할 지역을 소개한다.

베트남 북부

하노이 Ha Noi
천년의 역사를 가진 베트남의 수도다. 호수의 도시라고 불릴 만큼 호수가 곳곳에 있어서 야경도 아름답다. 과거 프랑스 지배의 영향을 받은 건축물 외에도 역사적 의미가 있는 건물이 많다.

하롱베이 Ha Long Bay
세계 8대 비경이자 유네스코 세계 자연유산이다. 수 천 년에 걸쳐 바람과 물이 만들어낸 석회암의 기암괴석과 동굴이 장관을 이룬다.

퍼퓸 파고다 Perfume Pagoda
흐엉 틱 동굴을 중심으로 다양한 투어가 있다. 자몽꽃이 지천으로 피는 2~5월에 간다면 퍼퓸 파고다의 진면목을 볼 수 있다.

땀꼭 Tam Cốc
육지의 하롱베이 닌빈(Ninh Binh)에서 카르스트 지형의 동굴 세 곳을 삼판배로 둘러본다.

전통 도자기 마을
백 년 이상의 역사를 간직하며 수제품을 생산하는 전통 마을 (판 푹·밧 짱·동 끼·동 호).

사파 Sapa
산비탈에 만들어진 계단식 논과 자연이 만든 풍경이 아름답다. 프랑스 점령기에 휴양지로 개발되어 시내의 유럽풍 건축물과 소수 민족의 독특한 옷차림이 이색적인 조화를 이룬다.

박하 Bắc Hà
화려한 복장의 화몽족이 모이는 박하 시장이 큰 볼거리다.

베트남 중부

다낭 Da Nang
현재 베트남에서 가장 핫한 휴양지로 꼽힌다. 공항과 시내, 해변이 모두 가까워 관광, 휴양, 쇼핑을 동시에 즐길 수 있다. 식민지 시절 프랑스인의 휴양지였던 바나 힐이 인기다.

호이안 Hoi An
유네스코 세계 문화유산으로 15세기 무역 거점이었던 항구 마을의 모습이 남아 있다. 프랑스풍 건축물, 베트남 전통 가옥, 중국식 상점이 뒤섞여 있어 이색적인 풍경을 자아낸다. 밤이 되면 형형색색의 등불 때문에 낮과 밤 모두 아름답다.

미선 유적지 My Son
유네스코 세계 문화유산으로 4세기부터 13세기에 이르기까지 약 900년에 걸친 고대 참파 왕국의 힌두교 사원을 볼 수 있다.

후에 Hue
베트남 중부에 위치한 가장 역사적인 고대 도시로 19세기 응웬 왕조의 황궁과 황제릉, 사원과 역사적인 유물들이 남아 있다. 베트남 전쟁으로 많은 곳이 허물어졌지만, 끊임없이 복원 작업을 진행하고 있다.

베트남 남부

호찌민 Ho Chi Minh
남부 최대 도시로 옛 사이공 시절에는 군사적 중심지였다. 현재는 베트남의 경제, 문화를 대표하는 현대적인 시설을 갖춘 고층 빌딩과 거리를 가득 메운 오토바이로 상징된다.

나트랑 Nha Trang
베트남 동남쪽 해안가에 위치한 대표 휴양지로 중심지에서 약 6km에 달하는 에메랄드빛 바다와 백사장이 아름다워 동양의 나폴리라고 불린다.

달랏 Đà Lạt
베트남 속 작은 유럽으로 불리는 달랏. 현지인들의 최애 신혼여행지로 꼽히는 곳이다.

무이네 Mui Ne
남베트남의 작은 어촌 마을로, 야자수가 늘어선 해변, 붉은 협곡과 끝없이 펼쳐진 모래 언덕 화이트 & 레드 샌드 듄이 이색적인 휴양지이다.

하노이
Ha Noi

베트남 역사, 문화, 관광의 중심지

Ha Noi

하노이는
어떤 곳일까?

베트남의 수도 하노이는 천 년 역사의 유서 깊은 도시로 정치와 문화의 중심지이다. 호찌민에 이어 두 번째 큰 도시로 북베트남의 젖줄인 홍강(Sông Hồng) 델타 안쪽의 도시이기에 한자로 하내(河內)라고 표기한다. 환검(還劍) 전설로 유명한 호안끼엠 호수는 하노이 여행의 중심이자 이정표가 된다. 포근한 휴식처이며 야경 포인트이기도 하다. 그 북쪽으로 랜드마크인 올드 타운 36거리, 여행자 거리와 최근 몇 년간 힙 플레이스로 떠오른 따 히엔 맥주 거리, 주말 야시장이 있다. 도시 중심부에 탕롱 황성의 성채 중앙 구역은 11세기부터 굴곡진 하노이 역사를 지켜본 유서 깊은 유적지로 2010년 세계 문화유산에 등재되었다. 도시 서쪽에 행정 기관이 밀집한 바딘 광장 주변에는 호찌민 묘소와 각국 대사관, 중국 유교 사상이 깃든 문묘, 불교 사찰 사원도 사원이 혼재되어 있다. 근대 프랑스 식민 정부가 본국과 유사하게 지어 이국적인 분위기의 콜로니얼 건축물도 밀집해 있다. 북서쪽에는 하노이에서 가장 큰 떠이 호 수가 있다.

• BEST SPOT •

MUST GO 호찌민 박물관, 수상 인형 극장, 하롱베이
MUST EAT 분보남보, 팀호완, 피자 포피스
MUST STAY 롯데 호텔 하노이, 힐튼 하노이 오페라, 하노이 대우 호텔

하노이 드나들기

비행기

■ 하노이 노이바이 국제공항

하노이 도심에서 45km 떨어진 곳에 있는 노이바이 국제공항은 베트남 주요 15개 도시를 운항하는 국내선과 다수의 국제 항공편이 취항하고 있다. 홍콩, 방콕, 싱가포르 등의 인접 국가와 우리나라 국적기인 대한항공, 아시아나항공과 일부 저가 항공사, 베트남의 항공사가 직항편을 운항하고 있다. 최근 2019년 7월에는 노이바이 국제공항에 롯데면세점이 오픈했다.

공항에서 시내로 이동하기

공항에서 시내로 이동하는 방법은 여러 가지가 있으나 공항 택시와 버스를 이용하는 것을 추천한다.

노이바이 공항 택시

숙소나 하노이 중심가로 빠르게 이동할 수 있다. 하노이 시내까지 30~40분 정도 소요된다.

요금 4인승 15달러, 7인승 18달러, 16인승 30달러 **전화** 024-3266-8218 **홈페이지** www.Hanoiairporttaxi.org

하노이 공항 택시

인원수와 차량 크기에 따른 요금은 USD 정찰제로, 온라인 사전 예약이 필요하다.

86번 버스

2016년에 신설된 노선으로 버스 내부가 쾌적하고 요금이 저렴하여 많은 여행객이 선호한다. 공항에서 나와 찻길을 건넌 후, 왼쪽으로 직진하면 버스 정류장이 있다. 차내에서 편도 티켓을 현금 결제하며 운행 스케쥴은 유동적이다.

요금 3만 5천 동(현금 결제) **시간** 공항 출발 06:25~23:05, 하노이 역 출발 05:05~21:40 / 약 50분 소요, 운행 간격 25분

> **•TIP•**
>
> **시내 → 공항 대중교통 이용 팁**
>
> 시내에서 대중교통(86번 버스, 승차 공유 IT 모빌리티 서비스, 픽·드롭 서비스 등)를 이용해 공항으로 이동하는 경우, 개인 일정에 따라 국제선 청사(International Terminal)와 국내선 청사(Domestic Terminal)를 구별해서 행선지를 정확히 표현해야 요금 결제 시 혼선이 없다.

공항 픽업 서비스

호텔, 투어 프로그램을 예약한 여행사, 사설 업체를 통해 그룹 또는 팀 단위로 계약하는 공항 픽업 서비스를 이용할 수 있다. 프라이빗 픽업 서비스는 공항이나 호텔에서 바로, 한 팀끼리 불필요한 대기 시간을 줄이고 안전하게 이동할 수 있는 것이 장점이다.

홈페이지 www.klook.com, www.kkday.com

버스

■ 시외버스

베트남 각 지역으로 이동하는 시외버스는 정해진 터미널에서 승차한다. 속도가 상당히 느리고 경유지도 많으며 버스 시설도 상당히 열악하다. 출발 전에 버스표를 구입해야 한다.

잡밧 버스 터미널(Ben Xe Giap Bat)

호찌민, 빈, 후에 등 남부 지역을 운행하는 버스 터미널이다.

주소 Gia Phong, Giap Bat **전화** 024-3864-1467

> 자람 버스 터미널(Ben Xe Gia Lam)

랑선, 하이퐁 등 북부 지역을 운행하는 버스 터미널이다.

주소 132 Ngo Gia Kham, Gia Thuy, Long Bien **전화** 024-3827-1529

> 낌마 버스 터미널(Ben Xe Kim Ma)

디엔 비엔 푸 등 북서부 지역을 운행하는 버스 터미널이다.

주소 160 Nguyen Thai Hoc, Kim Ma, Dong Da **전화** 070-3823-665

> 미딩 버스 터미널(Ben Xe My Dinh)

사파를 비롯해 북쪽부터 남쪽까지 운행하는 버스 터미널이다.

주소 My Dinh, Nam Tu Liem **전화** 024-3768-5747

■ 투어 버스

여행자들은 시내 버스보다 여행사와 버스 회사가 전국 관광지로 연결하는 직영 투어 버스를 이용하는 것이 좋다. 오픈 투어 버스는 비교적 저렴한 티켓으로 어느 도시든 내려 관광을 하고 유효 기간 안에 다시 탑승할 수 있다.

홈페이지
신 투어리스트 www.thesinhtourist.vn
흥탄 www.hungthanhtravel.com
Hanoi Toserco hanoitoserco.com.vn
TNK 트래블 www.tnktravel.com

> 기차

하노이 기차역은 하노이 ↔ 호찌민(사이공 역) 1,726km 구간 통일 열차를 운행하는 A역과 북부 사파(라오까이)행, 닌빈행 열차를 운행하는 B역으로 나뉜다. 역 청사는 다르지만 내부 선로는 연결되어 있다. 기차표 예매는 여권을 지참하고 두 역 어느 외국인 창구에서나 가능하고, 시내 여행사에서도 수수료를 부담하면 구매 대행 서비스를 해 준다. 현지인 승객 수가 폭증하는 여름 휴가 시즌, 명절 연휴에는 반드시 충분한 여유를 두고 예약하자. 남북 종단에는 노선도의 역 모두 경유, 열차 연착 등의 조건을 포함해 30시간 이상 소요된다. 때문에 장거리 이동하는 여행자는 소요 시간을 고려해서 국내선 항공편과 오픈 투어 버스(슬리핑 버스 등)를 활용하는 것이 합리적이다.

예매 시간
07:00~12:30, 13:00~21:40

홈페이지
베트남 국영 철도청 www.vetau.com.vn
베트남 철도 예약 전용 www.baolau.com
철도 예약 에이전시 www.vietnamtrain.com

> 하노이 A역(중앙역, Central Station)

주소 Ga Hanoi, 120 Đường Lê Duẩn, Văn Miếu, Hoàn Kiếm, Hà Nội **위치** 호아로 수용소 박물관 근처, 올드 타운에서 택시로 10분

> 하노이 B역(쩐뀌깝 역, Tran Quy Cap Station)

주소 Tran Quy Cap Station, 20A Trần Quý Cáp, Văn Miếu, Đống Đa, Hà Nội **위치** 하노이 A역 청사 바로 뒤 쩐뀌깝 거리에 위치

시내 교통

■ 택시

공항 → 호텔로 이동하거나 주요 관광지 이동 시 가장 간편하게 이용할 수 있다. 미터기 정찰제로 운행하는 비나선(Vinasun), 마이린(Mai Linh), 티엔사(Tien Sa) 등의 브랜드 택시가 있다. 미터기 초기화를 확인하고 호객 행위, 미터기 조작, 과다한 요금 청구 등을 방지하기 위해 공인 회사를 이용하는 것이 안전하다. 구글 맵에 호텔이나 행선지를 입력해 두고 동선 정도는 미리 파악하자. 공항을 오가는 톨게이트 비(약 1만~1만 5천 동)는 탑승객 부담이다.

TIP 승차 공유 IT 모빌리티 서비스

그랩은 다양한 종류(Grab 택시, 카, 바이크 등)가 있는데 보통 그랩 카와 그랩 바이크를 이용한다. 어플로 호출한 탑승지에서 행선지까지 소요 시간은 미리 확인되며 요금은 어플에 등록된 사전 결제 시스템으로 정산된다. 경제적이지만, 출퇴근 시간과 러시아워에는 요금이 올라간다. 또한 늦은 시간이나 외진 곳에서 혼자 이용하는 것은 피하는 편이 좋다. 구글 맵으로 호텔을 비롯한 행선지까지 루트를 숙지하고 상황에 따라, 그랩 카와 그랩 바이크를 합리적으로 이용하자.

그랩(Grab)
www.grab.com/vn/en
패스트고
fastgo.co.kr/fastgo.mobi
카카오 모바일 T 서비스
service.kakaomobility.com

■ 시내버스

주요 관광 명소까지 이동할 수 있어 편리하다. 요금은 탑승 후 차장에게 직접 낸다. 한 달짜리 정액권도 판매하니 장기 체류자는 유용하게 활용할 수 있다. 안내 방송이 없어 내려야 할 때가 되면 버스 기사가 알려준다. 가격은 싸지만, 노선이 적고, 도로를 점령하는 오토바이 무리 탓에 운행 속도도 느리다.

요금 7천 동(이동 구간은 상관 없음) **홈페이지** www.transerco.vn

■ 프라이빗 투어 서비스

호텔, 투어 프로그램을 예약한 여행사 등을 통해 프라이빗 투어 서비스를 이용할 수 있다. 가격이 조금 높지만 개인이나 한 팀끼리 대기 시간을 줄이고 안전하게 이동할 수 있는 것이 장점이다.

홈페이지 www.klook.com, www.kkday.com

■ 쎄옴

베트남 산업화의 상징이라고 생각될 정도로 하노이에는 오토바이가 많다. 가격은 구간에 따라 다르고, 한 번 이용하는 데 3~5만 동 정도이며, 흥정이 가능하다. 매연이 심해서 마스크는 필수다. 공식적으로 하루 전세는 없어졌다.

■ 씨클로

점차 오토바이가 씨클로를 대체하고 있지만, 아주 가까운 거리를 이동할 때는 유용하다. 하차할 때 요금을 내는데, 타기 전의 가격과 달리 비싼 요금을 요구할 수가 있으니 주의해야 한다. 호안끼엠 호수 근처에서 한 바퀴 도는 코스이며, 1인 6만 동 정도이다. 10~15분 소요되며, 팁은 보통 1~2달러 정도를 준다.

■ 전동카

호안끼엠 근처 재래시장 등 관광지를 30~40분 정도 관광한다. 탑승권은 호안끼엠 화룡관 맞은편 매표소에서 구매할 수 있고, 팁은 없다.

요금 스트리트 카 1대당 30만 동(최대 6명 탑승 가능)

Ha Noi

하노이
추천 코스

• DAY 1 •

호안끼엠 호수 코스(약 6~8시간 소요)

하노이 여행의 이정표가 되는 호안끼엠 호수를 중심으로 프랑스 강점기 시대 관련 장소와 올드 타운 일대를 가볍게 돌아본다.

호안끼엠 호수 야경이 아름다운 하노이 여행 중심지
↓ 도보 5분
응옥 썬 사당 박제 거북이로 유명한 도교 사당
↓ 도보 15분
국립 역사 박물관 베트남 역사의 모든 것
↓ 도보 3분
하노이 오페라 하우스 프랑스 강점기 시대의 공연장
↓ 도보 16분
호아로 수용소 박물관 민족주의 운동가들의 수용소
↓ 도보 8분
성 요셉 대성당 하노이에서 가장 오래된 로마 카톨릭 성당
↓ 도보 7분
올드 타운 관광 하노이 최대 볼거리

• DAY 2 •

역사 유적지 코스(약 6~8시간 소요)

하노이 관광의 하이라이트 호찌민 묘소 주변과 역사 유적지들을 돌아 본다. 호찌민 묘소 내부 관람은 오전에만 가능하고, 점심 시간에는 박물관이 닫는다.

호찌민 묘소 베트남의 영웅 호찌민이 잠들어 있는 곳
↓ 도보 4분
호찌민 박물관 호찌민의 업적을 기리는 박물관
↓ 도보 4분
못꽃 사원 하노이를 상징하는 고사찰
↓ 도보 19분
문묘 베트남 최초의 대학
↓ 도보 10분
국립 미술 박물관 유물, 회화 등으로 만나 보는 베트남 미술사
↓ 도보 8분
군역사 박물관 베트남의 전쟁, 독립 역사를 보여 주는 곳

Ha Noi

호안끼엠 호수 주변

호안끼엠 호수
Hồ Hoàn Kiếm

야경이 아름다운 하노이의 휴식처

하노이의 심장부로 통하는 이 호수는 남북으로 길게 늘어져 있다. 북쪽으로 여행자 거리가 이어진다. 전설에 의하면 15세기 여(黎) 왕조를 세운 레 로이가 호수에서 건진 검으로 명나라 군사를 물리치고 베트남을 수호했다고 한다. 전쟁에서 승리한 후 보트를 타고 호수를 순회하는 중 황금색 거북이가 호수 아래에서 올라 검을 물고 돌아갔는데, 이후 거북이가 그 검을 호수의 주인에게 돌려줬다고 하여 호안끼엠이라고 부르게 되었다고 한다. 호수 중앙에는 13세기 몽골군을 물리친 쩐 홍다오 장군을 기리는 사당이 있다. 호안끼엠 호수는 남녀노소를 불문하고 많은 사람이 찾는 곳이다. 아침 6시경에는 집단 체조를 하거나 운동하는 모습을 볼 수 있다. 또한 여행자에게는 편안한 휴식처가 되며 저녁은 야경 포인트가 된다.

하노이 여행의 시작

호안끼엠 호수는 하노이 여행의 중심, 이정표로 삼기 좋다. 호수를 중심으로 도로와 거리가 있기 때문에 주변 여행자를 위한 중저가 숙소와 레스토랑, 쇼핑센터, 관광지로 10분 이내 도보 이동할 수 있다. 호수에서 도보 5분이면 가는 따히엔 맥주 거리, 호수 북쪽 올드 타운은 특히 여행자가 많은 곳이다. 주변 거리에서 웨딩 촬영을 하는 모습은 이제 하나의 풍물이 되었다. 주말 저녁은 '차 없는 거리' 캠페인으로 호수 주변 도로를 통제하는 경우도 있기 때문에 여행 일정에 참고하자.

응옥 썬[玉山] 사당
Ngoc Son Temple, Đền Ngọc Sơn

호안끼엠 호수에 아름다운 야경을 더해 주는 사당

호안끼엠 호수 북쪽의 사원으로 대학자 반 승 (Văn Xương)과 13세기 몽골의 침략을 막아 낸 쩐 흥다오(Trần Hưng Đạo), 물리학자 라또 (La To)를 위해 18세기경에 지어졌다. 사원으로 들어가기 위해서는 붉게 칠해진 테 훅(Thê Húc : 떠오르는 태양) 다리를 건너야 한다. 입구 기둥에는 '복(福)'과 '록(綠)'이라는 글자가 커다랗게 쓰여 있고, 내부에는 길이 2m, 무게 250kg의 박제 거북이가 있다. 이 거북이는 호안끼엠에서 잡혀 발견 당시 전설상의 거북이일 것이라는 화제를 모으기도 했다. 밤이면 원색 조명이 밝혀져 호안끼엠 호수의 야경에 한몫한다. 팔꿈치와 무릎을 덮는 의상으로 입장할 수 있다.

주소 Đinh Tiên Hoàng, Hàng Trống, Hoàn Kiếm **위치** 호안끼엠 호수 북쪽 **시간** 07:00~18:00 **요금** 성인 3만 동, 국제 학생증 소지자 1만 5천 동, 15세 미만 무료 **홈페이지** tonggiaophanhanoi.org

호아로 수용소 박물관
Hoa Lo Prison Museum, Di Tích Lịch Sử Nhà Tù Hỏa Lò

민족주의 운동가를 고문한 장소

하노이 힐튼(Ha Noi Hilton)으로 알려진 이 감옥은, 19세기 말 프랑스 식민 정부가 항불 투쟁을 하는 베트남 민족주의 운동가를 투옥하고 고문하던 장소였다. 베트남 전쟁 당시 북베트남군의 포로들이 수용되기도 했다. 여러 가지 고문 도구와 독방 등이 전시되어 있다.

주소 1 Hoả Lò, Trần Hưng Đạo, Hoàn Kiếm **위치** 호안끼엠 호수 남쪽에서 도보로 15분 정도, 하노이 타워 옆 **시간** 08:00~11:30, 13:00~16:30(17:00 폐관) / 월요일 휴관 **전화** 024-3934-2253 **요금** 성인 3만 동, 국제 학생증 소지자 1만 5천 동, 15세 미만 무료 **홈페이지** hoalo.vn

꽌 쓰 사원
Ambassadors' Pagoda, Chùa Quán Sứ

사신을 영접하기 위해 지어진 곳

꽌 쓰 사원은 베트남 왕의 초청으로 각국에서 온 사신을 영접하기 위해 15세기에 지어졌다가 곧 불탑을 지으면서 사원으로서의 역할을 하게 되었다. 사신을 영접했던 대관은 화재로 소실되었고, 이후 레 왕조 말기에 불탑도 불에 타 소실되었다. 현재 베트남 불교 연합의 본부로, 수도승이 기거하면서 불교 공부를 하고 있다. 경내에서 여행자들을 위해 각종 기념품과 불교용품을 판매한다.

주소 73 Quán Sứ, Trần Hưng Đạo, Hoàn Kiếm **위치** 호안끼엠 호수에서 남쪽으로 도보 15분 **시간** 06:00~19:00 **전화** 0918-242-186 **요금** 무료

성 요셉 대성당
St. Joseph Cathedral, Nhà Thờ Lớn

하노이에서 가장 오래된 중세 유럽풍 성당

올드 타운과 전혀 어울릴 것 같지 않은 고딕 양식의 중세 유럽 건물이 있다. 바로 성 요셉 대성당이다. 베트남어로 냐 토 론(Nhà thờ Lớn)이라고 부른다. 이 성당은 하노이 로마카톨릭 대주교 소속 성당이며 베트남 대교구 본부이기도 하다. 1886년에 세워져 하노이에서 가장 오래된 중세 유럽풍 카톨릭 성당으로 사각 탑, 정교한 제단, 화려한 스테인드글라스로 유명하다. 입구에 성모상이 있다. 현재는 성당 주변으로 근사한 카페와 레스토랑, 부티크들이 모여 있어 프랑스의 정취를 느껴볼 수 있다. 팔꿈치와 무릎을 덮는 의상으로 입장할 수 있다.

주소 40 Nhà Chung, Hàng Trống, Hoàn Kiếm **위치** 호안끼엠 호수 서쪽에서 도보 5분 **시간** 월~토 08:00~11:00, 14:00~17:00, 일 07:00~10:30, 15:00~21:00 **전화** 024-3828-5967 **홈페이지** tonggiaophanHanoi.org

국립 역사 박물관
National Museum of History, Bảo Tàng Lịch Sử Quốc Gia

베트남 고대 문명의 보고

프랑스와 아시아 등 각국의 미술품이 전시되었으나 1958년부터 역사 박물관으로 이용되고 있다. 박물관 내부는 역사관과 민족관 두 부분으로 나뉘어 구석기·신석기 시대 유물, 고대 베트남 문명 시대 유물, 동 선(Đông Sơn) 유물, 메콩 델타 지역의 참파 유물 등 약 5천여 점의 유물이 연대순으로 전시되어 있다. 그러나 1945년 이후의 유물은 혁명 박물관에 별도로 소장되어 있으며 영어 설명서에는 중요 전시물에 대한 것만 소개되어 있다. 2000년 클린턴 전 미국 대통령이 방문했다.

주소 1 Tràng Tiền, Phan Chu Trinh, Hoàn Kiếm **위치** 오페라 하우스에서 도보 3분 **시간** 08:00~12:00, 13:30~17:00 / 매월 첫째 주 월요일 휴관(규정은 유동적) **전화** 024-3825-2853 **요금** 성인 4만 동, 국제 학생증 소지자 2만 동, 학생(6~16세) 1만 동, 6세 미만 무료 **홈페이지** baotanglichsu.vn

혁명 박물관 Revolutionary Museum, Bảo Tàng Lịch Sử Quốc Gia

세무서로 사용되었던 노란색 건물

프랑스 식민 시기에 세무서로 사용됐던 건물로, 노란색 외관이 특징이다. 지금은 역사 박물관의 별관으로, 19세기 중반부터 현대에 이르기까지의 혁명사를 기념품과 패널 등으로 연대에 맞게 배열해 놓았다. 전시실에는 방마다 실제로 사용되었던 무기가 있고, 자세히 설명되어 있다. 역사 박물관에서 구입한 티켓으로 이곳까지 둘러볼 수 있다.

여성 박물관
Women's Museum, Bảo Tàng Phụ Nữ Việt Nam

베트남 여성의 활약상을 보여 주는 곳

베트남 여성의 사회 참여 역할은 유구한 역사를 간직하고 있다. 이러한 베트남 여성의 활약상을 전시해 둔 곳이 바로 여성 박물관이다. 특히 박물관 입구에 3.6m의 높이로 우뚝 선 여성 동상은 베트남 여성을 대변한다. 오른손은 바닥을 향해 쭉 펴고 있는데 이는 모든 난관을 극복할 수 있다는 상징적인 의미이고, 왼손으로 자신의 어깨에 있는 아이를 받치고 있다. 이 동상을 비추는 조명은 어머니의 모유이자 끝없는 모정이라고 한다. 4층에는 소수 민족 여인들이 입는 다양한 의상들과 각 종족의 생활 도구가 전시되어 있다.

주소 36 Lý Thường Kiệt, Hàng Bài, Hoàn Kiếm **위치** 호안끼엠 호수 남쪽에서 도보 5분 **시간** 08:00~17:00 **전화** 024-3825-9936 **요금** 3만 동 (오디오 가이드 대여 3만 동) **홈페이지** www.womenmuseum.org.vn

오페라 하우스
Opera House, Nhà Hát Lớn Hà Nội

하노이에서 가장 이국적인 콜로니얼 건물

바로크 양식의 오페라 하우스는 프랑스 식민지 시대 관리들이 대형 콘서트와 다양한 장르의 공연을 관람하기 위해 건축했다. 건축가 찰스 가니어(Charles Garnier)가 파리의 오페라 하우스를 모방하여 디자인했고, 1911년에 완공됐다. 극장 내부를 구경하려면 공연 티켓을 사서 직접 공연을 관람하는 수밖에 없다. 하노이에서 가장 이국적인 건물 중의 하나로 이 오페라 하우스를 배경으로 사진 촬영을 하는 여행객을 자주 볼 수 있다.

주소 Số 01 Tràng Tiền, Phan Chu Trinh, Hoàn Kiếm **위치** 하노이 시내에서 택시로 5분, 중앙 우체국을 지나 띠엔 거리 끝부분 **시간** 매표소 08:00~18:00 / 토~일요일 휴관 **요금** 시간은 공연에 따라 다르므로 홈페이지 참조 / 6세 미만은 관람 불가 **홈페이지** hanoioperahouse.org.vn

수상 인형 극장
Nhà Hát Múa Rối Nước Thăng Long

베트남의 독특한 문화유산인 수상 인형극

천 년의 역사를 간직한 수상 인형극은 홍강 유역의 농민들이 수확의 기쁨을 나누기 위해 연못이나 호수에서 로이 누억(Rối Nước)이라는 작은 인형을 만들어 시작했다고 한다. 인형은 가슴까지 찬 물에서 다채로운 움직임을 보여 주며 좌중을 즐겁게 한다. 이 인형들은 대나무와 실로 연결되어 사람들이 직접 조정하는데, 움직임이 매우 정교해 마치 살아 있는 듯한 착각을 일으킨다.

인형극은 농민의 일상생활, 고기잡이, 소싸움, 장기 등을 아주 우스꽝스럽게 재현한다. 주요 내용은 악귀로부터 농민과 농사일을 보호하여 풍년을 기원하는 것이다. 총 18장으로 구성되며 남녀 7인으로 구성된 악단인 떼우(Teu)가 전통 악기를 연주하며 흥을 돋운다.

호안끼엠 호수 북쪽의 전용 극장에서 수상 인형극을 볼 수 있다. 게스트 하우스나 여행사에서 표를 구할 수 있으나 좌석을 지정받으려면 반드시 극장에 가야 한다. 한국어 팸플릿도 비치되어 있다.

주소 57b Đinh Tiên Hoàng **위치** 호안끼엠 호수 북동쪽에서 도보 1분 **시간** 여름 16:10, 17:20, 18:30, 20:00 / 겨울 15:00, 16:10, 17:20, 18:30, 20:00 **요금** 1등석 20만 동, 2등석 15만 동, 3등석 10만 동 **홈페이지** www.thanglongwaterpuppet.org

바딘 광장 주변
Ha Noi

떠이 호수
Ho Tay

역사와 전설이 깃들어 있는 아름다운 호수
하노이에서 가장 큰 호수로 도시의 북서쪽에 있다. 원래 홍강의 한 지류였으나 강의 물줄기가 변하면서 호수로 남았다. 서호(西湖)라고 불리는 이 호수에는 황금 물소에 관한 전설이 전해진다.

옛날 의술에 정통한 거인이 있었는데 왕은 왕실에 환자가 발생하면 그를 불러 치료하곤 했다. 그의 소문이 중국까지 전해져 모든 의사들이 실패한 중국 왕을 그가 치료하게 된다. 왕은 큰 상을 내리려고 했으나 그는 황금을 마다하고 구리만 받아 베트남으로 돌아왔다. 이후 이 구리로 큰 종을 만들어 치니 그 소리가 중국까지 들렸다. 그러자 중국 왕실에 있던 황금 물소가 이 소리를 어미가 부르는 소리로 오인하여 베트남으로 가게 되었다. 그때 이 물소들이 홍강 일대를 짓밟고 지나가자 현재의 떠이 호수 일대에 물이 차 호수가 되었다고 한다.

호수 북쪽에는 꽃과 과일 플랜테이션으로 유명한 마을이 있는데, 유명한 여류 시인 바 후엔 딴 쿠안(Bà Huyện Thanh Quan)의 고향이기도 하다. 주변에 외국인들이 주로 거주하는 고급 주택 단지가 있다.

못꼿 사원(일주사)
One Pillar Pagoda, Chùa Một Cột

연꽃 모양을 본 떠 지어진 사찰

하노이를 상징하는 고사찰로 1049년 리(李) 왕조의 창건자인 리 따이똥이 건설했다. 그가 연꽃 위에 앉아 있는 관음보살을 만나는 꿈을 꾼 후 사내아이를 얻은 일에 대한 보답으로 연꽃 모양을 본떠 주춧돌 직경이 1.25m에 달하는 이 사원을 세웠다고 한다. 1954년 훼손되었으나 최근 들어 다시 복원됐다.

주소 Chùa Một Cột, Đội Cấn, Ba Đình **위치** 호찌민 묘지에서 5분 거리 **시간** 08:30~16:30 **요금** 무료

호찌민 묘소
Ho Chi Minh's Mausoleum, Lăng Chủ Tịch Hồ Chí Minh

호찌민이 잠들어 있는 곳

베트남 민족주의의 영웅인 호찌민(1890~1969년)이 잠들어 있는 곳으로, 건물 자체는 크지 않지만 넓은 바딘 광장을 내려다보고 있어 위엄이 느껴진다. 3년(1973~75년)간의 공사 끝에 완성한 콘크리트 건물로, 언뜻 보면 차가운 회색빛과 고딕 형태의 외관으로 시선을 끌지 못할지도 모른다. 21.6m 높이의 묘소는 3개 층으로 나뉘는데, 하단부는 공산당원들이 회의를 개최하는 장소이다. 중간층은 호찌민이 잠들어 있는 곳이며, 상단부에는 '주석 호찌민'이라는 짙은 보라색의 글자가 새겨져 있다. 묘지 양옆으로 '호찌민은 우리 마음에 살아 있다', '사회주의여 영원하라!'라는 문구가 베트남어로 적혀 있다. 외부 촬영은 할 수 있지만, 내부에서는 전면 금지다. 모든 휴대품을 입구에 두고 입장해야 하며 팔꿈치와 무릎을 덮는 의상으로 입장할 수 있다.

주소 2 Hùng Vương, Điện Bàn **위치** 호안끼엠 호수에서 택시로 15분, 바딘 광장 근처 **시간** 4~10월 화~목 07:30~10:30, 토~일 · 공휴일 07:30~11:00 / 11~3월 화~목 08:00~11:00, 토~일 · 공휴일 08:00~11:30 / 월 · 금요일 휴무(공휴일은 개방) / 연간 정기 보수 기간(6월~8월 15일)에는 내부 관람 불가 **요금** 무료 **홈페이지** www.bqllang.gov.vn

주석궁과 호찌민 관저
Văn Phòng Chủ Tịch Nước & Nhà Sàn Bác Hồ

테라스가 아름다운 근대 프랑스식 콜로니얼 건물

호찌민 묘소 뒤쪽으로 주석궁과 호찌민 관저가 있다. 노란색 외관이 인상적인 주석궁은 식민지 시절 총독부로 쓰던 프랑스식 건물로 테라스가 아름답다. 호찌민은 국가 주석 재임 시절 주석궁에 살지 않고, 근처에 있는 정원사의 남루한 집을 관저로 사용했다. 주석궁의 노란색은 금을 뜻하여 부를 상징한다. 작은 호수가 있고, 내부에는 호찌민이 사용했던 집기 등이 비치되어 있다.

주소 Số 2 Hùng Vương, Ngọc Hồ, Ba Đình **위치** 호찌민 묘소 뒤 **시간** 하절기 07:30~11:00, 13:30~16:00, 동절기 08:00~11:00, 13:30~16:00 / 월요일은 오전만 개방 **요금** 4만 동 **홈페이지** ditichhochiminhphuchutich.gov.vn

호찌민 박물관
Ho Chi Minh Museum, Bảo Tàng Hồ Chí Minh

호찌민의 업적을 기리는 박물관

1990년 5월 19일, 호찌민 탄생 100주년을 기념하고 호찌민의 활동과 업적을 기리기 위해 개관하였다. 구소련의 원조를 받아 레닌 박물관의 전문가가 설계와 내부 장식을 담당했다. 호찌민 생가 모형, 애장품, 편지 등 호찌민 생애와 관련된 모든 물품이 전시되어 있다. 과거관과 미래관으로 구분된 전시실에는 평화, 행복, 자유 등을 상징하는 외국 작가의 현대 작품이 전시되어 있다. 영어, 불어, 러시아어 가이드가 있으므로 부탁하면 안내해 준다. 3층으로 된 시멘트 건물로, 내부 사진 촬영이 허용되지 않는다.

주소 19 Ngọc Hà, Đội Cấn, Ba Đình **위치** 못꼿 사원 옆 **시간** 08:00~12:00, 14:00~16:30(월, 금 08:00~12:00) / 주중 무휴 **전화** 024-3846-3757 **요금** 4만 동 **홈페이지** baotanghochiminh.vn

호찌민

본명은 응웬 땃 탄(Nguyễn Tất Thành)으로 중부 베트남에서 출생했다. 1911년 프랑스 배의 견습 요리사로 프랑스에 건너가 응웬 아이 퀘엑(阮愛國)이란 이름으로 식민 해방 운동을 시작하였다. 제1차 세계 대전 후 베르사유 회의에 베트남 대표로 출석하여 '베트남 인민의 8항목의 요구'를 제출해 일약 유명해졌다. 1920년 프랑스 사회당 투르 대회에서 제3 코민테른 지지파에 가담하고, 프랑스 공산당 창립과 함께 그 당원이 되었다. 1924년 모스크바의 코민테른 제5차 대회에 출석, 동방부(東方部) 상임 위원이 되었고, 이어서 코민테른으로부터 중국 남부 및 타이로 파견되어 조국의 주변에서 혁명 운동을 계속하였다. 1930년 코민테른에 의하여 권한을 부여받고 인도차이나 공산당을 창립하였다. 이듬해 홍콩의 영국 관헌에게 체포되었으나, 석방 후 일단 모스크바로 돌아갔다가 1941년 베트남에 잠입해, 인도차이나 공산당을 중심으로 베트민(베트남 독립 동맹회)을 결성, 독립 총봉기(總蜂起)를 목표로 세력을 키웠다. 1942~1943년 중국 국민당에 체포, 투옥당한 무렵부터 호찌민이라는 이름을 사용했다. 1945년 8월 태평양 전쟁의 종전과 동시에 총봉기를 지도하여 8월 혁명을 성공한 후, 베트남 민주 공화국의 독립을 선언하고 정부 주석으로 취임하였다. 1946년 퐁텐블로 회의가 결렬되자 프랑스에 대한 항전(抗戰)을 직접 지휘, 1954년 디엔 비엔 푸의 승리로 독립을 지켰다. 일생을 독신으로 살았다고 하나 농 득 마잉 전 당 서기장이 호찌민의 아들이라는 설이 있다.

쩐 꾁 사원
Tran Quoc Pagoda, Chùa Trấn Quốc

하노이에서 가장 오래된 불교 사원 중의 하나

6세기 홍강 주변의 떠이 호 호반에 세워져 베트남에서 가장 오래된 불교 사원 중의 하나로, 떠이 호수 안의 섬으로 옮기면서 쩐 꾁 사원으로 개명하였다. 1989년 국가 문화 역사적 유산으로 인정되었다. 떠이 호수 위에 떠 있는 듯한 사원 경내에 우뚝 솟은 11층 전탑(각 탑면의 각층마다 부도가 안치)은 야경 명소이다. 1959년 인도 대통령이 방문 기증한 인도 부다가야산 보리수 한 그루도 명물이다. 가능한 한 무더운 연휴를 피해 경건한 옷차림으로 방문하자.

주소 Đ. Thanh Niên, Yên Phụ, Tây Hồ **위치** 떠이 호수 안의 남동쪽 섬(택시 이동 추천) **시간** 08:00~16:00 **요금** 무료

떠이 호 사원
Tay Ho Pagoda, Hồ Tây

하노이 시민들이 즐겨 찾는 곳

떠이 호수 북쪽에 있는 이 사원은 일찍이 하노이 시민들이 행운을 빌고 액운을 쫓기 위해 음력 1일과 15일이면 즐겨 찾는 곳이다. 참배 외에 휴식과 낚시를 즐기는 사람들도 많다. 진입로 앞으로는 신선한 해물 레스토랑이 들어서 있다.

주소 Đường Xóm Chùa, Quảng An, Tây Hồ **시간** 08:00~17:00

베트남 군역사 박물관
Vietnam Military History Museum,
Bảo tàng Lịch sử Quân sự Việt Nam

전쟁 상황을 추측해 볼 수 있는 박물관

1954년에 프랑스군과 싸운 디엔비엔푸 전투, 베트남 전쟁, 사이공 함락 등 수많은 전쟁에 사용되었던 소총과 전차 등의 무기 관련 사진 및 자료를 볼 수 있다. 뜰에는 소련과 중국이 제공한 탱크와 전투기가 전시되어 있다. 디엔비엔푸 전투에서 격추된 프랑스 공군기와 미국 F-111 전투기 잔해도 있어, 당시 전쟁 상황을 추측할 수 있게 한다. 사이공을 함락시킨 '호찌민 작전'이 모형으로 재현되어 있다.

주소 28A Điện Biên Phủ, Điện Bàn, Ba Đình **위치** 호찌민 박물관에서 도보 13분, 깃발 탑 옆 **시간** 08:00~11:30, 13:00~16:30 / 월·금요일 휴관 **전화** 024-6253-1367 **요금** 성인 4만 동, 국제 학생증 소지자 2만 동, 6세 미만 무료 **홈페이지** www.btlsqsvn.org.vn

꽌 타인 사당(진무관)
Đền Quán Thánh

1세기에 지은 도교 사원
1세기에 지은 도교 사원으로, 북방의 적을 토벌하고 나라를 지켰다는 현천진무(玄天鎭武)를 받드는 곳이다. 뱀과 거북을 거느린 현천진무신의 동상은 높이 약 4m, 무게 약 4t으로 베트남 최대의 동상으로 알려져 있다.

주소 Đ. Thanh Niên, Quán Thánh, Ba Đình **위치** 쩐꿕 사원에서 도보 9분 **시간** 08:00~16:00 **요금** 1만 동

베트남 국립 미술관
Vietnam National Fine Art Museum, Bảo Tàng Mỹ Thuật

베트남 현대 작가들의 작품이 전시되는 곳
프랑스 강점기 공보부 청사로서 현대 작가의 그림, 조각, 칠기 작품을 소장하고 있다. 3층은 선명한 색상으로 된 소수 종족의 자수 의상과 일용품, 고고학 관련 자료가 전시되어 있다. 그중 따인 호아의 동선에서 발견된 청동기 유물은 꼭 볼 필요가 있다. 대부분의 작품이 형식과 내용에 혁명성을 띠고 있으며 전쟁 영웅, 적기, 총을 든 어린이, 부상당한 공산당원, 무기 등을 소재로 하고 있다. 길 건너편 문묘와 함께 둘러보자.

주소 66 Phố Nguyễn Thái Học, Điện Bàn, Ba Đình **시간** 월~금 08:30~17:00 / 토~일 · 구정 연휴는 휴관 **전화** 024-3733-2131 **요금** 성인 4만 동, 국제 학생증 소지자 2만 동, 학생(6~16세) 1만 동, 6세 미만 무료 **홈페이지** vnfam.vn

문묘
Temple of Literature, Văn Miếu Quốc Tử Giám

유학자를 양성하던 베트남 최초의 대학

공자의 위패를 모시기 위해 1070년에 세워진 이래 1076부터는 최초의 대학으로서 유학자를 양성하던 곳이다. 전통 베트남 건축 기법이 원형 그대로 잘 보존되어 가치가 있다. 경내는 벽을 경계로 모두 다섯 곳으로 나뉘어 있는데, 가운데 문은 왕만이 출입했고, 좌·우측 출입로는 중국인과 군인들을 위한 곳이다. 경내 좌우에는 거북 머리 대좌를 한 82개의 진사제명비가 있는데 1442~1787년 과거에 합격한 사람의 명단이 새겨져 있다.

위치 호안끼엠 호수에서 서쪽으로 2km **시간** 하절기 07:30~17:30, 동절기 08:00~18:00 **요금** 성인 3만 동, 국제 학생증 소지자와 60세 이상 여권 소지자 1만 5천 동, 15세 미만 무료 **홈페이지** vanmieu.gov.vn

올드 타운

Ha Noi

항 박 거리
Hàng Bạc

은 세공이 발달한 올드 타운 초기의 거리

항 박 거리는 올드 타운에서도 초기에 생겨난 거리로, 15세기 테 타인 통 왕의 즉위 당시 은 세공업으로 형성된 마을이다. 쩌우 케(Trau Khe) 마을에서 이주한 마을 주민들은 은과 은화를 세공하기 시작했다. 한 마을에서는 주형에 은을 녹이고 다른 마을에서는 주형에 녹인 은을 직접 가공하여 판매하는 일을 담당했다.

18세기에 접어들어 마을에는 보석 가공업자와 환전상들이 몰리기 시작했는데 특히 환전상들은 큰돈을 벌었다. 프랑스 강점기 당시 이 거리를 '환전 거리'라고 부를 정도였다.

보석 가공업자들은 조각, 제련, 광택, 금박 만드는 일 등 다양한 분야로 세분되는데, 최초의 보석 가공업 조합은 동 깍(Đông Các)으로 레 왕조 시기에 만들어졌다. 이들은 현재까지도 베트남 보석 가공업의 원류로 손꼽히고 있다.

여행자 거리

항 박(Hàng Bạc) 거리를 중심으로 여행사, 미니 호텔, 레스토랑, 인터넷 카페, 빨래방 등이 몰려 있고 관광객 대상의 기념품 상점이 많아 우리나라의 이태원과 같은 여행자 거리를 이루고 있다. 하노이에서 영어로 의사 소통이 가능한 유일한 지역이라고도 할 수 있다. 세계 여러 나라의 여행자들이 모이며 맥주 한잔에 친구가 되는 곳이 바로 여행자의 거리다.

항 다오 거리

항 베 거리
Hàng Bè

대나무 뗏목을 만드는 장인들의 거리

항 베 거리는 미 록(Mỹ Lộc) 문 외부에 위치하며 19세기 중엽 대나무 뗏목을 만드는 장인들이 몰리면서 형성되었다. 대나무 뗏목은 하노이의 얕은 강과 호수를 건너는 데 유용하게 사용되었다. 함께 사용하는 대나무 막대는 동쪽의 항 쩨(Hàng Tre) 거리에서 만든다.

까우 고 거리
Cầu Gỗ

호안끼엠 호수 북쪽, 오래된 나무다리가 있는 거리

까우 고 거리는 호안끼엠 호수의 북쪽에 약 150년 전 건설된 나무 다리에서 유래한 거리 이름이다. 이웃한 실크 거리의 염색업자들이 이 다리에서 천을 말리고 꽃 시장도 열지만, 현재는 여성 액세서리류가 가장 많이 판매된다. 프랑스 강점기 당시 비밀 항불 운동의 중심지이기도 하였다.

항 다오 거리
Hàng Đào

하노이에서 가장 오래된 실크의 거리

올드 타운을 남북으로 가로지르는 하노이에서 가장 오래된 거리 중의 하나이다. 프랑스 강점기에는 실크 무역의 중심지였다. 음력 1~6월 사이에 실크 박람회를 연다. 실크류를 제외하고 기타 직조류도 판매하는데 색이 모두 하얗다. 15세기경 하이 훙(Hải Hưng)성에서 이주한 실크 염색업자들이 상권을 형성했는데 특히 이들은 핑크색 염색의 대가들이었다고 한다. 18세기에 들어 염색 색깔도 다양해지고 일거리도 늘어나면서 갑부가 등장하기 시작했다. 최근 들어 인도 직조업자가 비단 염색에 뛰어 들었고, 서구에서 수입된 면제품도 판매된다.

동 쑤언 거리
Đồng Xuân

베트남에서 가장 오래된 시장이 있는 거리

'시장 거리'로 통하는 동 쑤안 거리에는 2개의 큰 마을이 있는데, 가옥 수가 짝수인 곳은 니엠 쯩(Nhiễm Trùng) 마을, 홀수인 마을은 하우 뚝(Hậu Túc)이라고 부른다. 이 거리는 베트남에서 가장 오래된 시장이 절반 이상을 차지하고 있다. 상인 숫자가 급증하여 1889년에는 이 거리를 잇는 문이 5개 있었고, 모두 5개의 시장과 연결되었다. 1992년 시장 전체를 보수했다. 대형 도매 시장 건물과 그 주변 노점상 상가로 이루어져 있다.

항 맘 거리
Hàng Mắm

느억 맘을 만들고 판매하는 거리

항 맘 거리는 동쪽의 항 쯩(Hang Trung)과 항 맘(Hàng Mắm) 두 거리로 구성되는데 거리 이름이 생선 젓갈인 맘(Mắm)에서 유래했다. 이름만으로도 이 거리가 무엇으로 유명한지 상상할 수 있을 것이다. 과거에는 소규모로 느억 맘을 만들었으나 맛에 반한 사용자 수가 증가함에 따라 대량으로 생산 판매한다. 여기서 만든 느억 맘은 항 쯩(Hàng Trung) 거리에서 저장된다. 1940년대부터 소규모 도자기 공예업자들이 이 거리에 나타나기 시작했다.

마 마이 거리
Mã Mây

등나무 제품과 종이를 만들어 파는 거리

등나무 제품을 파는 항 마이(Hàng Mây) 거리와 신상을 만들기 위한 종이를 만들어 파는 항 마(Hàng Mã) 거리를 합쳐 마 마이 거리라고 한다. 프랑스 식민 통치 기간 동안 루 빈 프윽(Lưu Vĩnh Phúc)이 이곳에 주재하여 흑기(黑旗) 거리라고 불렀다. 루 빈 프윽은 19세기 후반 하노이 일대 마을 주민과 상인을 약탈한 도적대인 흑기군의 대장이었다. 1880년대 흑기군은 베트남 제국군과 프랑스에 강력히 저항했다. 거리 가운데 지점에 1450년에 건축된 흐엉 뜨엉(Hưởng Tưởng) 사원이 있다.

마 마이 거리

항 퉁 거리
Hàng Thùng

통을 만드는 기술자들의 거리

항 퉁 거리에는 통 만드는 기술자들이 운집해 있다. 거리에 멀구슬나무가 있어 거리 미관을 더 아름답게 한다.

항 티엑 거리
Hàng Thiếc

주석 세공업자들의 거리

항 티엑은 주석 세공업자들을 가리킨다. 원래 이들은 베트남 전통 모자인 논 라(Nón Lá)의 원형을 유지하는 데 사용된 주석 제품을 생산했다. 최근 들어서는 촛대, 등잔 등을 생산한다.

동 쑤언 시장
Dong Xuan Market, Chợ Đồng Xuân

베트남 북부의 최대 시장

19세기 말 노점상을 정리하며 만든 시장이다. 화재로 폐쇄된 후, 1996년 올드 타운에 당시 모습대로 재현해서 수백 개의 상점이 들어선 3층 규모의 도매 시장으로 개장했다. 1층은 생필품과 식료품, 2층은 의류와 원단이 있다. 활기찬 시장 앞에는 다양한 말린 과일과 간식이 유혹하는 노점과 포장마차가 즐비하다. 더위를 피해 이른 아침과 늦은 오후에 방문하자.

항 다오 거리 – 동 쑤언 시장 구간에서는 하노이 주말 야시장이 열린다. 베트남 서민 생활상을 살펴볼 수 있으며 아기자기한 장식품이 많다. 맥주 거리와 도보 5분으로 가까운데, 주말 밤에는 지갑, 휴대폰 등의 귀중품에 핸드 스트랩을 부착하고 손목에 감아서 소매치기를 조심해야 한다.

주소 15 Cầu Đông, Đồng Xuân, Hoàn Kiếm **위치** 호안끼엠 호수 북쪽에서 도보 15분, 택시 5분 **전화** 024-3829-5006 **시간** 07:00~18:00 / 야시장 금~일 18:00~24:00 **홈페이지** www.chodongxuan.org

활기찬 36개 거리

남쪽으로 호안끼엠 호수와 북쪽으로 롱 비엔(Long Biên) 다리 사이에 있는 올드 타운의 역사는 2천 년 전으로 거슬러 올라간다. 하노이를 수도로 하는 레 왕조가 창건될 당시만 하더라도 뱀과 악어가 서식하는 늪지대이자 말 우리에 불과한 곳이었던 올드 타운은 후에 중국 관리들이 도시의 성벽을 쌓는 과정에서도 도시에 포함되지 않았다. 이후 쩐(Trần, 陳) 왕조 시기에 들어 하노이 중심의 중국 무역상과 이들을 따라온 예술가들이 현재의 올드 타운을 중심으로 소규모 가게를 열고 상업 마을을 형성했다. 상업 마을은 원래 왕궁과 항구 가운데 위치했으나 화재 탓에 중심이 올드 타운으로 이동하게 되었다.

이들의 집단 거주지를 36 통로라고 부르는데, 15세기경 이 지역에 정확히 36개의 기술 집단이 존재했다는 설과 아시아인이 풍요를 뜻하는 숫자를 9로 인식하고 있고 여기에 사방을 곱한 숫자가 36이므로 현재와 같은 명칭을 얻었다는 설이 있다.

오늘날 올드 타운 수공예품점은 빠른 속도로 식당, 수선점, 양복점으로 대체되고 있다. 세공업자들도 올드 타운 인구의 9%에 지나지 않으며 상인도 40% 수준이다. 현재는 총 57개의 거리가 있다.

Ha Noi

하노이 외곽 지역

하이 바 쯩 사원
Đền Hai Bà Trưng

베트남 최초의 여성 저항군 지도자를 기리는 사원

1142년 쯩 짝(Trưng Trắc)과 쯩 니(Trưng Nhị) 자매를 위해 레 안 통 왕이 지었다. 쯩 자매는 귀족 집안의 딸들로, 다른 귀족 집안에 시집간 언니 쯩 짝의 남편이 중국인 관리에게 해를 입자 1940년 함께 군사를 일으켰다. 중국인의 지배에 대한 저항군은 삽시간에 세를 불렸고, 중국 광동, 광서 지역까지 그 영역을 확장하였다. 베트남 최초의 여성 저항군 지도자였고, 자매를 따르는 무리들 중에 여성들도 많이 포함되어 있었다. 반란 3년 후 중국인 군대에 의해 진압당했다. 내부에 두 자매의 형상을 찰흙으로 빚어 놓았고, 그 주변으로 12명의 참모상이 있다. 음력 2월 5~6일, 이 자매를 기리는 제를 올린다. 쯩 자매의 순국을 기리며 10월 20일을 여성의 날로 지정했다.

주소 Đền Hai Bà Trưng **위치** 호안끼엠 호수의 남쪽으로 2km

공군 박물관
Air Force Museum, Bảo Tàng Không Quân

베트남 전쟁 당시 미군이 사용한 전투품이 전시되어 있는 곳

다른 박물관에 비해 규모는 큰 편이지만 외국인 여행자가 많이 방문하지 않는 곳이다. 박물관 뜰에는 구소련제 미그기(Chasseur Mig)와 정찰기, 구조 헬기 등 다양한 종류의 항공기가 즐비하게 전시되어 있다. 비행기 위로 올라가 볼 수 있다. 내부에는 베트남 전쟁 당시 베트남군과 미국 공군이 사용한 전투용품이 정리 비치되어 있다.

주소 173C Trường Chinh, Khương Mai **위치** 하노이 역에서 택시로 15분 **시간** 08:00~11:00, 13:00~16:00 **요금** 성인 3만 동

민족학 박물관
Museum of Ethnology, Bảo Tàng Dân Tộc Học Việt Nam

베트남의 소수 민족을 이해할 수 있는 곳

도시 중심가에서 서쪽으로 떨어진 꺼우쟈이 구역에 위치한 박물관으로 베트남에 살고 있는 소수 민족을 이해하는 데 도움이 되는 곳이다. 1997년 11월에 개관했는데, 54개 소수 종족의 생활, 민속, 제례 등이 지도와 모형, 비디오를 이용한 시각적인 방법으로 전시되어 있어 쉽게 이해할 수 있다. 지역별(북부, 중부, 남부)로 소수 민족의 분포를 보여 주는 것은 물론 소수 민족별로 전시실을 구분하고 있으며 주요한 축제 및 생활 풍습을 모니터에서 상영한다.

주소 Nguyễn Văn Huyên Road, Cấu Giấy **위치** 올드 타운에서 택시 25분 **시간** 08:30~12:30, 13:30~17:30 / 월요일 구정 휴관 **전화** 024-3836-0352 **요금** 성인 4만 동, 국제 학생증 소지자 2만 동, 학생(6~18세) 1만 동, 6세 미만 무료 **홈페이지** http://www.vme.org.vn

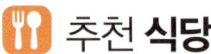 추천 **식당**

포 24
Pho 24

베트남에서 가장 큰 쌀국수 레스토랑 체인이다. 호찌민, 하노이, 다낭을 비롯해 자카르타, 마닐라, 서울, 프놈펜 등에도 있다. 베트남 향신료에 민감한 여행자도 무난하게 쌀국수를 즐길 수 있다.

주소 71/24, Linh Lang, Quận Ba Đình, Cống Vị, Ba Đình **위치** 롯데 호텔에서 택시로 3분, 도보 5분 **시간** 24시간 **가격** 쌀국수 5만 5천 동~6만 9천 동, 짜조 4만 동

분보남보
Bún Bò Nam Bộ Hàng Điếu

일반적으로 베트남 쌀국수라고 하면 뜨거운 국물에 쌀국수가 담겨 있는 하노이 북부 스타일 음식을 떠올리지만, 하노이 남부에서는 물이 없는 베트남식 비빔 쌀국수 분보남보도 즐겨 먹는다. 분보남보는 남부식 쌀국수라는 뜻으로 쌀국수에 고기와 숙주, 채소와 허브, 땅콩 등을 넣고 식초와 설탕, 느억맘으로 간을 맞춰 비벼 먹는다. 기호에 따라 라임과 매운 고추를 추가한다.

주소 67 Hàng Điếu, Cửa Đông, Hoàn Kiếm **위치** 하노이 역에서 택시로 10분, 도보 15분 **시간** 07:30~22:30 **가격** 분보남보 6만 5천 동~, 음료 1만 동~ **전화** 024-3923-0701 **홈페이지** bunbonambo.com

팀호완
Tim Ho Wan Restaurant

홍콩 본점이 미슐랭 1스타를 받으면서 더욱 유명해진 딤섬 레스토랑이다. 현재 우리나라에도 지점이 오픈해 어렵지 않게 맛볼 수 있지만, 좋은 서비스와 훌륭한 전망 때문에 하노이에서 꼭 가봐야 할 맛집으로 꼽힌다. 피크 타임에는 웨이팅이 긴 편이로 혼잡한 시간을 피하거나 사전 예약을 하도록 한다. 하노이 롯데 센터 36층에 있다.

주소 36 Floor, Lotte Center, Hoàn Kiếm **위치** 롯데 하노이 36층 **시간** 11:30~22:00 **전화** 024-3333-1725 **가격** 음료 4만 3천 동~, 딤섬 7만 2천 동~ **홈페이지** timhowan.com

아로마 레스토랑
Aroma Restaurant

베트남 음식과 태국 음식을 맛볼 수 있는 고급 레스토랑이다. 베트남 물가와 비교하면 가격이 높지만, 와인 바까지 갖춰진 고급스럽고 로맨틱한 분위기와 베트남 음식과의 만남은 여행객들의 마음을 사로잡았다. 점심 시간에는 베트남 현지인이 많이 찾아오며, 저녁 시간에는 술 한잔과 베트남 음식을 즐기려는 관광객이 많이 찾아온다.

주소 65 Hoàng Minh Giám, Nhân Chính **위치** 하노이 박물관에서 택시로 5분 **시간** 07:00~22:55 **가격** 칵테일 6만 1천 동, 하노이 맥주 2만 3천 동, 요리 4만 5천 동~8만 5천 동

피자 포피스
Pizza 4P's

하노이, 다낭, 나트랑, 호찌민에 지점을 운영중인 화덕 피자 전문점으로 하노이에는 총 6개의 매장이 있다. 주문 즉시 반죽을 하고 토핑을 올린 다음, 화덕에서 구워 내는데 오픈 키친 스타일이어서 만들어지는 과정을 볼 수 있다. 최근 가장 핫한 곳답게 식사 시간에는 사람들로 붐빈다. 공식 홈페이지에서 예약하고 가는 것을 추천한다. 오페라 하우스 인근에 있는 짱 띠엔 지점을 이용하는 방법도 있다.

주소 11B, Bao Khanh Alley, Hoàn Kiếm **위치** 하노이역에서 택시로 12분 **시간** 10:00~23:00 **전화** 028-3622-0500 **가격** 스파게티 14만 동~ **홈페이지** pizza4ps.com

쿠킹 클래스

하노이에는 프랑스 스타일의 고급 레스토랑과 올드 타운의 아기자기한 작은 식당이 많다. 일부 식당은 베트남 요리를 직접 배울 수 있는 사설 학교를 개설해 두어 베트남 요리에 관심이 있는 사람이라면 한번 도전해 볼 만하다.

추천 숙소

포추나 호텔 하노이
Fortuna Hotel Hanoi

하노이의 유명한 4성급 호텔로 하노이의 금융 중심지에 있다. 총 17층, 349개의 객실로 이루어져 있으며 5성급의 서비스를 제공한다. 2개의 연회장과 6개의 회의실, 커피숍, 실외 수영장, 피트니스 센터 등 다양한 부대 시설을 갖추고 있어서 여행자뿐만 아니라 비즈니스 호텔로도 제격이다. 사우나, 마사지 숍과 바, KTV와 카지노 클럽도 있다.

주소 6B Láng Hạ, Thành Công, Ba Đình **위치** 하노이 역에서 택시 15분 **가격** $93~ **전화** 024-3831-3333 **홈페이지** fortuna.vn/vi

무엉 탄 그랜드 사 라 호텔
Muong Thanh Grand Xa La Hotel

새 교외 지역(Ha Dong District) 중심에 있는 4성급 호텔이다. 149개의 객실이 있으며 회의 및 연회실을 갖추고 있다. 노래방, 현대식 마사지 사우나, 피트니스 센터, 수영장 등의 편의 시설도 있다. 객실에서 유선 인터넷을 사용할 수 있으며 24시간 룸서비스가 제공된다.

주소 Số 66 Phúc La, Khu đô thị Xa La, Hà Đông **위치** 하노이 문묘에서 택시로 29분 **가격** $43~ **전화** 024-3311-5555 **홈페이지** grandxala.muongthanh.com

• TIP •
하노이의 숙소 특징

하노이의 숙소는 시내 각지에 흩어져 있는 고급 호텔과 올드 타운의 저렴한 숙소들로 나눌 수 있다. 하노이가 베트남의 수도이기는 하지만 경제의 중심지가 호찌민인 이유로, 하노이는 비즈니스맨보다 여행객 수가 더 많다. 따라서 고급 호텔보다 더 많은 중저가의 게스트 하우스도 가격 대비 시설 면에서 불편함이 없다.

무엉 탄 그랜드 사라 호텔

무엉 탄 그랜드 하노이 호텔
Muong Thanh Grand Hanoi

전 세계 약 70여 개 지역에 있는 호텔로 시설과 가격이 매우 합리적이다. 22개의 스위트룸과 6개의 듀플렉스 VIP 룸이 갖춰져 있으며, 140여 개의 트윈 및 디럭스 룸으로 이뤄져 있다. 실내 수영장, 피트니스 센터, 마사지 숍, 연회장 등의 편의 시설도 갖추고 있다. 투숙객들은 호텔의 사바사나 스파(Savasana Spa)에서 마사지를 즐길 수 있으며, 웰빙 시설은 자쿠지, 사우나 및 증기 목욕을 포함한다. 호텔 21층의 스카이라인 라운지 & 바에서는 하노이 시내의 시원한 전망을 감상할 수 있다. 룸은 클래식하고 깔끔한 인테리어로 꾸며져 있으며 커피포트, 금고, 티 테이블, 헤어드라이어, 욕실용품 등이 갖추어져 있다. 객실 내에서 무선 인터넷 사용이 가능하다.

주소 Nghiêm Xuân Yêm, Đại Kim **위치** 호아로 수용소 박물관에서 택시로 25분 **가격** $105~ **전화** 024-3640-8686 **홈페이지** grandhanoi.muongthanh.com

칼리다스 랜드마크 72 로열 레지던스
Calidas Landmark 72 Royal Residence

한국 기업이 야심 차게 오픈한 최고급 호텔로 하노이의 중심가에 있으며 5성급의 프리미엄 서비스를 제공한다. 378개의 아파트형 객실을 비롯해 피트니스 센터, 야외 가든, 전망대, 음식점 등 모든 편의 시설을 갖추고 있다. 최고의 룸 시설과 최고의 전망을 자랑하며 한국인 스태프가 있기 때문에 편안하고 안전한 여행을 도와준다. 룸에는 침실과 거실 그리고 부엌 및 간단한 취사도구가 있고, 로비와 룸에서 무료 와이파이 서비스를 이용할 수 있다. 가격도 합리적이다.

주소 Tầng 48-60, Keangnam Hanoi Landmark Tower **위치** 하노이 박물관에서 도보 11분 **가격** $102~ **전화** 024-6282-3000 **홈페이지** calidashanoi.com

롯데 호텔 하노이
Lotte Hotel Hanoi

바딘 지역의 상업 지구에 위치한 5성급 호텔로 65층 높이의 롯데 센터 상층부에 자리하고 있어 도심 전경을 한눈에 조망할 수 있다. 총 318개의 객실과 4개의 레스토랑, 풀 서비스 스파, 헬스클럽, 실내외 수영장을 갖추고 있다. 특히 탁 트인 야외 공간에서 아름다운 야경을 볼 수 있는 톱 오브 하노이 (루프톱) 바가 인기이다.

주소 54 Liễu Giai, Cống Vi, Ba Đình **위치** 하노이 역에서 택시 16분 **가격** $127~ **전화** 024-3333-1000 **홈페이지** lottehotel.com

소피텔 레전드 메트로폴 하노이
Sofitel Legend Metropole Hanoi

프랑스식의 하얀색 외관이 이국적인 분위기를 풍긴다. 1901년 프랑스 식민 시기에 건설되었고, 1990년 소피텔이 인수하며 하노이 최초의 5성급 호텔로 승격했다. 내부 바닥은 모두 목조이며 계단은 신축 당시 원형을 유지하고 있다. 찰리 채플린, 제인 폰더 등 유명 인사들이 묵었다. 총 객실은 364개다.

주소 15 Phố Ngô Quyền **위치** 짱띠엔 거리를 따라 한 블록 내려와서 응오 꾸옌 사거리 오른쪽(호안끼엠 호수의 남동쪽) **가격** $270~ **전화** 024-3826-6919 **홈페이지** all.accor.com

팬 퍼시픽 하노이
Pan Pacific Hanoi

273개의 객실을 갖춘 고급 호텔이다. 시가지로 운행하는 무료 셔틀버스가 하루에 한 차례 운행한다. 호텔 로비는 상당히 웅장한 편이다.

주소 1 Thanh Niên, Road **위치** 떠이 호수 주변 **가격** $162~ **전화** 024-3823-8888 **홈페이지** www.panpacific.com

쉐라톤 하노이
Sheraton Hanoi

떠이 호숫가에 위치한 5성급 호텔로, 총 객실 299개를 갖추었다. 시내와는 거리가 있으나 조용히 휴식을 취하기 좋다.

주소 K5 Nghi Tam, 11 Xuân Diệu **위치** 떠이 호수 주변 **가격** $168~ **전화** 024-3719-9000 **홈페이지** www.marriott.com

하노이 대우 호텔
Hanoi Daewoo Hotel

시가지 서쪽에 있으며, 아름다운 석양을 볼 수 있는 객실이 인기 있다. 아름다운 도시의 전경이 보이는 객실에서 편안한 휴식을 취할 수 있다. 피트니스 센터, 사우나, 수영장, 마사지실, 넓은 실내 골프장과 야외 테니스장 등 최신의 레크리에이션 시설과 기구들이 갖추어져 있다.

주소 360 Kim Mã, Ngọc Khánh **위치** 민족학 박물관에서 택시 9분 **가격** $74~ **전화** 024-3831-5000 **홈페이지** www.daewoohotel.com

힐튼 하노이 오페라
Hilton Hanoi Opera

프랑스식 외관의 고급 호텔로 5개의 회의실, 비즈니스 센터 등이 있다. 주변의 식민지 시대 건축물과 어우러져 장관을 이룬다. 객실은 베트남 전통 공예 가구를 배치해 프랑스와 베트남의 절묘한 만남이 보인다.

주소 1 Lê Thánh Tông, Phan Chu Trinh 위치 호안끼엠 호수의 남동쪽, 오페라 하우스 근처 가격 $137~ 전화 024-3933-0500 홈페이지 hilton.co.kr/hotel/hanoi/hilton-hanoi-opera

멜리아 하노이
Melia Hanoi

5성급 호텔로 22층 높이에 302개의 객실을 갖추고 있다. 주변에 대사관 등 외교 업무를 전담하는 청사가 입지해 있어 각국의 외교관들이 장기 투숙하기도 한다. 로비와 객실은 녹색으로 편안한 분위기를 연출한다.

주소 44 Lý Thường Kiệt, Trần Hưng Đạo 위치 하노이 역에서 택시로 5분, 도보 11분 가격 $128~ 전화 024-3934-3343 홈페이지 www.melia.com

호텔 뒤 파크 하노이
HÔTEL du PARC HANOÏ

4년 연속 하노이 10대 호텔에 선정된 일본계 호텔이다. 시설은 모두 좋은 편이고, 주변에 쇼핑몰이 있다.

주소 84 Trần Nhân Tông, Nguyễn Du, Hai Bà Trưng 위치 호찌민 묘지에서 시가지 남쪽을 향해 택시로 10분 가격 $75~ 전화 024-3822-3535 홈페이지 hotelduparchanoi.com

퍼스트 에덴 호텔
First Eden Hotel-Hang Bun

하노이에서 가장 로맨틱한 가로수 길에 위치한 호텔로 60여 개의 객실마다 에어컨, 위성TV, 개인 욕실, 미니 바 등 부대시설이 잘 갖춰져 있다. 직영 식당에는 베트남 전통 음식을 비롯해 광둥 음식도 맛볼 수 있다. 공항 픽업 서비스가 있다.

주소 45 Hàng Bún, Nguyễn Trung Trực, Ba Đình 위치 올드 타운 판 딘 퐁(Phan Dinh Phung) 거리 가격 $29~ / 픽업 4인승 편도 15달러, 미니버스 편도 22달러 전화 024-3828-3897 홈페이지 firstedenhotel.com.vn

하노이 럭키 2 호텔
Hanoi Lucky 2 Hotel

주변으로 각종 미술품 전문점과 항 홈 거리의 실크 전문점이 있다. 시설 면에서 퍼스트 에덴 호텔보다 약간 낫다. 그 외 서비스는 동일하다. 각각 20여 개의 객실을 보유하고 있다.

주소 11 Ngõ Huyện, Hàng Trống, Hoàn Kiếm 위치 항쯩 거리 가격 $14~ 전화 024-3928-7989 홈페이지 www.hanoiluckyhotel.com

하노이 A1 호텔
Hanoi A1 Hotel

유럽 단체 여행자들이 이용하는 곳으로 가격 대비 시설이 좋은 편이다. 주변으로 신발 가게가 있다.

주소 1A Cầu Gỗ, Hàng Bạc, Hoàn Kiếm 위치 항다우 거리 가격 $31 전화 024-3926-4512

하노이 프린스 부티크 호텔
Hanoi Prince Boutique Hotel

유료로 공항 픽업 서비스를 제공한다. 하노이 일일 투어 및 인근 투어 프로그램이 다채롭고 가격도 저렴한 편이다.

주소 8 Tố Tịch, Hàng Gai, Hoàn Kiếm 위치 올드 타운 항 베 거리 가격 $27~ 전화 024-3828-9465 홈페이지 hanoiprinceboutiquehotel.com

하노이 올드 쿼터 호스텔
Hanoi Old Quarter Hostel

저렴한 여행자 숙소로 에스페션 호텔로 불리기도 한다. 건물이 좀 낡았지만 내부 시설은 가격 대비 훌륭하다. 발코니 있는 방을 잡는 것이 좋다.

주소 32 Hàng Vải, Hàng Bồ, Hoàn Kiếm 위치 항 베 거리 가격 $22~ 전화 024-3266-8632 홈페이지 hanoioldquarterhostel.com

카멜리아 호텔
Camellia Hotel

하노이의 유명한 배낭 여행자 숙소 체인으로 카멜리아 호텔 4가 가장 좋은 시설을 자랑한다. 올드 타운을 도보로 구경하기 가장 좋은 지점에 있다. 아침 뷔페 식사가 다양해 많은 여행자들이 이곳으로 몰린다.

주소 12C Chân Cầm, Hàng Trống, Hoàn Kiếm 위치 하노이 역에서 택시 9분, 도보 16분 가격 $13~ 전화 024-3828-5636 홈페이지 camelliahanoihotel.com

• Plus Area 1 •

하롱베이
Ha Long Bay, Vịnh Hạ Long

CNN이 선정한 세계 8대 비경

하노이 동쪽 180km의 통킹만에 위치한 하롱베이는 잔잔한 바다에 신비로운 카르스트 지형의 석회암 기암괴석과 종유석이 인상적인 동굴, 3천여 개의 섬이 한 폭의 수묵화처럼 산재되어 있다. 전설에 의하면 산속에 살던 용이 바다로 내려올 때의 꼬리 질로 계곡과 동굴들이 생겨나 현재와 같이 3천여 개의 섬 모양을 갖췄다고 한다. 세계 자연유산으로 〈인도차이나〉를 비롯한 수많은 영화의 배경이 되기도 했다. 남동부 끝에서 가장 큰 깟바섬을 포함한 크루즈 투어 프로그램이 다양하다.

투어의 구성

투어는 1일, 1박 2일, 2박 3일 3가지로 소인원과 다인원이 있다(인원에 따라 가격 차이가 있음). 소인원이라고 해도 개인 전세가 아닌 이상 12명, 다인원은 24명 정도로 구성된다. 모든 투어가 아침 7~8시에 정해진 장소로 픽업을 하러 온다. 여러 대의 픽업 승합차가 오고, 담당 가이드가 이름을 부르면 가이드를 따라가면 된다. 돌아올 때는 대부분 호텔이나 아침에 모였던 장소로 내려 준다. 차는 15인승 정도의 승합차가 많다.

■ 1일 투어
하노이에서 하루 코스로 다녀오는 일정으로, 오전 7시에 출발해 약 4시간 정도 보트를 타고 하롱베이를 둘러본 후 당일 하노이로 돌아온다.

요금 약 80만 동~ / 보트 트립, 입장료, 점심, 가이드 비용 포함

■ 1박 2일 투어
1일째 아침 7~8시에 픽업하여, 다음 날 오후 3~4시에 하노이로 돌아오는 일정으로, 선상 또는 깟바(Cát Bà)섬에서 1박을 하는 가장 무난한 코스다. 옵션으로 카약 타기 체험을 할 수 있다.

요금 40달러~ / 숙박, 보트 트립, 입장료, 가이드비, 1일째 중식·석식, 2일째 조식·중식 포함

■ 2박 3일 투어
하롱 - 깟바 투어와 깟바 국립 공원(Cat Ba National Park) 트레킹을 혼합한 것으로 단거리와 장거리(약 5시간) 트레킹 중에 선택할 수 있다. 대부분 선상에서 1박, 섬에서 1박으로 구성되어 있다.

선실은 2인 1실이 기본이고, 선박의 동력원 관계로 전기와 온수 샤워 시간이 제한되어 있으니 시간대를 잘 알아봐야 한다. 배가 출항하고 나면 그때부터 투어 요금에 포함된 것 외에는 모두 유료이며, 육지보다 훨씬 비싸다. 출발 전에 필요한 것은 미리 준비하는 것이 좋다.

요금 55달러~ / 숙박, 보트 트립, 입장료, 가이드비, 식사 포함

하롱베이 투어
- 하롱베이 투어는 흥정을 통해 더 즐거운 여행이 가능하다. 무조건 흥정하라.
- 하롱베이는 쥐포와 말린 한치로 유명하다.
- 신 투어리스트(The Sinh Tourist), 클룩(klook) 등을 이용하자.

추천 식당

콩 카페

콩 카페
Cộng Cà Phê Hạ Long

베트남 전역에서 흔하게 만날 수 있는 카페지만 하롱베이 매장을 꼭 방문해야 하는 이유는 2층에서 바라보는 전망이 좋기 때문이다. 중독성 강한 코코넛 커피 스무디 한 잔과 함께 콩 카페만의 빈티지한 인테리어와 풍경을 즐겨 보자.

주소 Kiosk C101, C201 Công Viên Sunworld, đường Hạ Long, phường Bãi Cháy **위치** 노보텔 하롱베이 호텔에서 도보 7분 **전화** 0911-866-494 **시간** 07:00~23:00

하일랜드 커피
Highlands Coffee

베트남의 스타벅스라 불리는 커피 프랜차이즈로 빈컴 플라자 내에 있어 쇼핑 후 휴식하기에 좋다. 와이파이가 잘 되어 있고 대형 의자와 시원한 바다 전망을 자랑한다.

주소 Vincom Plaza, Bach Dang Ward, Ha Long City **위치** 빈컴 플라자 1층 **전화** 0203-6288-885 **시간** 07:00~22:00 **홈페이지** highlandscoffee.com.vn

사이공 하롱 호텔 레스토랑
Saigon Halong Hotel Restaurant

사이공 하롱 호텔에 있는 레스토랑으로 해산물과 베트남 지역 음식으로 인기가 높다.

주소 168 Ha Long road, Bai Chay ward, Ha Long City **가격** 1인당 20~30달러 **위치** 사이공 하롱 호텔 정원 내 **전화** (예약) 0203-3845-845 **시간** 10:00~22:00 **홈페이지** saigonhalonghotel.com

추천 숙소

노보텔 하롱베이 호텔
Novotel Halong Bay Hotel

노보텔 하롱베이 호텔은 하롱 지역 대부분의 관광 명소 중심지와 가까운 교통의 요지에 있다. 225개 객실은 투숙객의 편의를 고려하여 비즈니스 여행객, 투어와 휴양을 목적으로 하는 여행객 모두를 충족시키는 완벽한 시설을 갖추고 있다. 아름답고 현대적인 시설의 수영장은 하롱베이와 어우러져 로맨틱한 분위기를 연출한다. 객실에는 금고, 샤워실, 욕조 등이 구비되어 있으며 투숙객의 편의를 위해, 24시간 룸서비스, 세탁 서비스, 연회장 대여 등의 서비스를 제공한다. 아이를 동반한 투숙객을 위해 키즈 클럽을 운영하며, 저녁 시간에는 나이트클럽을 이용할 수 있다.

주소 160 Ha Long road Ha Long City **위치** 하노이 공항에서 4시간 거리, 하롱 시티 하롱 선착장에서 1km **전화** 0203-3848-108 **가격** $64~ **홈페이지** all.accor.com/hotel/6185/index.en.shtml

무엉 탄 그랜드 하롱 호텔
Mường Thanh Grand Hạ Long Hotel

무엉탄 하롱 호텔은 대부분의 관광 명소와 가까운 도심에 있다. 180개의 객실에는 현대적인 인테리어와 TV, 샤워실, 에어컨 등 완벽한 시설이 갖추어져 있다. 레스토랑, 정원, 수영장 등 다양한 호텔 레저 시설은 비즈니스와 관광 등 모든 형태의 여행객에게 적합하다.

주소 Số 7 Lô 20, Đông, Thành phố Hạ Long, Quảng Ninh **위치** 하롱 시티 시내 중심가에 위치 **전화** 0203-3812-468 **가격** $46~ **홈페이지** muongthanh.com

깟바 아일랜드 리조트 & 스파
Cat Ba Island Resort & Spa

하롱베이에 있는 3,000여 개 섬 중 가장 크고 가장 많은 인구가 사는 깟바섬에 있는 고급 리조트다. 하롱베이에서 1박을 한다면 이곳이 최상의 선택이다. 깟바는 아직 휴양지로 많이 알려지지 않았지만 때묻지 않은 자연과 여유로움 등 휴양지의 모든 것을 갖추고 있다. 깟바 아일랜드 리조트는 500m의 전용 해변을 가지고 있으며 산자락 안쪽에 안겨 있는 모습이 매우 아름답다.

165개의 룸 모두 바다가 보여 하롱베이의 환상적인 풍경을 객실에서 감상할 수 있다. 또한, 와이파이를 무료로 사용할 수 있다.

레스토랑에는 웨스턴, 아시아 스타일의 뷔페를 제공하며, 야외 수영장에서는 바비큐 파티, 라이브 공연 등 다양한 이벤트가 열린다. 분위기 있게 저녁 시간을 보낼 수 있는 펀 펍(Fun Pub)과 웨스턴 디자인의 파이럿츠 바(Pirate's Bar)가 있다.

주소 Cat co 1, Catba Island Cathai **위치** 깟바 해상 국립공원 해변 깟바섬 **전화** 0225-3688-686 **가격** $115~ **홈페이지** www.catbaresortonline.com

• Plus Area 2 •

퍼퓸 파고다
Perfume Pagoda, Chùa Hương

관세음보살을 기리기 위해 지어진 향기 사원

하노이 남서쪽 65km 지점에 있는 불교 사원으로 '향기 사원'이라는 의미의 흐엉 사원(Chùa Hương)이라고도 한다. 자동차로 2시간 30분 이동 후 다시 보트로 약 1시간 가서 트레킹을 1시간 정도 해야 한다. 닌빈의 옌 강을 따라 보트를 타고 가는 도중 전형적인 베트남 시골의 공기와 듬직한 코끼리 바위 행렬, 이름 모를 야생초를 만날 수 있다. 음력 2~3월에 흐엉 띠(Hương Tích) 산 석회암 절벽에 세워진 수많은 탑과 사원으로 많은 불교 신자들이 성소 순례 행사를 오는데, 띠엔 추(Tiên Chu : 천국으로 가는 사원), 지아 앙 추(Giá Oản Chúc : 연옥 사원), 흐엉 띠 추(Hương Tiên Chu : 향냄새 사원) 등의 사원을 순례하며 영혼 정화, 질병 치유, 득남 등의 소원을 빈다. 특히 동굴 사원 내 천연 석회암을 그대로 이용해 조각한 관세음보살상은 종교적, 미술적 가치를 세계적으로 인정받았다. 음력 1~3월은 축제 기간으로 사원 안에 꽃향기가 가득하다.

요금 보트비와 점심비를 포함한 1일 투어는 그룹 투어 24달러부터 / 소수 투어(6~8명) 35~40달러 **홈페이지** 신 투어리스트 www.thesinhtourist.vn

• Plus Area 3 •

땀꼭
Tam Coc

육지의 하롱베이

땀 꼭은 기이한 지형으로 유명하다. 하노이에서 남쪽으로 100km 지점에 있으며 10세기경 베트남 왕조의 수도였다. 하노이에서 2시간 거리인 닌빈(Ninh Bình)을 둘러보는 투어이다. 육지의 하롱베이로 불릴 정도로 경관이 뛰어난 지역으로 세 개의 동굴(항까, 항 하이, 항 바)을 삼판배를 타고 왕복 2시간에 걸쳐 다녀온다. 퍼퓸 파고다를 경유해 돌아오는 코스도 생각해 볼 만하다.

요금 보트 투어를 포함한 1일 투어 25달러부터 **홈페이지** 신 투어리스트 www.thesinhtourist.vn

• Plus Area 4 •

전통 공예 마을
Traditional Craft Village

수제품을 생산하는 전통 마을

하노이 주변에는 유서 깊은 전통 방식으로 수제품 생산을 고집하는 전통 마을이 있다. 하노이에서 1일 가이드 투어로 방문하거나 다른 투어 상품과 연계되어 있다.

요금 $32.65~ **홈페이지** www.klook.com

반 푹 마을 Vạn Phúc
실크 생산 마을로 유명하다. 여기서 생산된 실크는 항 거이 거리에서 여행자에게 직접 판매한다. 하노이 서쪽으로 18km 지점에 있다.

밧 짱 마을 Bát Tràng
하노이에서 가장 가까운 대표적 공예 마을로, 15세기부터 이어져 온 전통 방식으로 도자기를 제작하는 과정을 한눈에 볼 수 있다. 정교한 만듦새의 다양한 도자기 제품도 구입할 수 있고 유료로 도자기 제작 체험도 가능하다. 음력 2월 15~22일에는 밧 짱 도자기 축제가 개최된다. 하노이 동남쪽 약 13km 지점으로 택시로 30분 정도, 버스로 40~60분 소요된다.

동 끼 마을 Đồng Kỵ
칠기 세공 마을이다. 1995년 이전에는 칠기 축제가 열리기도 했다. 가구, 침구, 의자 등 목제품 만드는 전 과정을 볼 수 있다. 하노이 북동쪽 15km 지점에 위치한다.

동 호 마을 Đông Hồ
판화를 만드는 곳으로 유명하다. 베트남 사람들의 일상적인 이야기부터 새해 축복을 기원하는 그림들을 다양한 기법으로 만들어 내고 있다. 질 좋은 제품을 싸게 살 수 있다.

• Plus Area 5 •

사파
Sa Pa

트레킹으로 만나는 생생한 소수 민족 박물관

하노이 북서쪽 350km의 고도 1,650m 산악 도시로 프랑스의 점령기에 휴양지로 개발되었다. 시내는 유럽풍 건물과 소수 민족의 전통 의상이 이색 조화를 이룬다. 배낭여행자들의 성지로 소수 민족 홈스테이와 전통 의상 체험도 가능하다. 금~일 2박 3일 투어를 이용하는 것이 좋다.

인포메이션 센터
Information Center

주소 02, Fansipan, Sa Pa **위치** 선 플라자 옆 **전화** 0243-871-975 **시간** 07:30~11:30, 13:30~17:30 **홈페이지** www.sapa-tourism.com

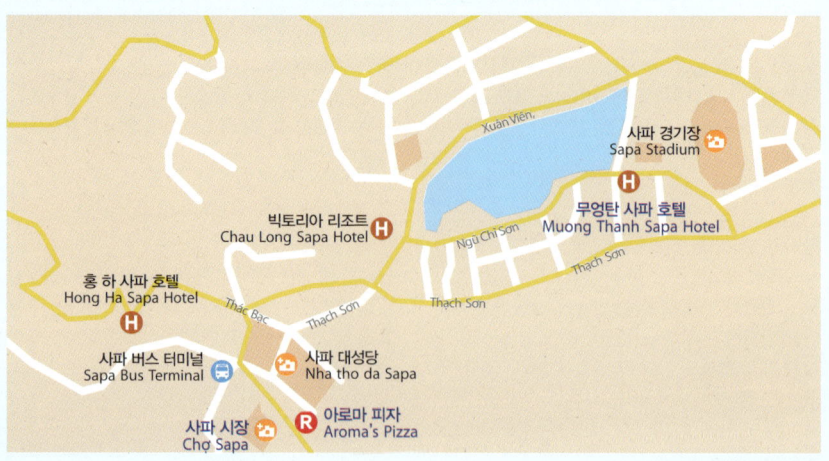

투어의 구성

■ 2박 3일 투어 구성

매일 저녁 하노이 B역에서 출발하는 열차를 8시간 정도 타고 북부 종착지 라오까이(Lào Cai) 역에서 내려, 다시 미니버스를 1시간 타고 사파로 이동한다. 열차는 보통 4인이 이용하는 2층 침대칸을 이용한다. 지정된 호텔에 방을 배정받고 아침 식사를 마치면 7시 30분~8시경이다. 가이드를 따라 4인 이상 그룹이 되어 트레킹이 시작된다. 추운 12~2월에는 복장을 잘 갖추어야 한다.

하노이 ↔ 사파 야간 기차
킹 익스프레스 트레인 www.kingexpresstrain.vn
빅토리아 익스프레스 트레인 www.victoriahotels.asia

그룹 투어 비수기 85달러부터, 성수기 130달러부터(호텔 등급과 포함 사항에 따라 다르며, 일요일 오전에 열리는 박하 시장을 포함하면 35~40달러 추가)

소수 투어 2~3인 기준 307~381달러, 4~5명 기준 241~315달러, 6~7명 기준 215~288달러(호텔 등급에 따라 다름, 싱글 룸 이용 시 17~88달러 추가) ※ 오토바이 렌탈 하루에 20달러

■ 첫째 날

오전에 사파 남쪽으로 3km 떨어진 깟깟 마을에서 선선한 공기 속에 전통 가옥을 방문해서 블랙 흐몽족의 소박한 살림살이를 구경하고 기념품으로 판매하는 직조 수공예품도 구경하고 깟깟 폭포를 거쳐 다시 사파로 도보 이동한다(3시간 정도 소요). 사파로 돌아오는 반환점에 이르면 수많은 쎄옴맨들이 자기의 오토바이를 타라고 손짓을 한다.

깟깟 마을 시크한 블랙 전통 의상과 커다란 은 장신구로 꾸미는 블랙 흐몽족(Black H'mong)이 사는 소수 민족 마을. 19세기 중국에서 남하해 가파른 산비탈을 깎아 만든 계단식 논(다랭이 논)에서 짓는 벼농사, 옥수수 농사와 직조 수공예품 판매로 생활한다.

깟깟 폭포 판시판 계곡을 따라 맑은 물이 흐르는 아주 작은 폭포로 수압을 이용한 소규모 발전 시설을 가동하고 있다. 깟깟 마을을 둘러본 후 호텔에 돌아와 식사를 한 이후로는 자유 시간이다. 이곳저곳(사파 노트르담 성당 : 1895년 건축된 프랑스 스타일 건축물의 원형을 볼 수 있음)을 둘러본다.

사파 시장 온갖 채소와 과일 이외에 전통 방식으로 직조한 수공예품이 많다. 주변 마을에서 온 산간 지역의 소수 민족이 특유의 전통 복장을 하고 시장에서 필요한 물건들을 사 간다. 팔찌나 직조 수공예품은 탈색되거나 도금이 벗겨진 것을 감안해야 한다. 물론 가격 흥정도 필요하다. 야시장은 하노이, 닌빈행 오픈 버스 정류장 근처에 있어 잠시 둘러보아도 좋다.

■ 둘째 날

계단식 논이 완만한 곡선을 그리며 파노라마처럼 펼쳐진 모습이 아름답기로 유명한 라오짜이(Lao Chải) 마을과 따반(Tả Van) 마을을 방문한다. 5시간이 넘는 트레킹 일정으로 4시간 정도 지나 쉼터에 도착하면 간단하게 점심 식사를 한다. 쉼터 밖에는 기념품을 팔려는 플라워 흐몽족 여인들로 웅성거린다. 물레방아로 쌀을 찧는 민가와 학교 교실을 들러 마지막 목적지에서 픽업하러 오는 차를 기다리면 된다. 차량으로 20여 분을 달려 사파에 도착하면, 땀을 씻고 다시 하노이로 가는 열차를 타기 위해 라오까이 역으로 향한다.

추천 **식당**

아로마 피자
Aroma's Pizza

유명한 이탈리안 레스토랑이다. 파스타를 비롯해 화덕에서 구운 정통 이탈리아식 피자가 일품이다.

주소 025 Cau May Sapa **위치** 사파 타운 내 **가격** 맥주 2만 5천~3만 동, 피자 4~5만 동

추천 **숙소**

무엉탄 사파 호텔
Muong Thanh Sapa Hotel

사파 타운의 성당과 야시장까지 단 7분 거리에 위치한 3성급 호텔로 무료 와이파이 시설과 현대적인 인테리어를 한 객실을 갖추고 있다. 편안한 스파, 레스토랑과 바를 갖추고 있으며, 모든 객실은 함롱산(함종산)과 사파 호수가 내려다보이는 훌륭한 전망을 자랑한다. 객실에는 케이블 TV와 전기주전자, LCD TV가 설치되어 있다. 전용 욕실에는 욕조와 헤어드라이어가 구비되어 있고, 일부 객실에는 발코니가 있어 사파 호수를 내려다보며 차를 마시는 낭만을 즐길 수 있다. 호텔 레스토랑은 아시아와 웨스턴 스타일의 요리를 제공한다.

주소 No 044, Ngu Chi Son, Sa Pa, Lao Cai **위치** 사파 타운 **전화** 0214-3887-766 **요금** $100~ **홈페이지** sapa.muongthanh.com

• Plus Area 6 •

박하
Bắc Hà

가장 화려한 소수 민족의 북부 산간 마을
중국과 국경을 마주하는 라오까이를 기준으로 왼쪽에 사파(沙垻)가 있고 오른쪽에 박하(北河)가 있다. 북부의 전통을 고수하며 살아가는 많은 소수 민족 마을 가운데, 박하는 흐몽족의 일파인 플라워 흐몽족(화몽족, Flower H'mong)이 많이 거주한다. 스스로 만드는 화려한 복식으로 여행자의 시선을 사로잡는 플라워 흐몽족 여인들이 가득 모이는 박하 시장은 물물교환을 위한 장터이자 주변 산악 소수 민족들의 화합과 소통의 장소이다. 매주 일요일 아침마다 박하 시장으로 3~4시간을 걸어 모인 소수 민족들의 따뜻한 미소와 이국적인 모습은 놀라움 그 이상이다. 시장 투어를 마치면 실제로 농사를 지으며 살아가는 민가 방문도 좋은 경험이 된다.

요금 박하 시장 일정이 포함된 2박 3일 투어 120~150달러, 1일 박하 시장 투어 10~30달러 / 포함사항, 출발 인원 등에 따라 가격 차가 큼

박하 시장 투어

소수 민족 최대 시장인 박하 시장은 일요일 새벽 6시부터 오후 12시 사이에 열리며, 활기찬 모습을 보려면 아침 일찍 방문하는 것이 좋다. 독특한 수공예품과 과일 등을 구경하면서 푸짐한 쌀국수와 소박하지만 특색있는 간식도 맛볼 수 있다. 자유 여행일 경우 호텔이나 현지 여행사 오피스에서 1일 투어를 신청하면 되며, 투어 신청자들과 전용 차량을 이용해 박하 시장과 플라워 흐몽족 마을을 둘러보는 가이드 투어로 진행된다. 그 외 사파에서 바이크를 빌려 직접 시장을 찾아가는 방법도 있다.

■ **사파 & 박하 시장 2박 3일 투어 일정**
1일 차 금요일 야간열차로 하노이에서 출발
2일 차 토요일 새벽 라오까이에 도착, 호텔 체크인 후 사파 시장과 고산족 마을 트레킹
3일 차 일요일 오전 7시 30분 출발, 박하 시장 방문 & 플라워 흐몽족 마을 트레킹 후 라오까이 역에서 하노이로 이동

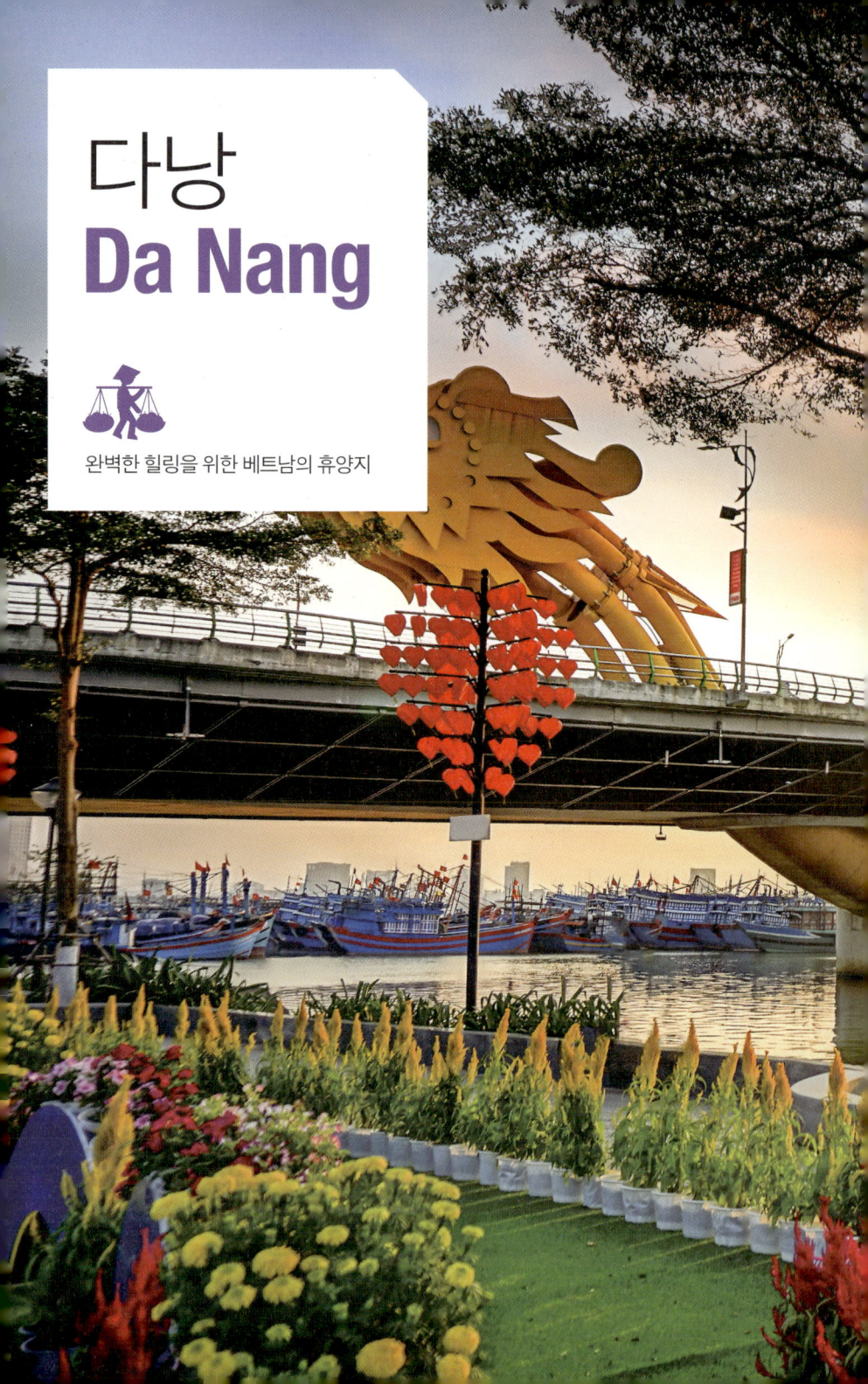

다낭
Da Nang

완벽한 힐링을 위한 베트남의 휴양지

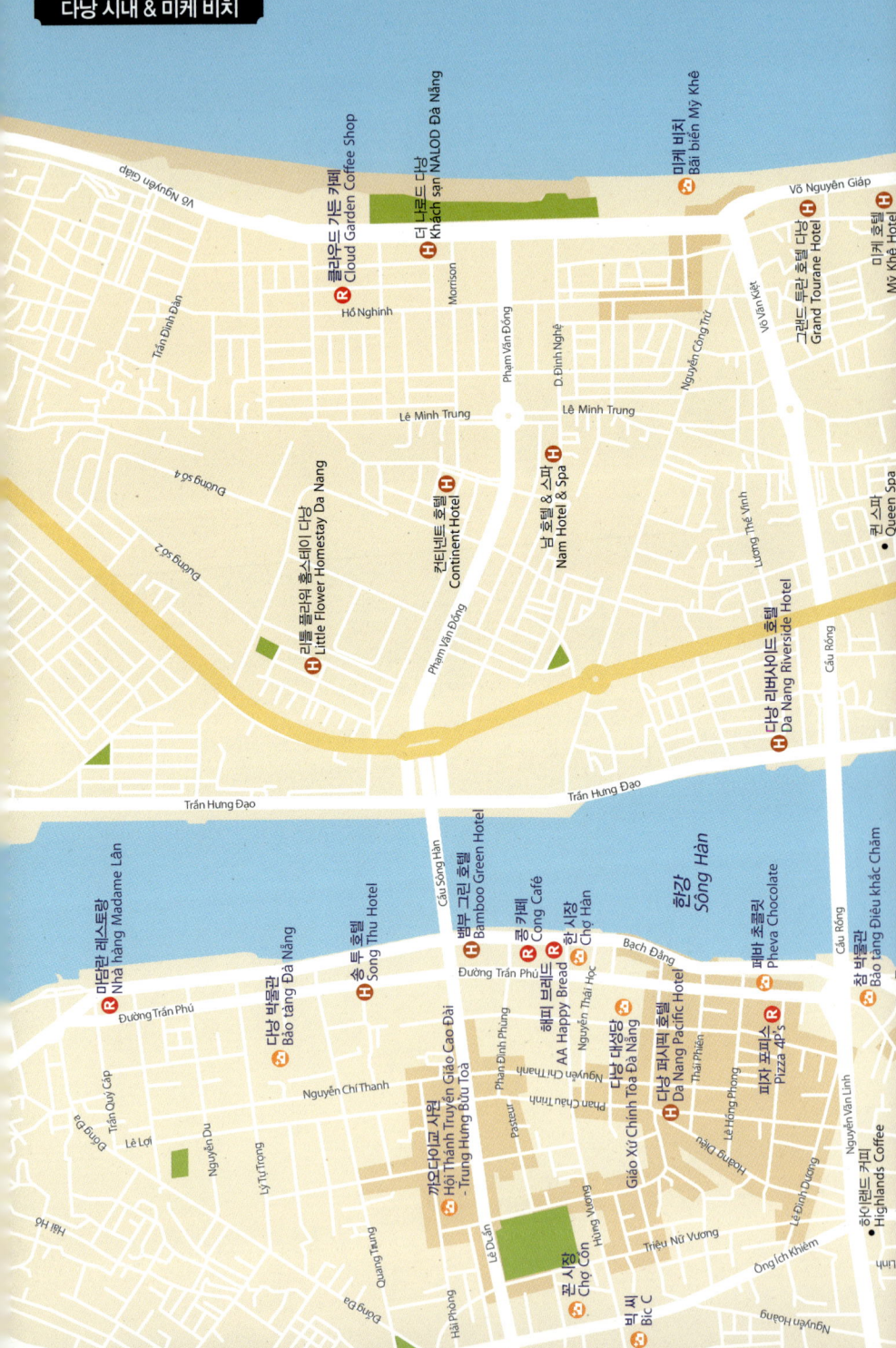

Da Nang

다낭은
어떤 곳일까?

다낭은 한때 북베트남의 사이공이라 불릴 만큼 경제적으로 번창했던 곳이며 베트남 전쟁 당시 미군의 기지였다. 19세기 프랑스 식민 정부의 중요 항구였고, 현재의 베트남 영역을 갖추기 전, 고대 시기에는 참족의 근거지였던 역사적인 곳이다. 다낭은 한강(Sông Hàn)을 두고 동쪽의 선짜 반도와 서쪽의 시가지로 나뉘는데, 송한교가 두 지역을 잇는다. 중심 거리는 동서로 뻗은 흥 브엉(Hùng Vương) 거리다. 한 시장에서 강을 등지고 서쪽으로 가면 도시 윤곽을 알 수 있다. 흥 브엉 거리 오른쪽으로 극장, 왼쪽으로는 광장이 있고, 그 앞으로 판 쭈찐 거리와 만나는 곳이 다낭의 중심부이다. 북쪽으로 미군 해군 기지가 있었으나 현재는 관광지로 개발하고 있다. 남쪽으로는 미케 비치와 오행산이 있다. 최근 다낭은 만족도 높은 여행지로 떠오르며 많은 관광객들이 다낭을 찾고 있다. 다낭은 비교적 비행 시간이 짧고 물가가 저렴하며 휴양과 관광을 모두 즐기기 좋은 도시이다.

• BEST SPOT •

- **MUST GO** 다낭 내 박물관, 테마파크(선 월드 바나힐, 아시아 파크), 야시장(한 시장, 헬리오 시장)
- **MUST EAT** 마담란, 콩 카페, 해피 브레드
- **MUST STAY** 빈펄 다낭 리조트, 라이즈 마운트 프리미어 리조트, 삼디 호텔

다낭 드나들기

비행기

우리나라 국적기인 대한항공, 아시아나항공과 일부 저가 항공사, 베트남의 항공사가 다낭으로 떠나는 국제선 직항편을 운항 중이다. 서울 ↔ 다낭은 4시간 20분 정도, 부산 ↔ 다낭은 4시간 정도 소요된다. 2017년에는 다낭 국제공항에 롯데 면세점이 오픈했다.

■ 공항에서 시내로 이동하기

공항 택시

시내까지 10~15분 소요되며 요금은 10~15만 동 정도이다. 해안가 리조트까지 이동은 20분 정도 소요되고 요금은 20만 동 정도를 생각하면 된다. 택시를 타기 전 그랩 드라이버를 사칭하는 호객 행위를 조심하도록 하자.

공항 픽업 서비스

호텔 & 투어 프로그램의 공항 픽업 서비스 신청자 그룹이 이동하므로 대기 시간이 소요된다. 프라이빗 공항 픽업 서비스는 가격이 조금 높지만, 한 팀끼리 시간 제약 없이 안전하고 편안하게 이동할 수 있다.

기차

하노이와 호찌민에서 다낭까지 야간 슬리핑 기차로 장시간 이동할 수 있다.

다낭 기차역

주소 791 Hải Phòng, Tam Thuận, Thanh Khê

베트남 기차 티켓 예약

베트남 레일웨이 vietnam-railway.com
Baolau www.baolau.com/en
북어웨이 www.bookaway.com
베트남 트레인 www.vietnamtrain.com
12고 아시아 12go.asia
HARACO www.vantaiduongsathanoi.vn
클룩 www.klook.com

버스

다낭에서 출발하여 베트남의 다른 지역으로 이동하는 장거리 버스가 있는데, 1~2층으로 누워서 갈 수 있는 슬리핑 버스다. 예약은 신 투어리스트 홈페이지에서 가능하다.

주소 16,3 Thang 2 St. Thuan Phuoc Ward. Hai Chau Dist. Da Nang **홈페이지** thesinhtourist.vn

시내 교통

■ 택시

미터 택시로 기본 2km에 1만 5천 동 정도다. 길에서 잡지 말고 묵고 있는 숙소나 레스토랑에서 부르는 것이 효율적이다.

전화 Mai Linh Taxi 0236-3565-656, Vinasun Taxi 0236-3686-868, Tien Sa Taxi 0236-3797-979

■ 시내버스

노란 미니버스가 시내 곳곳을 연결한다. 다낭 버스 어플(Dana Bus App.)을 이용하면 편리하다.

1번 버스 호이안, 오행산 방면
12번 버스 시내에서 미케 비치, 빈컴 플라자, 다낭 공항 국내선 방면(편도 5천 동)

■ 오토바이, 자전거

오토바이나 자전거를 대여하여 시내 관광을 하는 것이 좋다. 근거리는 씨클로 이용도 좋다. 가격은 반드시 흥정하자.

> **·TIP·**
> **승차 공유 IT 모빌리티 서비스**
> 다낭의 그랩 어플은 구글맵과 연동이 되어 편리하다. 다낭 시내 ↔ 다낭 국제공항 구간을 이동 시 톨게이트 비용을 개인 부담한다.

Da Nang

다낭
추천 코스

• DAY 1 •

다낭 시내 코스(약 8~10시간 소요)

다낭 시내는 주요 볼거리들이 몰려 있는 편이어서 하루, 이틀 정도면 충분히 돌아볼 수 있다. 참 박물관과 다낭 대 성당을 시작으로 전망 좋은 린응사, 야시장까지 핵심 스폿을 방문해 본다.

참 박물관 대표적인 참파 문화 박물관 구경
↓ 도보 14분
다낭 대성당 다낭의 랜드마크인 핑크 성당에서 사진 찍기
↓ 도보 5분
해피 브레드 겉은 바삭하고 속은 부드러운 반미
↓ 도보 1분
콩 카페 사이공 시절의 옛 분위기를 만날 수 있는 카페
↓ 도보 2분
한 시장 볼거리가 가득한 전통 재래 시장
↓ 차량 20분
린응사 다낭 최고의 전망을 자랑하는 사원
↓ 차량 20분
마담란 한국인의 입맛에 잘 맞는 베트남 전통 음식점
↓ 차량 15분
아시아 파크 다낭을 대표하는 대규모 테마파크
↓ 도보 5분
헬리오 야시장 베트남의 로컬 음식을 맛볼 수 있는 시장

• DAY 2 •

다낭 근교 코스(약 8~10시간 소요)

다낭 근교에 위치한 테마파크 바나힐에서 시간을 보내고 해안과 석회암 산을 동시에 볼 수 있는 오행산을 방문한 다음 쇼핑과 휴식으로 마무리하는 일정이다.

바나힐 산 위에 펼쳐진 테마파크
↓ 차량 50분
오행산 베트남 민간 신앙을 대표하는 산
↓ 차량 8분
냐벱 한국인 입맛에 잘 맞는 베트남 음식점
↓ 차량 5분
롯데 마트 한국인들이 여행 선물을 많이 구입하는 대형 마트
↓ 도보 1분
빌라드 스파 친환경 용품을 사용하는 스파 숍

※ 바나힐 일정에 후에를 다녀와도 좋다.

미케 비치
My Khe Beach, Bãi biển Mỹ Khê

포브스가 선정한 세계 6대 해변

다낭 시내와 이어져 있어 접근성이 뛰어나다. 한적한 9km 길이의 바다를 따라 펼쳐진 백사장과 선베드는 시민들에게는 물론 여행자에게도 인기 있는 휴식처가 되어 준다. 파도 높이에 따라 바다 수영과 서핑을 즐길 수 있다. 해수욕장 입구에 샤워 시설이 구비되어 있지만 물놀이를 목적으로 찾는다면 해변과 가까운 호텔이나 리조트를 선택하도록 하는 것도 좋은 방법이다.

주소 Đường Võ Nguyên Giáp **위치** 다낭 시내에서 동쪽으로 3km, 보 응웬 잡 해안 도로변

논 느억 비치
Non Nuoc Beach, Bãi tắm Non Nước

오행산(마블 마운틴)에 둘러싸인 한적한 해변

다낭 도심에서 남쪽으로 12km 거리에 위치한 해변으로, 미케 비치 남쪽에서 시작해 5km가량의 백사장이 끝없이 펼쳐진다. 북쪽으로는 썬짜 반도까지 전망할 수 있다. 빈펄 리조트, 하얏트 리젠시 외에도 고급 리조트 단지가 점점 들어서는 추세이지만 아직까지는 여유롭고 한적하게 망중한의 바다를 즐길 수 있다. 아쉽게도 해양 레포츠는 할 수 없다.

주소 Bãi tắm Non Nước , Hoà Hải , Ngũ Hành Sơn, Đà Nẵng **위치** ❶ 다낭 국제공항에서 13.3km 거리 택시로 25분 ❷ 오행산에서 3.3km 거리, 택시로 7분

한강(汗江)
Han River, Sông Hàn

다낭의 랜드마크

다낭 남북으로 흐르는 강으로 공항이 위치한 서쪽과 미케 비치가 있는 동쪽 두곳으로 나누어 진다. 강변을 따라 산책로가 조성되어 있으며 최초의 도개교인 487m의 한강교, 용모양의 조형물이 설치되어 있는 666m 길이의 용교가 있다. 용교 머리쪽의 머리는 용, 몸은 물고기의 형상을 하고 있는 대리석 조각상도 이색 볼거리이다. 밤에는 교량과 주변 건물들에 조명이 들어와 화려한 야경이 펼쳐진다. 주말과 공휴일 저녁 9시에는 용교 머리에서 물과 불이 뿜어져 나온다.

주소 Đường Bạch Đằng **위치** 참 박물관 근처, 박당 거리

다낭 대성당
Da Nang Cathedral, Giáo Xứ Chính Tòa Đà Nẵng

풍향계가 돌아가는 프랑스풍 지붕의 성당

1923년 프랑스 식민 통치 시기에 건축된 성당으로 풍향계가 돌아가는 독특한 지붕 때문에 현지인들은 닭 성당이라는 의미인 찐 또아 꽁 가(Chánh Toà Con Gà)라고 부른다. 분홍색 외벽이 인상적이며 일요일 미사 시간에는 신도가 몰려 장관을 이룬다. 내부는 스테인드글라스로 장식되어 있다.

주소 156 Đường Trần Phú, Hải Châu 1, Hải Châu **위치** 다낭 시내, 한 시장 근처 **전화** 0236-3825-285 **시간** 월~토 06:00~17:00, 일 11:30~13:30 **요금** 무료 **홈페이지** www.giaoxuchinhtoadanang.org

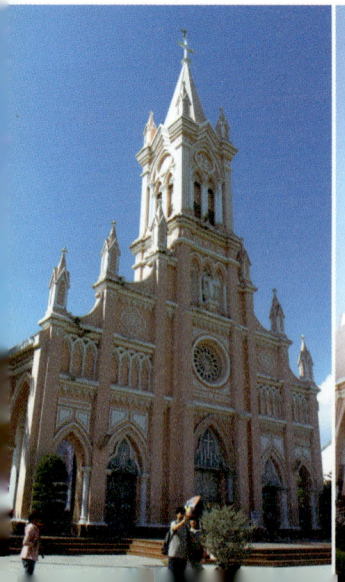

▌참 박물관
Cham Museum, Bảo tàng Điêu khắc Chăm

참파 유물을 전시한 박물관

캄보디아 앙코르 유적지 일부를 옮겨 놓은 듯한 착각을 일으킬 정도로 박물관에 전시된 유물 모두 동남아적 요소가 강하다. 1915년 프랑스 극동 조사 연구단의 기금으로 조성되었으며 5세기부터 15세기에 이르는 참파 유물이 전시되고 있다. 참 문화는 한마디로 인도의 영향을 받은 힌두교적 요소에 불교적 요소가 조금 가미된 모습이다. 사암을 이용해서 조각한 각종 제단과 힌두교의 신상(구원과 파괴의 신 시바, 창조의 신 브라마 등) 그리고 여러 조각품이 참 문화의 진수를 보여 주고 있다.

주소 Số 02 2 Tháng 9, Bình Hiên, Hải Châu **위치** 다낭 시내, 용교 옆에 위치한 반다 호텔(Vanda Hotel) 옆, 미케 비치에서 택시로 약 10분 소요 **시간** 07:00~17:00 **전화** 0236-3572-935, 0236-3571-801 **요금** 6만 동 **홈페이지** www.chammuseum.vn

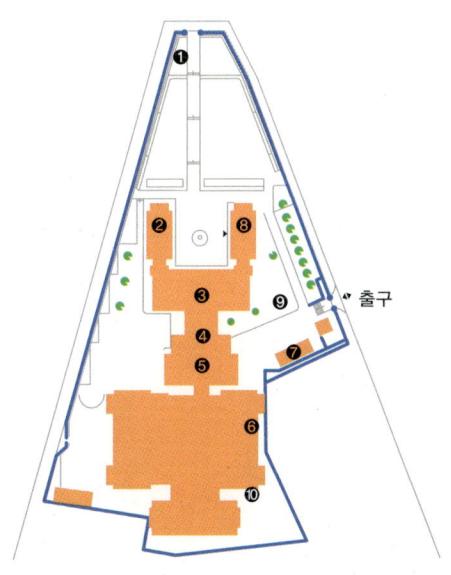

❶ 매표소
❷ 땁맘 전시장 Thapmam Gallery
❸ 짜끼우 전시장 Trà Kiệu Gallery
❹ 미선 전시장 Mỹ Sơn Gallery
❺ 동즈엉 전시장 Đông Dương Gallery
❻ 1층 최근 발굴 유물 전시장
   2층 기타 이벤트 전시장
❼ 기념품 숍 Gift Shop
❽ 회의장 Reception Room
❾ 카페테리아 Cafeteria
❿ 사무실

5군구 전쟁 박물관
Fifth Division Museum, Bảo tàng Hồ Chí Minh

미군과 접전을 벌였던 북베트남 5군구의 활약상을 기린 박물관

내부와 외부로 나눠진 박물관은 이 지역에서 치열하게 미군과 접전을 벌였던 북베트남 5군구 활약상을 기리기 위해 1982년 조성되었다. 박물관 뜰에는 비행기, 탱크, 전차, 야포 등을 비롯해 탈취한 프랑스와 미국제 군수 물자가 전시되어 있다. 내부 전시실은 12개 관으로 나누어져 있는데 1945년부터 2001년까지 활약상을 생생히 보여 주고 있다. 특히 미군의 레이더 기지를 공격하기 위해 3개월간 볶음밥만 먹고 어두운 동굴에 있었던 당 띠엔 러이(Đặng Tiến Lợi)라는 사람이 사용한 주석 오프너 세트, 슬리퍼에 다이나마이트를 숨기고 미군의 원료 기지창을 습격했던 판 띠 무어(Phan Thi Mua)라는 여성이 신었던 슬리퍼 등이 볼 만한 전시물이라고 다낭 시에서 소개하고 있다.

주소 Duy Tân, Hòa Cường, Hải Châu **위치** 다낭 시내에서 남쪽으로 3km 거리, 택시로 10분 **시간** 08:00~11:00,13:30~16:30(마지막 입장 16:00) / 월요일 휴관 **전화** 0236-6251-268 **요금** 6만 동 **홈페이지** baotanghochiminh.vn

호찌민 박물관 Ho Chi Minh Museum, Bảo Tàng Hồ Chí Minh

호찌민의 소장품을 전시한 박물관

베트남의 대부분 도시에는 호찌민이나 전쟁 관련 기념관이 꼭 하나씩 있다. 다낭의 호찌민 박물관은 5군구 박물관과 함께 운영 중이며, 호찌민의 생애와 관련된 자료를 네 개의 전시실에 나누어 일반인에게 개방하고 있다. 특히 한 여성이 1965년 이후 호찌민의 모습을 촬영한 사진은 다낭의 호찌민 박물관에서만 볼 수 있는 특별한 소장품이다. 박물관 뒤편으로 호찌민이 생전에 거주했던 집의 모형이 재현되어 있는데 하노이에 있는 호찌민 공관과 같다.

다낭 박물관
Bảo tàng Đà Nẵng

다낭 역사의 모든 것

참 박물관과 더불어 다낭을 대표하는 박물관으로 1989년 설립되었다. 3층 건물로 면적은 약 907평 규모이며 2,500개가 넘는 문서, 사진, 유물이 전시되어 있다. 1층에서는 다낭의 자연, 지리, 문화, 역사와 관련한 지질 및 광물, 자연 생태계, 기후, 골동품, 해상 무역에 이용했던 범선, 어업과 농업, 수공예 산업 수집품들을, 2층에서는 근현대사인 베트남 전쟁과 독립 관련 무기와 전시물을, 3층에서는 소수 민족의 복식과 보석, 악기, 역사에 관련된 유물과 자료, 30석을 갖춘 영화실을 만나볼 수 있다. 규모에 비해 냉방 시설이 조금 부족하고 한국어 표기나 안내문이 없다는 점은 아쉽다. 아는 만큼 보인다는 말도 있듯이 사전에 베트남 역사에 대해 어느 정도 숙지하고 간다면 더욱 재미나고 뜻깊은 관람이 될 것이다. 옛 모습과 현재를 비교해보거나, 베트남 전쟁에 우리나라가 남긴 흔적을 찾아보는 방법도 좋다. 시간적 여유가 있다면 대포와 항공기, 분재들이 전시된 야외 정원도 둘러보자. 박물관 정문 앞에는 프랑스에 대항하여 싸운 베트남의 프엉 장군 동상이 있다.

주소 24 Đường Trần Phú, Thạch Thang, Hải Châu **시간** 08:00~17:00 **위치** 한 시장에서 1.3km 거리로 도보 16분, 택시로 5분 **전화** 0236-3886-236 **요금** 성인 2만 동, 학생 · 어린이 무료 **홈페이지** baotangdanang.vn

까오다이교 사원
Hội Thánh Truyền Giáo Cao Đài - Trung Hưng Bửu Toà

두 번째로 큰 까오다이교 사원

베트남의 까오다이 사원 중 떠이 빈 사원에 이어 두 번째로 큰 규모이다. 외형은 다른 까오다이교 사원에 비해 화려하지 않지만, 내부에 있는 푸른 공 모양에 천안(天眼)의 이 그려진 모습이 이색적이다. 모든 종교는 하나라는 근본 이념에 따라 천안 뒤로 예수, 마호메트, 부처, 공자가 함께 서 있는 그림이 걸려 있다.

주소 63 Hải Phòng, Thạch Thang, Hải Châu **위치** 다낭 역에서 동쪽으로 도보 10분 **시간** 07:30~17:00 **전화** 0236-3829-463 **요금** 무료

오행산
Marble Mountains, Núi Ngũ Hành Sơn Đà Nẵng

베트남 민간 신앙을 대표하는 산

베트남인들의 민간 신앙을 대변하는 산으로 5개의 봉우리로 이루어져 있다. 물, 나무, 금, 땅, 불의 오행을 관장하는 산이라 해서 오행산이라고 불린다. 산 전체가 대리석이기 때문에 마블 마운틴이라는 별칭도 가지고 있다. 물을 상징하는 투이 선(Thủy Sơn)이 핵심으로 산속 동굴에 불상이 모셔져 있다. 석단에는 전망대가 위치하여 논 느억(Non Nước) 마을과 산 전체를 조망할 수 있다. 논 느억 마을에서 대리석 공예품을 판매한다. 호이안으로 가는 도중에 잠깐 들르는 것도 좋다.

주소 52 Huyền Trân Công Chúa, Hoà Hải, Ngũ Hành Sơn **위치** ❶ 다낭 시내에서 택시로 약 20분 소요(왕복 약 15달러) ❷ 다낭 대성당 앞에서 호이안행 버스를 타고 40분 정도, 오행산 앞에서 정차 ❸ 논느억 비치 맞은편 또는 빈펄 다낭 리조트 맞은편 **시간** 07:00~17:30 **전화** 0511-3961-114 **요금** 4만 동, 엘리베이터(편도) 1만 5천 동 **홈페이지** nguhanhson.org

아시아 파크(선 월드 다낭 원더스)
Asia Park (Sun World Danang Wonders)

가성비, 가심비를 모두 만족시키는 놀이동산

베트남, 한국, 중국, 태국, 네팔, 싱가포르 등 아시아 10개국을 주제로 한 약 26만 평의 대규모 테마파크다. 현재는 선 월드 다낭 원더스로 명칭이 변경됐지만, 여전히 예전 이름인 아시아 파크와 통용된다. 다낭 시내 한복판에 있어 접근성이 좋고, 대부분 기구를 기다림 없이 바로 탈 수 있다는 것이 큰 장점이다. 바이킹 플라이 키 린스, 자이로 드롭과 같은 골든 스카이 타워, 롤러코스터 퀸 코브라, 자이로 스윙인 싱가포르 슬링, 회전목마를 비롯한 20여 가지의 어트랙션과 대형 게임 센터, 세계 10대 대관람차로 선정된 25층 높이의 선 휠 대관람차, 모노레일까지 입장권으로 모두 즐길 수 있다(범퍼카 등 일부 시설 유료). 이정표가 잘되어 있지만, 어트랙션 명칭, 스릴 레벨과 키 제한까지 표시되어 있는 종이 맵을 챙겨 가는 것을 추천한다. 선 월드와 마찬가지로 한국, 일본, 싱가포르, 말레이시아 등 아시아권 국가의 음식을 테마로 한 뷔페 월드 레스토랑도 가격 대비 만족도가 높은 곳으로 유명하다. 선 월드는 한낮의 더위가 한풀 꺾이는 오후 3시에 오픈한다.

주소 1 Phan Đăng Lưu, Hoà Cường Bắc, Hải Châu **위치** 롯데 마트에서 택시로 2분, 도보 6분 **시간** 월~목15:00~21:00, 금~일 15:00~22:00, 17:00~20:00(뷔페 월드 레스토랑) **전화** 023-3681-666 **요금** 아시아 파크 성인 15만 동, 어린이(키 1.4m 미만) 10만 동, 유아(키 1m 미만) 무료, 뷔페 포함 성인 23만 5천 동, 어린이 13만 5천 동 **홈페이지** danangwonders.sunworld.vn

린응사
Tượng Phật Bà Quan Âm

다낭 최대 크기와 최고의 전망을 자랑하는 사원

미케 비치에서 좌측 끝에 보이는 높이 67m(내부 17층 구조로 약 30층 높이)의 거대한 해수 관세음보살상이 있는 곳이 바로 린응사이다. 해발 약 700m에 자리하고 있지만, 절 입구까지 차량 진입이 가능하기에 쉽게 찾아갈 수 있다. 린응사는 바다에서 안타깝게 유명을 달리한 영혼을 달래기 위해 지어졌는데, 사원이 생긴 이후로 태풍이나 거친 파도로 인한 큰 피해가 없었다고 전해진다. 영험하다는 뜻 때문에 염불을 드리려 찾는 현지인과 관광객이 줄을 잇지만, 다낭 최대 크기의 사원이라서 혼잡한 느낌은 들지 않는다. 본당과 잘 관리되고 있는 뜰 그리고 조각상을 천천히 돌아볼 수 있다. 다낭에는 린응사라는 사찰이 3곳(선짜반도, 오행산, 바나힐)이지만, 탁트인 선짜반도와 다낭 시내를 전망할 수 있는 최고의 뷰 포인트인 이곳이 가장 인기 있다.

주소 Hoàng Sa, Thọ Quang, Sơn Trà **위치** 미케 비치에서 6.9km, 택시로 10분 **시간** 06:00~19:00 **요금** 무료 **홈페이지** www.facebook.com/Linhungtemple

하이반 패스
Hai Van Pass, Đèo Hải Vân

다낭의 명불허전 드라이브 코스

베트남 중부의 해발 496m에 이르는 고갯길로, 랑꼬 비치에서 다낭으로 넘어 가며 힘차게 이어지는 안남산맥 21km 구간을 하이반 패스라고 한다. 항상 운해가 가득해서 하이반(海雲)이라는 지명이 붙었다. 2005년에 동아시아에서 가장 긴 터널 중의 하나가 개통되어 내륙 방면 교통의 흐름이 원활해지고 운전자의 안전성도 더욱 좋아졌다. 베트남 남북종단을 하는 1A번 국도와 통일 열차가 지나간다. 다낭에서 호이안 방향으로 굽이굽이 물결 치는 해안 도로를 따라서 시원한 바람을 느끼며 달리는 택시 투어는 물론, 지프 카 투어와 라이딩 투어 코스로도 인기가 있다. 단, 휴게소에서 소지품 안전에 각별한 주의가 필요하다. 다낭 ↔ 후에 구간은 하이반 패스의 절경을 만끽하는 기차 여행 코스도 추천한다. 후에 ↔ 호이안 구간은 사설 업체의 프라이빗 카 서비스로 하이반 패스와 오행산 투어를 겸할 수 있다.

위치 다낭 시내에서 북쪽으로 30km

선 월드 바나힐
Sun World Bà Nà Hills

구름 위 신비로움과 재미가 가득한 명소

프랑스 식민 시절 베트남의 뜨거운 더위를 참기 힘들었던 프랑스 군인과 관료를 위해 해발 1,400m 산 위에 건설된 휴양 시설이다. 베트남 독립 이후 방치되었다가 관광지로 재개발되었다. 산 정상까지는 약 5,800m에 달해 세계에서 두 번째로 긴 케이블카를 타고 30분 정도를 올라간다. 바나힐은 크게 입구, 중간층, 최상층으로 나뉜다. 중간층에는 린응 사원, 석가모니 불상, 유럽식 정원인 르 자뎅 다무르, 프랑스 식민 시절 만들어진 와인 저장고 디베이 와인 셀러 등이 있다. 가장 많은 관광객이 찾는 최상층에는 놀이공원인 판타지 파크, 머큐어 바나힐 프렌치 빌리지(호텔), 프랑스 마을을 그대로 옮겨놓은 듯한 프렌치 빌리지, 밀랍 박물관 등이다. 연중 선선한 온도와 탁 트인 파노라마 전망을 자랑하지만, 비가 오거나 구름과 안개가 많이 끼는 날에는 아무것도 안 보일 수 있어 방문을 고려하는 것이 좋다. 일기 예보 확인은 필수다.

주소 Tuyến cáp treo lên Bà Nà Hills, Hoà Ninh, Hoà Vang **위치** 다낭 국제공항에서 23.4km, 택시로 40분 **시간** 07:00~18:00 **전화** 0236-3791-999 **요금** 시즌에 따라 변동 / 케이블카 성인 75~80만 동, 어린이(키 1m~1.4m) 60~65만 동, 밀랍 박물관 10만 동 **홈페이지** banahills.sunworld.vn

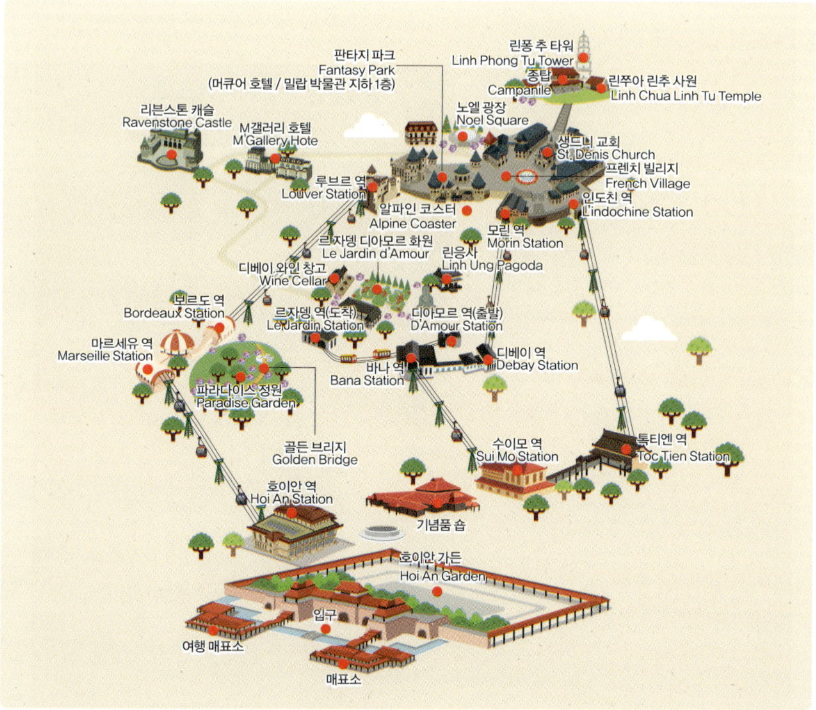

베트남 중부 | 다낭

한 시장
Chợ Hàn

흥정하는 재미가 있는 다낭 최대의 재래시장

1940년대에 형성된 재래시장으로 물건이 가득하게 쌓인 500여 상점이 빽빽하게 들어서 있다. 통로가 좁아 붐비는 시간에 가면 본인의 의지와 상관없이 등 떠밀려 아이 쇼핑을 하게 된다. 여유롭게 구경하고 싶다면 이른 시간이나 늦은 시간이 적당하다. 1층에서는 주로 식료품(커피, 말린 과일 등), 생필품, 기념품, 2층에서는 아오자이(맞춤 제작도 가능)를 비롯한 의류와 신발, 화장품, 잡화류를 판매한다. 주로 외국인을 대상으로 판매하기 때문에 간단한 영어와 한국어 의사소통이 가능하다.

주소 119 Đường Trần Phú, Hải Châu 1, Hải Châu **위치** 다낭 대성당에서 290m, 도보 4분 / 쩐 푸(Trần Phú) 거리와 박당(Bach Dang) 거리에 출입구 **시간** 06:00~19:00(가게마다 상이) **전화** 0236-3821-363

꼰 시장
Chợ Cồn

현지인들의 삶이 녹아 있는 도매 시장

1940년대에 만들어진 다낭 최대 재래시장 중 하나로 우리나라의 동대문 시장, 남대문 시장과 비슷하다. 한 시장의 이용자가 대부분 관광객이고 점원도 비교적 젊은 여성인 반면, 꼰 시장은 현지인의 이용 비율도 판매자들의 연령대도 한 시장보다 높다. 2,000여 개의 상점이 물건이 가득 찬 좁은 통로에 빼곡히 있어 다소 복잡하지만, 규모가 큰 만큼 의류, 액세서리, 그릇, 신발, 식료품, 생활용품 등 취급하는 제품이 많다. 건물 밖에는 저렴한 가격으로 로컬 음식을 즐길 수 있는 수십 개의 노점과 구제 옷을 쌓아놓고 팔고 사는 사람들로 북적인다.

주소 290 Hùng Vương, Vĩnh Trung, Hải Châu **위치** ❶ 빅씨에서 250m 거리, 도보 3분 ❷ 다낭 대성당에서 도보 15분 **시간** 06:00~18:00 **전화** 0236-3837-426

현지 시장에서 흥정하기 *TIP*

적절한 가격 흥정이 어렵다면 몇 곳을 돌아보고 가격대를 파악 후 조율하는 것이 좋다. 입구보다는 상대적으로 손님이 적게 방문하는 안쪽 가게에서 흥정하기 좋으며, 대량 구매하면 조금 더 쉽다. 본인이 생각하는 것보다 조금 낮게 제시한 다음 적당한 선에서 접점을 찾도록 하자.

헬리오 야시장
Chợ đêm Helio(Khu Ẩm thực đêm Helio)

다낭에서 꼭 가 봐야 할 야시장

로컬 음식을 다낭에서 가장 다양하고 저렴하게 즐길 수 있는 야시장으로 헬리오 센터 앞에서 열린다. 일반적으로 떠올리는 야시장보다 시설이 좋고 넓으며 깔끔하다. 대부분의 음식이 2만 동 미만이라 저렴한 가격에 놀라게 된다. 반쎄오, 쌀국수, 스프링롤, 넴루이, 반미, 양념 고둥, 생과일주스, 맥주를 비롯한 현지 음식은 물론 떡볶이와 다코야끼까지 국적을 넘나드는 산해진미가 가득하다. 중앙 무대에서는 라이브 공연이 열리니 구경을 해도 좋고, 헬리오 센터의 대형 오락실인 헬리오 플레이에서 게임을 해 보는 것도 좋다. 마켓에서는 피규어, 라탄, 액세서리 등의 다양한 물건을 판매한다. 헬리오 야시장은 4개의 구역으로 나눌 만큼 규모가 크고 인기가 좋아 사람이 많다. 가방을 앞으로 메고 소지품을 잘 관리하는 것을 잊지 말자.

주소 Đường 2 tháng 9 phường Hòa Cường Bắc **위치** 아시아 파크에서 450m 거리로 도보 6분, 헬리오 센터 앞 **시간** 17:00~22:30 **전화** 0236-3630-666 **홈페이지** helio.vn

롯데 마트 다낭
Lotte Mart Đà Nẵng

다낭에서 만나는 한국 할인 마트

우리가 알고 있는 바로 그 롯데 마트의 다낭점이다. 외부 상점들과 큰 가격 차이는 없으면서 믿을 만한 상품을 보다 시원하고 쾌적한 곳에서 쇼핑할 수 있다. 총 5층 규모다. 인기 있는 상품 목록들을 커다랗게 소개해 두기도 하고, 한국어 표시, 한국어 가능한 직원들도 꽤 있어 편리하다. 한국인들이 많이 구입하는 상품으로는 베트남 커피, 말린 망고, 래핑카우 치즈, 맥주 등이 있다. 3층과 4층에는 무료 보관함이 있다.

주소 6 Nại Nam, Hoà Cường Bắc, Hải Châu **위치** 선 월드 다낭 원더스에서 550m 거리, 도보 7분 **시간** 08:00~22:00 **전화** 0236-3611-999 **홈페이지** lottemart.com.vn

1층	레스토랑, 카페, 기념품, 환전소
2층	서점, 장난감, 패션, 액세서리
3층	레스토랑, 가정용품, 화장품, 전자 제품
4층	신선식품, 베트남 특산품, 가공식품
5층	영화관, 레스토랑, 게임 시설

페바 초콜릿
Pheva Chocolate

나만의 초콜릿 박스를 만들 수 있는 곳

6개, 12개, 24개, 40개 들이 중 원하는 크기와 색상의 상자를 선택하고 18가지 맛의 초콜릿을 취향대로 골라 담으면 된다. 베트남 남부 지역에서 재배되는 단일품종인 카카오로 만들어지며, 마다가스카르의 바닐라 빈, 천연 코코아 버터가 풍부하다. 피스타치오, 망고, 코코넛, 오렌지 필, 블랙 페퍼, 참깨, 땅콩 믹스, 소금 등의 특색있는 초콜릿도 만나 볼 수 있다. 시식도 할 수 있으니 맛을 보고 결정하자. 가격은 물론 부피도 부담 없으며 포장도 예뻐서 선물용으로 인기 있다. 어떤 것으로 구매할지 고민되거나, 쇼핑 시간이 여유롭지 못하다면 이미 포장된 제품을 선택해 보자. 다낭은 물론 호이안, 호찌민, 하노이에도 지점이 있다.

주소 (1호점) 239 Đường Trần Phú, Phước Ninh, Hải Châu (2호점) 87 Đường 3 Tháng 2, Thuận Phước, Hải Châu **위치** (1호점) 다낭 대성당에서 쩐푸 거리를 따라서 도보 11분 (2호점) 다낭 대성당에서 택시로 8분(콘셉트 스토어) **시간** 08:00~19:00 **전화** (1호점) 0236-3566-030, (2호점) 0236-3750-250 **요금** 초콜릿 바 3만 동, 6개 5만 동, 12개 8만 동, 24개 16만 동, 40개 26만 동 **홈페이지** phevaworld.com

빅 씨
Bic C

다낭 현지의 대형 할인 마트

베트남 전역에 지점이 있는 마트로 현지인과 외국인이 더 많이 이용하는 곳이다. 관광객 대상이 아닌 현지인에게 인기 있는 식품과 각종 공산품, 생활용품을 구입할 수 있고 가격도 저렴한 편이다. 다양하고 이국적인 선물을 구입하고 싶을 때 방문하기 좋다. 특히 현지에서 먹을 과일이나 채소는 롯데마트나 한 시장 그리고 길에서도 구입할 수 있지만, 빅 씨가 종류도 많고 포장도 잘되어 있다. 팍슨 백화점과 연결되어 있어 같이 둘러보기 좋다.

주소 255-257 Hùng Vương, Khu thương Mại, Thanh Khê **위치** 다낭 대성당에서 1.4km 거리, 택시로 5분 **시간** 08:00~22:00 **전화** 0236-3666-085 **홈페이지** www.bigc.vn

빌라 드 스파 다낭
Villa de Spa Da Nang

피로를 풀어 주는 수준 높은 스파

한국보다 비교적 좋은 가격으로 픽·드롭 서비스, 샤워 시설 등을 갖춘 고급 스파를 즐길 수 있다. 또한 해피 아워에는 추가 할인 혜택이 있다. 무엇보다 빌라 드 스파는 고급 호텔 스파에서 사용하는 태국의 친환경 아로마 브랜드인 탄(Thann)의 제품을 사용한 아로마 마사지가 있는데, 프리미엄 코스를 선택하지 않더라도 5달러만 추가하면 모든 메뉴에 오일 업그레이드가 가능하다. 스파 내 네일 숍은 키즈 네일 아트도 있어서 영유아를 동반한 가족에게 인기 있으며 스파와 동시 이용 시 할인이 적용된다. 그 외에도 재방문 또는 호이안 지점과 교차 방문 시(영수증 또는 카카오톡 예약 내역 제시) 할인 등 다양한 혜택이 있다. 롯데 마트 바로 옆에 있고, 2인 이상이면 픽업과 드롭 중 한 가지 편도 서비스를 이용할 수 있어서 쇼핑 일정과 묶어 활용하면 유용하다. 한국어 구사 가능한 직원이 상주하며 한글 메뉴판, 한글 차트가 있어 이용하는 데 전혀 불편함이 없다.

주소 Halla Jade Residence, Lo 01 B2-6 Khu Phuc Hop Nại Nam, Hoà Cường Bắc, Hải Châu **위치** 롯데 마트에서 95m 거리, 도보 1분 **시간** 10:30~23:00(라스트 오더 21:30, 1시간만 가능, 네일 숍 라스트 오더 20:00) **전화** 0236-3849-171(카카오톡 아이디 : 빌라드 스파 다낭 & 네일) **요금** 아로마 마사지 60분 51만 동, 프리미엄 아로마 마사지 60분 62만 동, 키즈 마사지 60분 41만 동

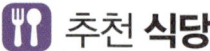
추천 식당

콩 카페
Cong Café

사이공 시절의 옛 정취가 가득 느껴지는 빈티지한 인테리어로 유명한 베트남의 프랜차이즈 카페다. 2007년 하노이에서 시작해 현재는 베트남 전역에 약 60여 개의 지점이 있다. 현지만의 독특한 분위기 속에서 커피를 즐기는 사람, 가게를 배경으로 사진을 찍는 사람들로 늘 문전성시를 이룬다. 대표 시그니처 메뉴는 코코넛 스무디 커피와 사이공 연유 커피이며 한국어 메뉴판이 잘되어 있다. 주문도 계산도 자리에서 하고, 근처 한 시장을 둘러보고 쉬면서 커피를 마시기에 좋다. 한국에도 몇 개의 매장이 들어섰다.

주소 98-96 Bạch Đằng **위치** 한 시장에서 도보 5분 **시간** 07:00~23:30 **전화** 0236-6553-644 **가격** 사이공 연유 커피 3만 9천 동, 코코넛 스무디 커피 4만 5천 동 **홈페이지** congcaphe.com

마담란 레스토랑
Nhà hàng Madame Lân

합리적인 가격과 한국인의 입맛에 잘 맞는 음식점으로 베트남 각지 300여 개의 전통 음식을 즐길 수 있어 인기가 많다. '한강의 작은 호이안'으로 통할 만큼 알록달록한 색감 때문에 낮에 방문해도 좋지만, 등에 불이 들어오는 저녁에 한강 야경을 보며 식사하는 것도 좋다. 쌀국수, 분짜, 반쎄오, 짜조, 해산물 볶음밥, 모닝글로리가 유명하며 외국인의 경우 테이블로 와서 반쎄오 싸는 법을 알려준다. 간단한 한국어를 하는 직원도 많다. 전체적으로 오픈되어 있어 바람이 통하기는 하나, 더운 날이라면 에어컨이 설치된 2층 자리를 요청하자.

주소 4 Bạch Đằng, Thạch Thang, Hải Châu **위치** 다낭 박물관에서 1km 거리, 택시 4분 **시간** 06:00~22:00 **전화** 0236-3616-226 **가격** 소고기 쌀국수 5만 2천 동, 분짜 7만 2천 동, 반쎄오 6만 2천 동, 마늘 모닝글로리 5만 8천 동 **홈페이지** www.madamelan.vn

피자 포피스
Pizza 4P's

창업자가 친구들과 수개월에 걸쳐 피자 오븐을 만들어 피자를 연구하고 국경, 성별, 나이를 초월해 나누는 프로젝트에서 시작된 음식점이다. 2011년부터 나트랑, 호찌민, 하노이, 다낭에 순차적으로 문을 열었다. 저렴한 가격으로 더 좋은 품질의 치즈를 제공하고자 달랏에 치즈 스튜디오를 만들었다. 자연에서 자란 젖소의 신선한 우유를 사용해 매일 생산하는 홈메이드 치즈가 요리의 비결이다. 부라타 치즈피자, 치즈피자, 퐁듀 등의 메뉴가 맛있고 원하는 두 가지를 골라 하프 & 하프로도 주문할 수 있다. 화덕에서 직접 피자를 굽는 모습을 볼 수 있으며, 한국어 지원이 되는 태블릿으로 주문할 수 있다. 항시 웨이팅이 있어서 홈페이지에서 예약하는 방법도 좋다. 인기에 힘입어 최근에는 인도차이나 리버 사이드 타워에 다낭 2호점이 오픈하였다.

주소 8 Đường Hoàng Văn Thụ, Phước Ninh, Hải Châu **위치** 한 시장 정문에서 도보 10분 **시간** 월~목 10:00~22:00, 금 10:00~22:30, 토~일 09:00~22:30 / 마지막 주문은 폐점 30분 전까지 **전화** 028-3622-0500 **가격** 부라타 햄 피자 풀 사이즈 29만 동, 홈메이드 치즈피자 24만 동, 치즈 퐁듀 9만 5천 동 **홈페이지** pizza4ps.com

냐벱
Nhà Bếp

깔끔하고 시원한 곳에서 한국인 입맛에 잘 맞는 베트남 음식을 먹고 싶다면 냐벱이 답이다. 부엌이라는 뜻의 냐벱은 새우, 오징어, 조개가 푸짐하게 들어가 있는 얼큰 시원한 국물의 해산물 쌀국수와 속 재료가 가득 찬 반쎄오, 아이들도 좋아하는 숯불에 구운 돼지고기 완자 꼬치 넴루이, 맥주를 부르는 바삭 달콤한 프라이드 완탄이 유명하다. 전반적으로 양이 푸짐한 편이고, 향신료를 덜어내 외국인이 먹기에 부담 없다. 입구 앞에는 베트남 전통 밀짚모자인 논라와 과일 바구니가 있어 기념 촬영을 할 수 있다.

주소 416 Võ Nguyên Giáp, Bắc Mỹ An, Ngũ Hành Sơn **위치** 미케 비치에서 2.5km 거리로 택시 5분 **시간** 10:30~22:00(마지막 주문 21:00) **전화** 0236-627-8080 **가격** 해산물 쌀국수 11만 9천 동, 반쎄오 + 넴루이 세트 13만 9천 동, 분짜 11만 9천 동 / 카드 결제 시 5% 수수료 추가

해피 브레드
AA Happy Bread

외국인의 입맛을 겨냥한 반미를 판매하는 곳으로 거리에서 파는 반미보다는 비싸지만 한국 돈으로 2~3천 원 정도다. 매장은 사람들로 늘 북적이지만, 회전율이 좋아 금방 앉을 수 있고 오픈 키친이라 깔끔한 위생 상태를 볼 수 있다. 무엇보다 에어컨이 설치되어 있다는 것이 큰 장점이다. 가장 인기 있는 메뉴는 JJ 반미(베이컨, 햄, 에그, 채소), YB 반미(돼지고기 롤, 새우), TL 반미(특제 매콤달콤 소스, 고기)다. 기본 구성에 고수가 제외되어 있어서 고수를 좋아한다면 요청하도록 하자. 2020년 현재 한 시장 건너편에 1호점, 인도차이나 리버사이드 3층 푸드코트 내 2호점, 1호점 인근에 3호점, 호이안점이 운영 중이며, 호이안점을 제외하면 모두 1호점에서 도보 2~3분 거리이고, 규모가 조금 더 크다. 웨이팅이 걱정된다면 다른 지점을 찾는 방법도 좋다.

주소 14 Hùng Vương, Hải Châu 1, Hải Châu **위치** (1호점) 한 시장 맞은편 도보 1분 **시간** 10:00~22:00 **전화** 0795-650-583, 090-1913-423 **가격** JJ 반미 7만 동, YB 반미 7만 동, TL 반미 6만 동 **홈페이지** www.instagram.com/happybreadmiaa

클라우드 가든 카페
Cloud Garden Coffee Shop

비밀의 정원으로 들어가는 듯한 입구, 카페 내 야외 연못과 잉어, 나무를 비롯한 자연 친화적인 분위기로 인해 최근 현지인에게 인기 있는 공간(에어컨이 있으나 개방된 구조)이다. 다낭 시내에 있지만 도심 속이라는 느낌이 없을 만큼 카페 내에서 휴식할 수 있다. 플라스틱 없는 그린 라이프를 모토로 하여 스테인리스 식기와 대나무 빨대를 사용하며, 에코 물품도 구매할 수 있다. 피자와 스낵 메뉴도 있으며, 베트남 물가를 감안하더라도 초콜릿 음료, 코코넛 커피, 사이공 커피를 기분 좋은 가격에 맛볼 수 있다. 단, 나무와 연못으로 인해 모기가 있어 모기 퇴치제를 가져가는 것이 좋다.

주소 72 Lê Mạnh Trinh, Phước Mỹ, Sơn Trà **위치** 미케 비치에서 800m 거리로 도보 10분, 택시 2분 **시간** 08:00~22:00 **전화** 0914-288-818 **가격** 코코넛 커피 4만 5천 동, 사이공 밀크커피 3만 동, 오레오 화이트 초콜릿 6만 동 **홈페이지** cloudgroup.vn/cloudgarden

ICLS 컬처럴 센터 & 커피
ICLS Cultural Center & Coffee

더위와 베트남 음식에 지쳤을 때 찾아가기 좋은 한식당이다. 떡볶이, 김밥, 라면, 김치찌개, 돈가스, 치킨, 비빔밥, 잡채 등 우리나라 분식점과 비슷한 메뉴를 착한 가격에 맛볼 수 있으며, 카페 메뉴도 다양하다. 바로 옆 동명의 한국어 학원 학생들을 학비와 생활비에 도움을 주고자 직원으로 채용해 기본적인 한국어 소통은 무리없이 가능하다. 간혹 시간이 유동적이므로 확인하고 방문하도록 하자.

주소 171 Tố Hữu, Hoà Cường Nam, Hải Châu **위치** 롯데 마트 다낭에서 1.8km거리 택시로 5분 **시간** 07:00~12:00, 15:00~21:30 / 일요일 휴무 **전화** 0344-794-926 **가격** 떡볶이 3만 동, 짜장 라면 4만 동, 치킨 12만 동, 김치찌개 4만 동, 돈가스 정식 9만 동 **홈페이지** www.facebook.com/iclsculture

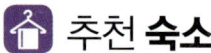 추천 **숙소**

빈펄 리조트 & 스파 다낭
Vinpearl Resort & Spa Da Nang

다낭의 아름답고 넓은 바다를 내려다볼 수 있어 휴양을 목적으로 하는 여행객들에게 이상적인 리조트이다. 화려한 구릉 지형과 아름다운 바다를 조망할 수 있는 122개의 객실을 보유하고 있으며, 주변 산맥과도 잘 어우러져 웅장하고 신비로운 느낌을 자아낸다.

주소 23 Trường Sa, Hoà Hải, Ngũ Hành Sơn **위치** 다낭 국제공항에서 택시로 15분, 다낭 논 느억 해변에 위치 **전화** 0236-3966-888 **가격** $360~ **홈페이지** www.vinpearl.com

삼디 호텔
Khách sạn Samdi

다낭 대성당 근처의 4성급 호텔로 115개의 객실, 실내 수영장, 레스토랑과 바, 라운지, 피트니스 센터 시설을 갖추고 있다. 공항 무료 셔틀을 운영하며 가격 대비 넓은 객실, 친절한 서비스로 평이 좋다.

주소 331 Nguyễn Văn Linh, Thạc Gián, Thanh Khê **위치** 다낭 국제공항에서 5.1km 택시로 11분 **가격** $41~ **전화** 0236-3586-222 **홈페이지** samdihotel.vn

빈펄 럭셔리 다낭
Vinpearl Luxury Da Nang

공항에서 12km 거리에 위치한 5성급 숙소로 200개의 객실 모두 전신 욕조를 갖추고 있다. 전용 백사장 해변, 사우나, 골프장, 피트니스 센터 등 다양한 편의시설을 제공한다. 매일 아침과 점심 식사를 제공하는 고멧 레스토랑(Gourmet Restaurant)에서는 세계 각국의 요리를 뷔페로 즐길수 있으며 어린이 메뉴도 구비하고 있다. 오리엔탈(Oriental Restaurant)에서는 매일 저녁 베트남 요리를 맛볼 수 있다.

주소 No 7 Truong Sa Street Hoa Hai Ward Ngu Hanh Son Dist **위치** 오행산에서 1.3km 거리, 택시 3분 **가격** $172~ **전화** 0236-3966-888 **홈페이지** www.vinpearl.com

푸라마 리조트
Furama Resort

각국의 왕족, 대통령, 유명 배우, 비즈니스 리더와 같은 명사가 방문하는 베트남 최고의 시사이드 리조트다. 목가적인 열대 환경을 체험할 수 있을 뿐 아니라 탐험 여행을 하기에도 아시아 최고를 자부하는 곳이다. 건물은 베트남 전통 건축 양식에 프랑스 콜로니얼 양식이 혼합된 스타일이며, 전 객실이 개별 발코니 또는 테라스를 갖추고 있다.

주소 105 Võ Nguyên Giáp, Khuê Mỹ, Ngũ Hành Sơn **위치** 다낭 국제공항에서 택시로 약 14분 소요, 미케 비치 내 **전화** 0236-3847-333 **가격** $223~ **홈페이지** furamavietnam.com

라이즈마운트 프리미어 리조트 다낭
Risemount Premier Resort Đà Nẵng

2개의 야외 수영장, 103개의 객실을 갖추고 있다. 공항 셔틀과 셀프 주차 서비스를 무료로 제공한다. 수영장 전망의 라 메종(La Maison)에서는 세계 각국의 요리를 아침, 점심에 즐길 수 있다. 로비의 엘리아 바(Elia Bar) 와 카파리 와인(Kapari Wine)은 매일 오픈한다.

주소 120 Nguyễn Văn Thoại, Bắc Mỹ Phú, Ngũ Hành Sơn **위치** 미케 비치에서 도보 10분 **가격** $69~ **전화** 0236-3899-999 **홈페이지** risemountresort.com

센타라 샌디 비치 리조트 & 호텔
Centara Sandy Beach Resort & Hotel

아름다운 화이트 샌드 비치를 자랑하는 곳으로, 야자수가 심긴 정원이 잘 꾸며져 있다. 인테리어도 고급스럽다.

주소 21 Trường Sa, Ward, Ngũ Hành Sơn **위치** 다낭 시내에서 15분 정도 떨어진. 해변가 **전화** 0236-396-1777 **가격** $74~ **홈페이지** www.centarahotelsresorts.com/centara/cdv

다낭 퍼시픽 호텔
Da Nang Pacific Hotel

시내 중심부에 있는 중급 호텔이다. 가격에 따라 방 크기와 시설이 다르다.

주소 92 Phan Châu Trinh, Street, Hải Châu **위치** 다낭 국제공항, 한시장, 성당에서 택시로 10분 **전화** 0236-3868-777 **가격** $12~ **홈페이지** www.pacifichotel.vn

다낭 리버사이드 호텔
Da Nang Riverside Hotel

3성급 호텔로 창밖으로 용다리와 다낭의 야경이 보인다. 미케 비치와 다낭 대성당을 비롯해 다낭의 주요 관광지를 오가기 좋은 위치에 있다.

주소 Lô, A30 Đường Trần Hưng Đạo, Sơn Trà **위치** 다낭 국제공항에서 택시로 10분 **전화** 0236-3946-666 **가격** $45~ **홈페이지** danangriverside.com.vn

송 투 호텔
Song Thu Hotel

다낭 시내에 있어 주요 관광지와의 접근성이 좋다. 룸 컨디션이 좋은 편은 아니지만 저렴한 숙소를 찾는다면 가격 대비 만족할 만한 곳이다.

주소 30 Đường Trần Phú, Hải Châu 1, Hải Châu, Đà Nẵng **위치** 다낭 국제공항에서 택시로 12분 **전화** 0236-3827-666 **가격** $11~

뱀부 그린 호텔
Bamboo Green Hotel

저렴한 가격에 비해 좋은 시설로 인기 있는 3성급 호텔이다.

주소 177 Đường Trần Phú, Hải Châu 1 **위치** 다낭 국제공항에서 택시로 10분 **전화** 0236-3822-722 **가격** $20~

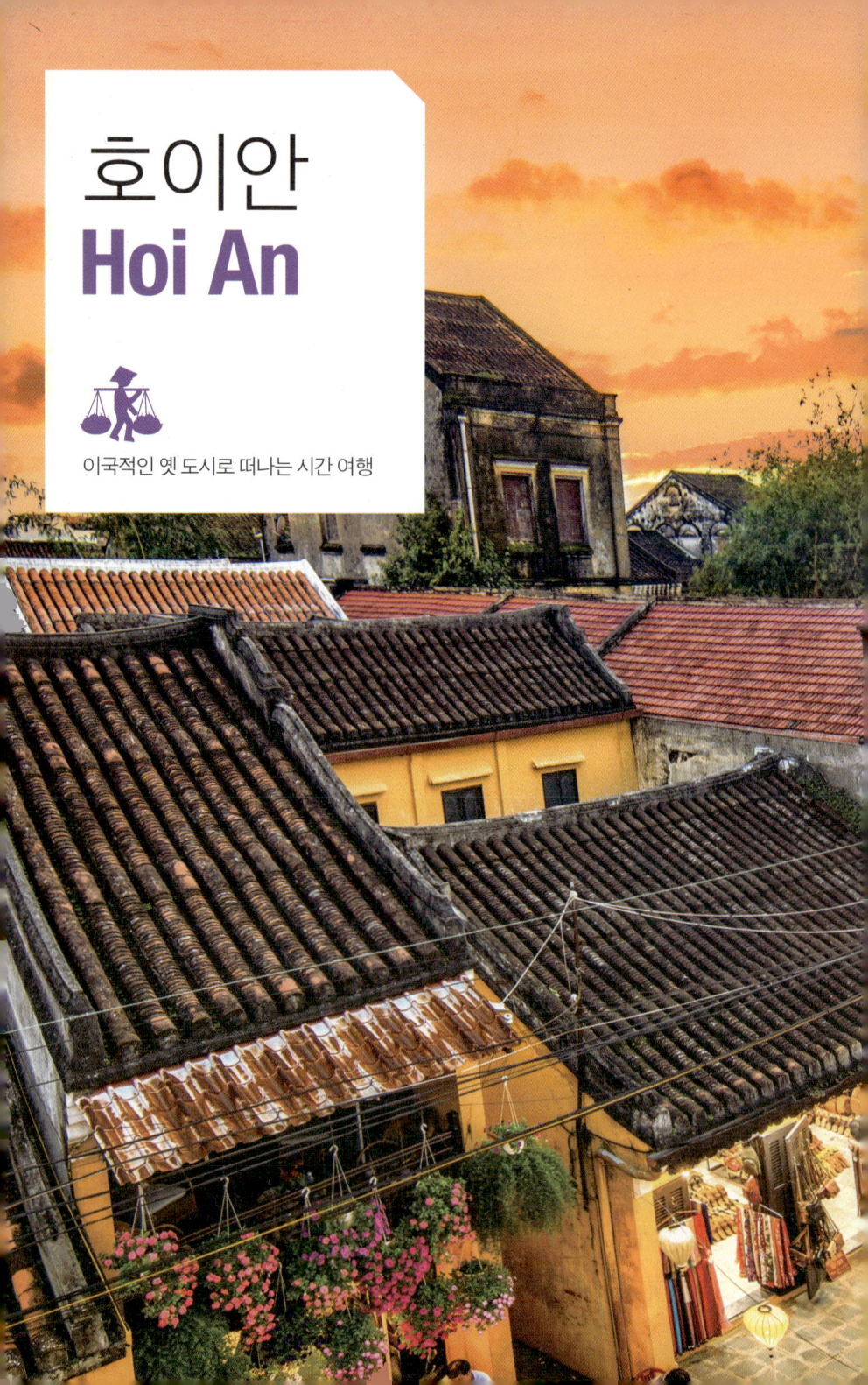

호이안
Hoi An

이국적인 옛 도시로 떠나는 시간 여행

Hoi An

호이안은
어떤 곳일까?

호이안은 다낭에서 남쪽으로 30km 떨어진 작은 마을로 일찍이 외국 무역상의 출입이 빈번했던 국제 항구 도시였다. 이러한 이유로 호이안은 유럽과 중국, 일본 등 여러 나라를 압축해 놓은 듯한 느낌을 주는 건축물로 가득하다. 외국인 중 일본 무역상이 마을에 처음 집단으로 거주하여, 한때 천 명 이상의 일본인이 상주했다고 한다. 이후 중국인이 진출하여 마을에 거주했으며 현재 일본인의 자취는 거의 찾아볼 수 없다. 호이안에는 2200년 전의 것으로 추정되는 도자기 파편이 출토되어 일찍부터 사람이 거주했을 것으로 추정된다. 특히 2세기부터 10세기까지 참파 왕국의 중심지로서 그 위상을 떨쳤다. 인근에 미선 유적지가 대표적이다. 1999년에는 도시 전체가 유네스코 세계문화유산에 등재되었다. 올드 하우스(올드 타운)로 통하는 지역은 쩐 푸(Trần Phú) 거리, 남쪽 응웬 타이 혹(Nguyễn Thái Học) 거리, 강변의 박 당(Bác Đang) 거리 골목이다. 쩐 푸 거리 서쪽 끝에 있는 내원교 주변에 볼거리와 식당, 상점이 몰려 있다.

• BEST SPOT •

- MUST GO   올드 타운, 올드 타운 내 박물관, 미선 유적지
- MUST EAT   포슈아, 호로콴, 반미프엉, 라플라주
- MUST STAY 실크 빌리지, 실크 마리나, 안 리트리트 리조트 & 스파

Hoi An

호이안 드나들기

버스

■ 시외버스

다낭 버스 터미널에서 오전 5시부터 수시로 호이안까지 운행하는 버스가 있다. 버스 요금을 바가지 씌우는 경우가 많으므로 흥정하자. 호이안에서 다낭으로 갈 때는 올드 하우스 서쪽에서 버스를 탄다.

다낭 ↔ 호이안
시외버스 20분 간격
택시 1시간 소요, 편도 40만~45만 동

■ 투어 버스

오픈 티켓을 가지고 있을 경우 해당 목적지까지 무료로 탑승할 수 있다. 기타 각 도시로 이동하는 버스 요금과 시간은 여행사에서 확인하여 구입할 수 있다.

호이안 ↔ 다낭 약 1시간 30분
호이안 ↔ 후에 약 4시간
호이안 ↔ 나트랑 약 11시간

시내교통

■ 택시

호이안 올드 타운은 택시 제한 구간이다. 대로로 나와서 마일린 택시 어플을 이용하자.

> **TIP**
> **그랩 승차 공유 IT 모빌리티 서비스**
> 호이안에서 그랩 카는 비활성화되지만 바이크 그랩, 택시 그랩은 사용 가능하다.

■ 자전거

호이안 올드 타운 안으로는 오토바이나 차량이 들어갈 수 없기 때문에 호이안의 호텔들은 자전거를 대여해 주는 경우가 많다. 사설 자전거 대여소도 있다. 올드 타운에서 끄어다이 비치까지 약 7km 거리인데, 자전거를 타고 이동하는 여행자도 많다. 단, 도로가 좁고 차량과 함께 다니기 때문에 주의가 필요하다.

공항 픽업 서비스
호텔, 리조트, 투어 프로그램을 진행하는 여행사, 소셜 커머스 등에서 공항 픽업(왕복) 서비스를 예약할 수 있다.

Hoi An

호이안
추천 코스

• DAY 1 •

호이안 올드 타운 워킹 코스(6~8시간)

호이안의 핵심 볼거리는 투본강 주변의 올드 타운이라고 할 수 있다. 국제 무역항으로 번성했던 시기의 옛 모습 그대로 보존되어 있으며 자동차와 오토바이가 진입할 수 없는 곳들도 많아 천천히 도보로 돌아보기에 좋다. 인근 해변과 올드 타운의 가옥과 상점들을 방문해 보고 야시장과 마사지로 마무리하는 코스이다.

- **안방 비치** 호이안에서 가장 핫한 해변가
  - 도보 1분
- **라플라주** 안방 비치 인근에 있는 시푸드 레스토랑
  - 차량 15분
- **올드 타운** 아름다운 빛이 매혹적인 소도시
  - 도보 3분
- **포슈아** 착한 가격에 푸짐한 식사를 할 수 있는 곳
  - 도보 10분
- **야시장** 화려한 등불과 다양한 노점이 반기는 시장
  - 도보 7분
- **빌라 드 스파** 가족 단위로 찾아가기 좋은 스파

안방 비치
An Bang Beach, Bãi biển An Bàng

새롭게 떠오르는 힐링 포인트 비치

4km 길이에 이르는 모래 해변으로 다른 곳보다 비교적 한산한 편이어서 휴식하기에 좋다. 건기인 4~9월이 가장 인기 있는 시즌이며 겨울철 서핑 포인트로 찾기도 한다. 해변을 따라 늘어선 레스토랑과 바에서는 라이브 공연이 펼쳐지고 카페들은 브런치 메뉴를 선보인다. 호이안에서 머물고 있다면 안방 비치를 오가는 셔틀이 있는지 확인하도록 하고, 그 외에는 택시 또는 자전거로 이동한다. (자전거 주차 5만 동)

주소 Hai Bà Trưng, Tp. Hội An, Quảng Nam **위치** 호이안 올드 타운에서 약 6km 거리, 택시로 15분 / 해변 입구에 바이 땀 안방(Bãi Tắm An Bàng)의 표지석이 있다.

끄어 다이 비치
Cua Dai Beach, Bãi Biển Cửa Đại

호이안에서 가장 가까운 해변

호이안 동쪽 페리 항구의 끝에서 안방 비치까지 해안을 따라 8km 정도 뻗어 있는 해변으로 호이안에서 가장 가까워 현지인들은 물론 외국인들이 많이 찾는다. 선 라이즈, 선셋 뷰 포인트로 유명하지만 안타깝게도 최근 침식 작용이 가속되고 있어 모래 유실이 빈번해서 해변이 줄어들고 있는 상황이다.

위치 호이안 올드 타운의 동쪽으로 끄어다이 거리를 따라 택시로 15분 이내

호이안 올드 타운
Hoi An Ancient Town, Phố Cổ Hội An

아름다운 빛이 매혹적인 소도시

낮에는 알록달록한 색을 입힌 건물들이, 밤에는 하나둘 등불이 켜지며 화려한 빛이 여행자들의 발목을 붙잡는다. 17~18세기에 지어져 세월이 내려앉은 올드 타운(올드 하우스) 골목골목을 누비고, 베트남 현지 음식을 맛보고, 호이안 스타일의 수공예품을 쇼핑하고, 투본강 소원 배를 즐기려면 반나절, 하루만으로는 부족하다. 시간을 음미하듯 천천히 돌아보도록 하자. 도시 전체가 1999년 유네스코 세계 문화유산으로 지정되었다.

주소 Old Town, Hội An, Quang Nam Province **위치** 쩐 푸 거리와 응웬 타이 혹 거리 **전화** 0235-3861-327 **시간** 08:00~21:30(가게마다 상이) **홈페이지** www.hoianworldheritage.org.vn

호이안의 입장권 구입하기

호이안의 올드 타운을 둘러보기 위해서는 종합 입장권이 필요하다. 매표소 6곳에서 성격이 비슷한 명소를 묶어서 번호를 붙여 판매하는 입장권을 구입해 오후 5시쯤 폐관 전까지 입장하는 곳마다 하나씩 찢어 낸다. 1번 입장권은 3개의 박물관, 2번 입장권은 3곳의 중화 회관, 3번 입장권은 4곳의 전통 가옥, 4번은 전통 음악 콘서트와 수공예품 상점, 5번은 내원교, 꽌꽁 사원 등이다. 호이안 투어 프로그램의 비용에는 올드 타운 입장료가 포함되어 있다.

요금 12만 동

호이안 박물관 Hoi An Center For Cultural Heritage Management & Preservation
Trung Tâm Quản Lý Bảo Tồn Di Sản Văn Hóa Hội An

호이안의 역사를 살펴볼 수 있는 곳
1653년 설립되었으며 콴인사라고도 한다. 참파 시대와 국제 무역항으로 발전한 호이안의 역사적 면모를 이해할 수 있는 박물관이다. 사원이기 때문에 박물관과 같은 모습을 하고 있지는 않지만 전시물은 알차다. 기원전 3천 년경의 것으로 추정되는 청동 제품이 볼 만하다.

주소 Trung tâm Quản lý Bảo tồn Di sản Văn hóa Hội An **위치** 쩐홍다오 거리, 내원교에서 도보 약 9분 **전화** 0235-3862-367 **시간** 07:30~17:00 **홈페이지** hoianheritage.net

도자기 무역 박물관 The Museum of Trade Ceramics, Bảo Tàng Gốm Sứ Hội An

베트남 전통 건축 기법이 돋보이는 박물관
도자기 무역 박물관은 베트남 전통 건축 기법으로 건축되었으며 앞마당과 작은 곁방이 어우러진 2층 건물이다. 중국, 일본, 인도, 아랍 국가 등에서 바닷길로 들어온 430개 이상의 도자기가 전시물의 대다수를 이룬다. 호이안의 현재 모습을 조각한 부조가 볼 만하다.

주소 80 Trần Phú, Phường Minh An **위치** 쩐 푸 거리 **시간** 08:30~17:30 **홈페이지** hoianheritage.net

사후인 문화 박물관 Sa Huynh Culture Museum, Bảo Tàng Văn Hóa Sa Huỳnh

베트남 중부 지방에서 출토된 유물이 전시된 곳
호이안을 중심으로 한 중부 지방에서 출토된 청동기 이전 유물과 청동, 철기, 도자기 제품 등이 전시되어 있다. 또한 선사 시대 때 장례 의식으로 사용되던 도구와 200여 종 이상의 작은 항아리, 빙하기 시대 것으로 추정되는 유물 등, 총 216점이 전시되고 있다.

주소 149 Trần Phú, Phường Minh An **위치** 쩐 푸 거리 **전화** 0235-3861-535 **시간** 07:30~17:00

광둥 회관 Cantonese Chinese Congregation, Hội Quán Quảng Đông

관우를 모시는 사당
1885년 광둥 출신 화교들이 관우를 모시기 위해 건립한 사당이자 집회소이다. 회관 내부에는 삼국지의 주인공인 유비, 관우, 장비의 그림이 걸려 있다. 나무에 조각한 정문이 이색적이다.

주소 176 Trần Phú, Phường Minh An **위치** 쩐 푸 거리 서쪽 내원교 근처 **시간** 06:00~7:30, 13:00~17:30 **전화** 0235-3861-736

푸젠 회관 Fujian Chinese Congregation, Hội quán Phúc Kiến

호이안에서 가장 크고 화려한 중국 향우 회관
복건성 출신 상인들의 친목 도모를 위해 건립했다. 이후 그들이 숭배하는 띠엔 허우를 모시기 위한 사원으로 탈바꿈했다. 1975년 만들어진 3개의 문을 통과해야 중앙당에 이를 수 있다. 띠엔 허우뿐만 아니라 재물신 등 광동인들이 숭배하는 여러 신들을 위한 제단이 있다.

주소 46 Trần Phú, Cẩm Châu **위치** 쩐 푸 거리 맞은 편 **시간** 07:00~17:00

조주 회관 Trieu Chau Assembly Hall, Hội Quán Triều Châu

조주 출신 상인들의 친목 도모 회관

1845년 조주(중국 차오저우시) 출신 상인들이 바람과 파도의 신을 기리고 친목 도모를 위해 만든 회관으로 벽과 재단의 목재에 새겨진 자기 장식이 예술미를 더한다. 재단 앞 문에는 일본풍의 의복을 갖춘 두 명의 중국인 소녀가 조각되어 있다.

주소 360 Nguyễn Duy Hiệu, Cẩm Châu **위치** 응웬 주이 히에우 거리의 시장 옆 **시간** 08:00~17:00

하이난 회관 Hainan Chinese Congregation, Hội quán Hải Nam

중국 하이난섬 출신 상인들의 친목 도모 회관

하이난섬 출신 108명의 상인들이 1883년 친목 도모를 위해 세운 회관이다. 상인들은 베트남으로 항해를 하다가 꽝남성에서 해적을 만나 일부는 죽고 살아남은 자들이다.

주소 10 Trần Phú, Cẩm Châu **위치** 쩐 푸 거리 끝, 조주 회관 근처 **시간** 08:00~17:00

중화 회관 Trung Hoa Assembly Hall, Hội quán Ngũ Bang

호이안 거주 화교들의 회관

호이안에 거주하고 있는 중국 화교들이 친목 도모를 위해 1773년 자비로 세운 회관이다.

주소 64 Tran Phu **위치** 쩐 푸 거리

떤 키 고가 Tan Ky House, Nhà Cổ Tấn Ký

호이안의 전통적인 고가

19세기 초에 지어진 가옥으로 베트남 전통 가옥 형태에 게 껍데기 모양의 천장을 한 일본 건축 기법과 곳곳에 쓰인 한자 등 중국의 건축 기법이 어우러진 호이안의 전형적인 고가(古家)다. 집 뒤쪽에 강이 있는데 과거에는 호이안에 머무르던 외국 상인들이 잠시 투숙했다고 한다. 지금도 이 집을 지은 7대 후손이 거주하고 있는데, 능숙한 영어와 불어로 관광객에게 상세한 설명을 제공하고 있다.

주소 101 Nguyen Thai Hoc **위치** 응웬 타이 혹 거리 **시간** 08:30~12:00, 14:00~17:45

쩐가 사당 Tran Family Chapel, Nhà thờ tộc Trần

진 씨 가문의 사당
1700년경 중국에서 베트남으로 이주한 진(陳) 씨 가문의 사당으로 지은 지 200년이 넘었다. 중앙 정원을 비롯하여 중국과 일본의 건축 기법과 양식이 뒤섞여 아름다움을 더한다. 사당 내부는 제를 지내는 곳과 후손들이 생활하는 곳으로 분리되어 있다.

주소 21 Lê Lợi, Phường Minh An **위치** 레 러이 거리 **시간** 08:00~17:00

풍흥 고가 Phung Hung Old House

풍흥이라는 거상이 지은 집
200년 전 지은 가옥으로, 베트남 건축 양식에 중국, 일본의 기법이 혼합되어 있다. 현재는 거상 풍흥의 8대 후손이 거주하며 직접 만든 토산품도 판매한다.

주소 4 Nguyễn Thị Minh Khai, Phường Minh An **위치** 내원교 근처 **시간** 08:00~18:00

쩐 드엉 고가 Tran Duong House

19세기 개인 주택
19세기에 지어진 쩐 드엉의 가옥으로, 현재 거주하는 후손 쩐 드엉 씨가 왜 길이가 62m나 되는지에 대해 상세하게 설명해 준다.

위치 판 보이 쩌우 거리

디엡 덩 응웬 고가 Diep Dong Nguyen House

중국 상인이 지은 집
19세기 후반 중국 상인이 지은 가옥이다. 전시된 물품 중에서 의자 2개는 바오 다이 황제가 잠시 빌려 쓴 것이라고 한다.

주소 58 Nguyễn Thái Học, Phường Minh An **위치** 응웬 타이 혹 거리 **시간** 08:00~12:00, 14:00~16:30

수공예 상점

수공예품 공장 관람
4번 입장권으로는 전통 음악과 수공예품을 만드는 공장을 구경할 수 있다. 별도의 입장료를 지불하고 입장권을 구매해야 하기 때문에 사실 4번 입장권은 무용지물이다.

꽌탕 고가 Quan Thang Old House, Nhà cổ Quân Thắng

300여 년 전에 지은 집
'쩐 푸 거리 77번지'로 통한다. 폭이 좁고 안쪽으로 긴 집 구조는 이곳도 마찬가지다. 목재 조각이 상당히 아름답다.

주소 77 Trần Phú, Phường Minh An **위치** 쩐 푸 거리 **전화** 0398-962-070

꽌꽁 사원(관우 사당) Quan Cong Temple, Quan Công Miếu

관우를 모시는 사당
1653년 만들어진 사원으로 중앙 제단에 관우상, 왼쪽으로 관우의 수호신이 모셔져 있다. 잉어 풍경이 있는데 잉어는 중국인들에게 인내의 상징이다. 내부에서 역사·문화 박물관으로 이동할 수 있다.

주소 24 Trần Phú, Cẩm Châu **위치** 쩐 푸 거리 **전화** 0235-3861-327

내원교(來遠橋) Japanese Covered Bridge, Chùa Cầu Hội An Quảng Nam

일본인들이 세운 다리
1593년 중국인 거주지와 연결하기 위해 일본인들이 세운 다리다. 입구와 출구에는 각각 원숭이상과 개상이 있는데, 일본 왕들이 개와 원숭이에서 태어났다는 설과 원숭이 해에 다리가 건설되기 시작해 개의 해에 완공되었다고 해서 이 조각상을 세워 두었다는 설이 있다. 다리 가운데에는 항해의 안전을 기원하는 까우 사원이 있다. 전설에 따르면 머리는 인도, 몸통은 베트남, 꼬리는 일본에 둔 아주 큰 꾸(Cu)라는 괴물이 살았는데, 괴물이 움직이면 홍수나 지진이 발생했다고 한다. 꾸를 없애기 위해 꾸의 약점이 있는 이곳에 내원교를 세웠다고도 한다.

주소 Nguyễn Thị Minh Khai, Phường Minh An **위치** 호이안 올드 타운 내, 안호이 다리와 박 당 거리가 만나는 곳

호이안 야시장
Hoi An Night Market, Chợ Đêm Hội An

화려한 등불과 다양한 노점이 반기는 시장
투본강 건너편에 저녁마다 들어서는 재래시장으로 현지인이 수작업을 만든 각종 공예품과 장신구, 생활용품을 판매한다. 즉석으로 정성껏 구워 주는 꼬치와 시원한 주스로 열대과일까지 다양한 길거리 음식을 맛볼수 있다. 시장이다 보니 정찰제 개념이 아니어서 적당한 흥정은 필수다.

주소 Nguyễn Hoàng, Phường Minh An **위치** ❶ 올드 타운에서 600m 거리, 도보 8분, ❷ 빌라 드 스파 호이안에서 도보 7분 **시간** 16:30~22:00(가게마다 상이) **홈페이지** www.facebook.com/HoiAnNightmarkets

빌라 드 스파 호이안
Villa de Spa Hoi An

한국인이 운영하는 부티크 스파

투본강변에 위치한 3층 규모의 부티크 스파로 전신 아로마, 핫 스톤, 알로에, 풋, 키즈 마사지와 임산부를 위한 코스까지 다양한 프로그램이 있다. 무엇보다 태국 황실이 선정한 친환경 브랜드 탄(Thann) 제품을 이용한 프리미엄 마사지가 2~3만 원대이다. 동행과 프라이빗 룸에서 함께 마사지를 받을 수 있고, 10세 이하 아동도 동일한 수준의 마사지를 제공하기 때문에 가족 여행자에게도 만족도가 높다. 또한 아이를 위한 놀이방도 있다(베이비시터 비용 별도). 아늑하고 관리가 잘된 룸 내부에는 개별 샤워실과 파우더룸이 있으며, 일회용 페이셜 쿠션 커버, 일회용 반바지를 사용해 위생 관리에 신경을 썼다. 재방문, 사전 예약, 해피아워(10:30~14:00) 이용 시 할인 혜택 등 다양한 프로모션을 진행한다. 한국어 구사, 호이안 내 픽업·드롭 무료 서비스, 달러와 원화 사용, 심지어 계좌 이체도 가능하다.

주소 16 Thoại Ngọc Hầu, Phường Minh An, Hội An, Quảng Nam **위치** 올드 타운에서 1.0km 거리, 도보 12분 투본강변 **시간** 10:30~22:30 (라스트 오더 21:30, 1시간 코스만 가능) **전화** 0235-3915-440 (카카오톡 : 빌라 드 스파 호이안) **요금** 아로마 마사지(60분) 51만 동, 프리미엄 아로마 마사지(60분) 62만 동, 키즈 마사지(60분) 41만 동, 베이비시터(60분) 3달러

도자기 마을
Công viên Đất nung Thanh Hà

도자기 공예품 만드는 모습을 볼 수 있는 마을

예부터 도자기, 벽돌, 타일 등으로 유명했던 탄하에 있는 작고 소박한 도자기 공방 마을이다. 중간에 있는 작은 카페에서 단돈 1달러에 판매하는 코코넛 커피와 망고 셰이크를 마시며 산책하듯 가볍게 돌아보기 좋은 곳이다. 마을의 가장 큰 볼거리는 도자기 박물관(테라코타 파크)이다.

주소 Duy Tân, Thanh Hà **위치** 올드 타운에서 3.1km 거리, 택시로 8분

도자기 박물관 THANH HÀ Terra Cotta Park

도자기 작품과 세계 랜드마크를 한곳에

도자기 마을 입구에 위치한 박물관으로 호이안 건축 양식과 조각품, 도자기 공예품이 전시되어 있다. 2개 건물로 이루어져 있으며 역사와 전통, 문화, 공예품 전시 등 층마다 다른 주제로 꾸며져 있다. 옛 베트남 현지인들의 삶을 엿볼 수 있는 도자기 벽화와 생활용품, 1층 중앙 정원의 세계 각국 랜드마크를 도자기로 만들어 놓은 작품이 눈길을 끈다. 지하에는 기념품 숍과 도자기 체험장이 있다.

주소 Block 5, Thanh Hà ward **위치** 올드 타운에서 3.1km 거리, 택시로 8분 **전화** 0235-3963-888 **시간** 08:30 ~17:30 **요금** 4만 동 **홈페이지** thanhhaterracotta.com

추 딴 사원
Chu Thanh Pagoda, Chùa Chúc Thánh

호이안에서 가장 오래된 사원

1454년 중국인 승려 민 하이(Minh Hải)가 사원을 세울 당시 같이 만든 종, 돌 징, 나무 징 등이 보존되어 있다. 붉게 채색된 나무 지붕에 한자어가 조각되어 있어 더 멋스럽다.

주소 Khu Vực 7, Phường Tân An **위치** 호이안 올드 타운에서 2km 떨어진 거리 **전화** 0235-3861-099 **홈페이지** phatgiaoquangnam.com

추천 식당

포슈아
Phố Xưa

얇고 부들부들한 면과 깔끔한 국물이 입에 착착 감기는 쌀국수와 바삭바삭한 반쎄오, 단짠 맛의 진수 분짜를 선보이는 베트남 음식점이다. 3~4가지를 주문해도 한국 돈으로 만 원이 채 안 되는 착한 가격에 푸짐하게 식사를 즐길 수 있다. 한 가지 아쉬운 점은 규모가 작다는 것인데, 최근 인기에 힘입어 차량으로 4~5분 거리의 강변에 2호점이 오픈하였다. 지점간 거리는 멀지 않지만, 매일 저녁 6~9시 왕복 무료 셔틀을 제공하고 있어 대기가 길 경우 가볼 만하다. 메뉴와 가격은 동일하다.

주소 (1호점) 35 Phan Chu Trinh, Phường Minh An, (2호점) 81 Trần Quang Khải, Cẩm Châu **위치** (1호점) 내원교에서 도보 7분, (2호점) 내원교에서 도보 20분 **시간** (1호점) 10:00~21:00, (2호점) 09:15~21:30 **전화** (1호점) 098-3803-889, (2호점) 098-3082-784 **가격** 분짜 5만5천 동, 소고기 쌀국수 4만 동, 반쎄오 5만 동 **홈페이지** (1호점) phoxuarestaurant.net, (2호점) hoahienrestaurant.com

라플라주
La Plage

이국적인 정취가 물씬 풍기는 안방 비치를 만날 수 있다. 해변을 따라 레스토랑이 들어서 있고 라플라주는 가장 안쪽에 있지만, 캐주얼한 로컬 분위기와 가격 대비 만족스러운 맛으로 관광객이 즐겨 찾는 곳이다. 해먹, 그네 등 아이들이 놀 수 있는 공간도 있어서 가족 여행자들에게 좋다. 총알 오징어, 구운 가리비 등의 인기 해산물 요리를 한국보다 저렴한 가격으로 맛보자. 음료를 제외하면 모든 음식의 사진이 메뉴판에 있어 주문이 수월하고, 직원들도 어느 정도의 한국어 소통도 가능하다. 오후 4시 이후에 방문해 여유롭게 식사하며 선셋을 즐기는 것도 좋다.

주소 the beach, far right, the last restauran **위치** 호이안 중심가에서 약 4km 택시로 5분, 안방 비치 내 **시간** 08:00~21:00 **전화** 0773-794-392 **가격** 총알 오징어 10만 동, 가리비구이 9만 동, 해산물 볶음밥 9만 5천 동 **홈페이지** laplagebeachbar.wordpress.com

호로콴
Hố Lô quán

2015년 트립어드바이저에 선정된 맛집으로 시원한 에어컨이 있는 곳에서 호불호 없는 베트남 음식을 맛볼 수 있다. 대표 메뉴는 먹기 좋게 껍데기를 벗긴 달콤한 새우 반, 양파 반, 그리고 매콤 새콤한 칠리 소스가 입맛을 돋우는 타마린 새우가 함께 제공되는 스팀 라이스다. 또한 반 쎄오는 어디서나 흔하게 맛볼 수 있는 메뉴지만 호로콴에서는 쌈장 맛과 비슷한 특색 있는 땅콩 소스를 제공한다. 유명세에 비해 공간이 협소하지만, 2층에도 테이블이 있고 비교적 음식이 빠르게 제공되는 편이라 회전율이 좋다. 1층에 대기하는 공간이 따로 있는데, 명단이나 번호를 적는 시스템은 아니기 때문에 순서를 잘 기억하자.

주소 20 Trần Cao Vân, Phường Cẩm Phô **시간** 11:00~22:00 **위치** 올드 타운에서 1km거리로 도보 10분, 택시로 4분 **전화** 0901-132-369, 0905-233-647 **가격** 타마린 새우 11만 2천 동, 반쎄오 8만 동, 분짜 7만 5천 동

반미 프엉
Bánh Mì Phượng

호이안에서 맛있고 가격도 저렴하기로 소문난 반미 전문점 중 하나다. 입구부터 현지인과 여행자로 늘 북새통을 이루지만, 포장 손님이 대부분이고 직원들이 1~2분이면 금방 만들기 때문에 맛보기까지 오랜 시간이 걸리진 않는다. 약 10여 종의 반미 메뉴가 있는데, 현지의 맛을 경험해 보고 싶다면 믹스 반미, 한국인의 입맛에 잘 맞는 메뉴를 원한다면 에그비프 반미를 추천한다. 기본적으로 고수가 들어가기 때문에 원치 않는다면 따로 요청하자. 메뉴판을 보고 번호로 주문하면 되고, 현금 결제만 가능하다.

주소 2b Phan Chu Trinh, Cẩm Châu **위치** 조주 회관에서 도보 2분 **시간** 06:30~21:30 **전화** 0905-743-773 **가격** 믹스 반미 2만 5천 동, 에그 비프 반미 3만 동 **홈페이지** tiembanhmiphuong.blogspot.com

하이 핀 커피 하우스
Hi Phin Coffee House

단맛이 적고 커피 맛이 진한 코코넛 커피와 라떼가 맛있는 곳이다. 호로콴 바로 옆에 있어 식후에 방문하기 좋다. 입구에 들어서면 은은하게 퍼지는 신선한 커피 향이 좋다. 층고가 높고 개방형 구조라 선풍기만으로도 쾌적하지만, 1층 안쪽에 에어컨이 있는 룸도 갖추고 있으니 참고하자. 무료 와이파이를 제공하며 테이블에 콘센트도 있다. 시설과 커피 맛에 비해 겸손한 가격이 인기의 비결이다.

주소 16 Trần Cao Vân, Phường Cẩm Phô **위치** 호로콴에서 도보 1분 **시간** 07:00~22:00 **전화** 0905-466-001 **가격** 코코넛 커피 3만 3천 동, 카페라테 3만 7천 동

베일웰
Bale well

반쎄오 맛집으로 여행자들 사이에서 이미 유명한 식당이다. 반쎄오란 쌀가루 반죽에 해산물과 고기 등 각종 속 재료를 넣고 반원 모양으로 부쳐낸 베트남식 부침개로, 야채, 꼬치 등과 함께 라이스페이퍼에 싸 먹는다. 자리에 앉으면 별다른 주문 없이 인원 수에 맞춰 음식을 내 준다.

주소 51 Trần Hưng Đạo, Phường Minh An **위치** 호이안 올드 타운 내 **시간** 10:00~22:00 **전화** 0908-433-121, 0235-3864-443 **가격** 1인 세트 12만 동, 소프트드링크 1만 5천 동, 칵테일 5만 동

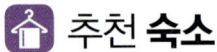
추천 **숙소**

빅토리아 호이안 비치 리조트 & 스파
Victoria Hoi an Beach Resort & Spa

한쪽은 바다를, 다른 한쪽은 강을 향해 있으며 마치 작은 어부의 마을처럼 지어져 정겹다. 작은 거리와 연못들이 역사적인 도시의 분위기를 한층 살려 준다.

주소 Biển, Âu Cơ, Cửa Đại **위치** 호이안 도심에서 5km **가격** $98~ **전화** 0235-3927-040 **홈페이지** victoriahotels.asia

안 리트리트 리조트 & 스파
Ann Retreat Resort & Spa

총 76개의 객실을 갖추고 있으며 베개 종류를 선택할 수 있고, 목욕용품이 세심하게 마련되어 있다. 야외 수영장, 아동용 수영장, 레스토랑, 바, 라운지의 편의 시설이 있다. 도심의 명소들과 볼거리들을 둘러보기에 편리한 위치를 자랑한다.

주소 47 Thoại Ngọc Hầu, Phường Cẩm Phổ, Hội An, Quảng Nam **위치** 올드 타운에서 1.3km 택시로 5분, 호이안 야시장에서 도보 11분 **가격** $71~ **전화** 0235-3924-924 **홈페이지** annretreatresort.com

호이안 실크 빌리지
Hoi An Silk Village

해변에 자리한 호텔로 호이안 올드 타운과 가깝다. 131개의 객실, 2개의 레스토랑, 2개의 야외 수영장과 피트니스 센터, 스파 서비스를 갖추고 있다. 수영장을 둘러싼 빌라 형태로 편안한 느낌을 주며 호텔 내 마사지와 룸서비스의 평이 높다.

주소 28 Nguyễn Tất Thành, Tân An, Quảng Nam **위치** 올드타운에서 1.7km 택시로 6분 **가격** $68~ **전화** 0235-3921-144 **홈페이지** hoiansilkvillage.com

호이안 실크 마리나 리조트 & 스파
Hoi An Silk Marina Resort & Spa

호이안 투본강 인근에 위치한 4성급 리조트로 101개의 객실, 전용 해변, 레스토랑, 바, 라운지, 풀 서비스의 스파를 갖추고 있다. 무료 키즈 클럽, 무료 셔틀 서비스로도 인기가 있다.

주소 74 18 Tháng 8, Phường Minh An, Hội An, Quảng Nam **위치** 올드 타운에서 1.1km 택시로 4분, 호이안 야시장에서 450m 도보 5분 **가격** $82~ **전화** 0235-3938-888 **홈페이지** hoiansilkmarina.com

팜 가든 리조트 호이안
Palm Garden Resort Hoi An

수백 그루의 야자수와 코코넛 나무로 둘러싸인, 호이안에서 조경이 제일 잘 꾸며진 리조트이다. 스파 또한 호이안 최고를 자랑한다.

주소 Lạc Long Quân **위치** 호이안 도심에서 5km **가격** $96~ **전화** 0235-3927-927 **홈페이지** palmgardenresort.com.vn

선라이즈 프리미엄 리조트
Sunrise Premium Resort Hoi An

끄어다이 해변 앞 호텔로, 전 객실에서 해변을 바라볼 수 있는 5성급 호텔이다. 호이안의 올드 타운과는 거리가 있지만, 모던한 인테리어를 비롯해 호텔 내 수영장과 편의 시설이 잘 되어 있어 인기가 좋다. 해변이나 주요 관광지로 가기 위해서는 호텔에서 운영 중인 유료 셔틀 버스를 이용해야 한다.

주소 Âu Cơ, Cửa Đại **위치** 호이안 도심에서 5km **가격** $115~ **전화** 0235-3937-777 **홈페이지** sunrisehoian.vn

벨 메종 하다나 호이안 리조트 & 스파
Belle Maison Hadana Hoi An Resort & Spa

호이안 올드 타운에서 500m 지점에 있어 관광 후 호텔까지 도보로 이동 가능하다. 중급 호텔로 프랑스풍과 베트남풍의 조화로운 건축 양식이 눈에 띈다. 친절한 서비스와 깔끔한 시설을 갖추었다. 스파와 수영장, 미니 바 등 투숙객을 위한 편의 시설이 잘 마련되어 있다.

주소 538 Cửa Đại, Cẩm Châu **위치** 호이안 도심에서 1.3km **가격** $49~ **전화** 0235-3757-666 **홈페이지** bellemaisonhadana.com

탄 빈 리버사이드 호텔
Thanh Binh Riverside Hotel

베트남 국영 여행사에서 운영하는 호텔로 85개의 객실을 갖춘 호이안 최대의 호텔이다. 관광지와의 접근성이 좋고 객실도 넓은 편으로 가격 대비 만족스러운 곳이다.

주소 Hamlet 5, Nguyễn Du, Phường Minh An **위치** 호이안 도심에서 850m **가격** $38~ **전화** 0235-3922-923 **홈페이지** thanhbinhriversidehotel.com

빈 흥 1 헤리티지 호텔
Vinh Hung 1 Heritage Hotel

125년 된 중국 상인의 집을 호텔로 개조해 고풍스러운 멋이 있다. 쩐 푸 거리에 있어서 시내와의 접근성도 좋다. 조식과 석식으로 베트남 가정식이 제공되며 객실이 12개밖에 없으므로 미리 예약해야 한다. 다만 건물이 오래된 만큼 시설이 노후하다.

주소 143 Trần Phú, Phường Minh An, Hội An, Quảng Nam **위치** 호이안 도심에서 140m **가격** $62~ **전화** 0235-3861-621 **홈페이지** vinhhungheritagehotel.com

• Plus Area 1 •

미선 유적지
Khu Đền Tháp Mỹ Sơn, MY SON Sanctuary

참파 왕국의 성지

투 본 강 유역 정글에 위치한 미선 유적지는 참파 왕국의 성지였다. 이 유적은 4세기 말 참파 왕이 시바신을 모시는 목조 사당을 지으면서 조성되기 시작했으나 화재로 소실된 후 7세기에 들어 벽돌로 재건되었다. 19세기 초 프랑스 고고학자 앙리 파르망티에 의해 세상에 드러났으나 베트남 전쟁 중에 미군의 폭격으로 대부분의 유적지가 파괴되었다. 불교 중심 문화에서 드문 힌두교 건축 문화 유적임을 인정받아 1999년 유네스코 세계 문화유산에 등재되었다. 폐허는 현재도 재건 중이다. 70여 개의 건축물이 주변에 흩어져 있는데, A부터 H까지 번호를 붙인 건물만 일반인에게 공개하고 있다. 볼만한 것은 B, C, D 그룹이며 나머지 그룹은 거의 파괴되었다. 호이안 여행사 프로그램을 이용하면 하루에 1~4달러의 비용으로 다녀올 수 있다.

주소 Thanh dia My son, Duy Phu, Huyen Duy Xuyen, Quang Nam **위치** 호이안에서 택시로 1시간, 다낭이나 호이안 외곽의 올드 타운에서 택시로 1시간 30분

투어의 구성

■ 미선 유적지의 1일 투어

호이안 내 픽업 서비스를 시작으로 미선 유적지를 그룹 가이드 투어로 방문한다. 추가 옵션으로 투본강에서 보트를 타고 올드 타운 야시장 근처에 내려주는 옵션도 선택 가능하다. 물, 모자, 선글라스, 자외선 차단제 등을 준비하는 것이 좋다.

오전 투어 07:30~, 08:00~ / 여름 06:00~, 겨울 05:30~
오후 투어 버스 & 보트 08:00~14:30
민속 공연 시간 화~일 09:30, 10:30, 14:30
요금 15만 동~ / 버스 & 보트 20만 동~ / 미선 유적지 입장료 15만 동 / 투어 가이드와 기사 팁 별도

참족 그리고 역사 속의 참파 왕국

중국의 기록에 따르면, 기원후 192년 베트남 후에 지역의 지방 관리인 키우 리엔(Kiu Liên)이 한(漢)으로부터 독립하여 참파 왕국이 분명한 린이(Linyi) 왕국을 건설하였다. 참파 왕국의 기원이 중국에 있음에도, 정치 체제나 문화 요소를 수용하지 않았다. 오히려 4세기 중엽 후난(Funan, 扶南) 왕국을 병합하고, 후난 왕국에 뿌리내린 힌두·불교적 세계관을 수용하였다. 참파 왕국은 중앙집권적 독립 왕국 체제를 유지하였지만, 영토 대부분이 험준한 산지라 여러 지역으로 분할 통치되었다. 대체로 기름진 북부 지역은 농업에 유리했지만, 베트남·중국·앙코르 왕국의 위협에 노출되어 있었다는 결정적인 단점도 있었다. 반면 남부 해안 지역은 동쪽으로 베트남에 가로막혀 있었지만 이들의 주요 경제 활동인 해상 무역에는 이렇다 할 무리가 없었다. 이런 영토 조건 탓에 참파 왕국의 북부 지역은 인도화된 신권 정치 체제가 공고해진 반면 남부 지역은 다양한 문화를 접할 기회가 있었다. 참파 왕국은 남쪽으로 해양부 동남아에 노출된 지리적 조건 탓에 8세기경부터 해양 세력의 빈번한 침략을 받았다. 결국 1471년 레 타인 통(Lê Thánh Tông : 재위 1460~1497)이 이끄는 베트남군의 공격을 받고 급격히 쇠퇴하였다. 6만 명 이상의 참족이 사망하거나 포로로 끌려갔고, 이후 베트남의 끈질긴 공세에 밀려 멸망하게 되었다. 살아남은 참족은 베트남, 캄보디아, 말레이시아 등지로 뿔뿔이 흩어지게 되었다.

후에(훼)
Hue

베트남의 역사와 문화의 수도

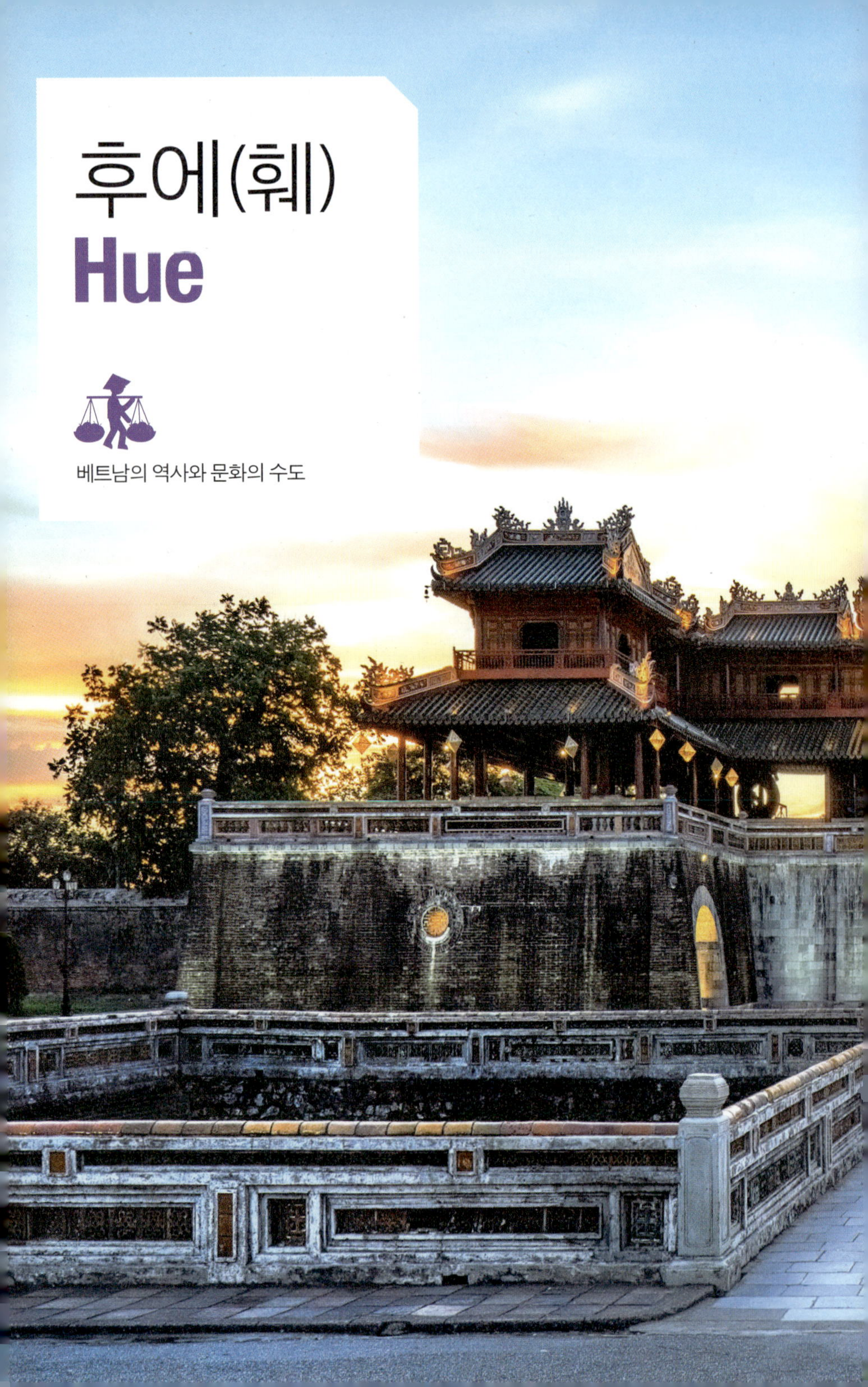

후에 시내

Tinh Gia Vien Restaurant ®
띤 지아 비엔 레스토랑

Lê Thánh Tôn
Đinh Tiên Hoàng
Hàn Thuyên

Hue Museum of Royal Antiquitie
후에 궁정 박물관

황궁
Grand Palace, Dai Noi

태화전
Điện Thái Hòa

매표소

응오 몬
Cửa Ngọ Môn

국기대
Kỳ Đài

Lê Huân

Trần Hưng Đạo

Nguyễn Trãi

Lê Duẩn

Đường Ông Ích Khiêm

Lê Duẩn

Cầu Phú Xuân

Lê Lai

Nguyễn Trường Tộ

권혁(국학)
Trường THPT Chuyên Quốc Học Huế

호찌민 박물관
Bảo tàng Hồ Chí Minh

Bùi Thị Xuân

실크 패스 그랜드 호텔 후에
Silk path Grand Hotel Hue ⓗ

Điện Biên Phủ

ⓗ Mondial Hotel Hue

Phan Chu Trinh

Phan Đình Phùng

Phan Bội Châu

Nguyễn Thiện Kế

100m

Hue

후에는
어떤 곳일까?

후에는 '평화의 도시'라는 뜻의 타인 화(Thanh Hóa)로 불렸으며, 베트남 마지막 왕조인 응웬 왕조(1802~1945)의 수도가 된 이후부터 현재의 지명이 되었다. 한때 수도로 번영했던 만큼 다양한 문화유산이 남아 있으나 베트남 전쟁 당시 남베트남과 북베트남의 최대 격전지가 되어 왕도 대부분이 황폐해졌다. 1990년대 들어 지방 정부가 후에의 가치를 자각하기 시작해 관광지로 개발하기 시작했으며, 1993년에 유네스코 세계 문화유산에 등록되었다. 후에는 베트남에서 유일하게 유적지 관광이 가능한 도시이기에 입장료가 많이 들어가는 편이다. 후에는 흐엉강(Sông Hương)을 사이에 두고 북쪽의 올드 타운과 남쪽의 신시가지로 나뉘며 짱띠엔 다리와 푸쑤언 다리가 양쪽을 잇는다. 올드 타운에는 황궁 등 응웬 왕조의 유적지와 동바 시장이 있다. 신시가지에는 호텔, 레스토랑, 토산품점, 여행사가 밀집되어 있다. 흐엉강을 따라 남쪽으로는 역대 황제들의 무덤이 있는데, 후에의 여행사 투어 프로그램에 참여하면 보트를 타고 이곳을 쉽게 둘러볼 수 있다. 또는 자전거를 타고 둘러볼 만한 거리다.

• BEST SPOT •

- `MUST GO` 황궁, 여행자 거리, 후에 내 박물관
- `MUST EAT` 안푸 레스토랑, 만다린 카페, 호아 마이 레스토랑
- `MUST STAY` 빈펄 호텔 후에, 임페리얼 호텔, 인도차인 팰리스

Hue

후에 드나들기

비행기

후에 시내에서 약 15km 거리의 푸바이 국제공항은 2005년부터 베트남 국내선이 취항하고 있고, 후에 황궁을 모방해 제2 여객 터미널 확장 공사를 진행 중이다. 2021년경 완공되면 연간 500만 명의 승객을 수용할 수 있다고 한다. 우리나라에서 후에로 이동하는 국제선 직항편은 없지만, 국내선을 경유하여 하노이에서 1시간 15분, 호찌민에서 1시간 25분, 달랏에서 1시간 10분 정도 소요된다.

주소 Khu 8, Phuong Phu Bai, Thi Xa Huong Thuy, Tinh Thua Thien Hue **위치** 후에 시내에서 약 15km **전화** 0234-3861-131 **홈페이지** vietnamairport.vn/phubaiairport

■ 공항에서 시내로 이동하기

공항 택시

푸바이 국제공항 주변에는 택시가 많이 대기하고 있다. 요금은 미터기 기준이며 거리 병산제로 계산한다. 공항에서 후에 시내로 이동하는 공인 택시 비나선, 마이린 브랜드를 추천한다.

공항 픽업 서비스

호텔, 투어 프로그램을 신청한 여행사에서 공항 픽업 서비스를 예약하거나, 사설 업체에서 여러 그룹 또는 한 팀끼리 이동할 수 있는 공항 픽업(왕복) 서비스를 예약하면 편리하다.

홈페이지 (클룩) www.klook.com, (케이케이 데이) www.kkday.com

버스

■ 시외버스

오픈 투어 버스의 조건이 좋아서 여러 모로 열악한 환경의 후에 시외버스를 이용하는 여행자는 드물다. 후에 북부(동하, 라오바오, 빈 등)행 시외 버스는 후에 도심에서 북쪽으로 5km 거리의 외진 곳에 있는 피아박 버스 터미널(Northern Bus Station Hue)을, 후에 남부(다낭, 호이안, 달랏, 나트랑, 호찌민 등과 라오스행 국제 버스)행 시외 버스는 피아남 버스 터미널(Southern Bus Station Hue)을 이용한다.

피아박 버스 터미널 132 Lý Thái Tổ, An Hòa
피아남 버스 터미널 57 An Dương Vương, An Đông

■ 오픈 투어 버스

신시가지의 여러 여행사와 호텔에서 각 도시 관광 명소로 가는 오픈 투어 버스의 요금과 출발 시간을 미리 확인하고 예매할 수 있다. 특히, 3시간 30분 동안 아름다운 경치를 감상할 수 있는 후에↔다낭 구간의 오픈 버스(슬리핑 버스)가 인기 있다. 지방으로 출발하는 버스는 오전과 오후에 한 차례씩 출발한다. 여권을 지참하고 신 투어리스트 후에 오피스를 이용하도록 한다.

시간 다낭↔후에 약 3시간 30분, 호이안↔후에 약 4시간, 하노이↔후에 약 13시간 **홈페이지** (신 투어리스트) thesinhtourist.vn

■ 기차

하노이 기차 B역↔호찌민(사이공) 기차역을 종단하는 통일 열차가 후에 역에 정차한다. 하노이에서 13시간, 다낭에서 2시간 30분~3시간 40분, 나트랑(냐짱)에서 12시간이 소요된다.

주소 2 Bui Thi Xuan Street, Huế, Thừa Thiên - Huế **위치** 후에 여행자 거리에서 신시가지 서쪽 끝 레 러이(Lê Lợi) 거리를 따라 택시로 5분 **시간** (예매) 07:30~17:00 **홈페이지** (국영 철도청) dsvn.vn, (베트남 철도 예약 전용) www.baolau.com/en, (베트남 기차 티켓 예약 에이전시) vietnam-railway.com

시내교통

■ 택시
호텔 주변에는 택시가 많이 서 있다. 후에 시내를 이동할 때 택시(비나선, 마이린, 티엔사 등의 택시 브랜드 추천)를 가장 많이 이용한다. 미터기 요금제로 기본요금은 1만 3천 동 정도이며 1km당 1만 동 정도 나온다고 보면 된다. 황릉이나 티엔무 사원 등 후에 시티 투어를 할 때는 미리 가격을 흥정해서 이용하자.

■ 보트
흐엉강을 따라 후에 시내를 관광하는 보트 투어가 인기 상품이다. 보트는 용머리와 긴 꼬리의 외형을 갖추고 있는 형형색색의 드래곤 보트와 일반 보트로 나눌 수 있다. 일반 보트를 이용하여 남쪽의 왕릉과 티엔 무 파고다를 포함한 시내 관광을 할 수 있다.

요금 약 2만 5천 동

■ 오토바이, 자전거
후에는 그리 큰 도시가 아니기 때문에 오토바이나 자전거를 대여해 시내 관광을 하는 것이 좋다. 이때는 되도록 현지에서 상세 지도를 구하여 들고 다니는 것이 좋다.

오토바이 1일 $10~20

■ 씨클로
가까운 거리에만 이용하는 것이 좋다. 간혹 인심 좋은 사람은 가이드 역할을 대신해 주기도 한다.

요금 약 1만 5천 동~2만 동 / 흥정은 기본

> **TIP**
> **승차 공유 IT 모빌리티 서비스**
> 그랩 바이크는 단거리에 이용하고 그랩 카는 장거리 이용에 좋다.

Hue

후에
추천 코스

• DAY 1 •

후에의 문화 유적지를 돌아보는 코스(8~10시간)

후에의 대표적인 관광 명소들은 야외에 있고 규모가 크기 때문에 더워지기 전인 아침에 황궁을 돌아보고, 정오 전후에 실내 박물관 위주로 돌아본다. 더위가 한풀 꺾인 후에는 각기 다른 매력을 가진 응웬 왕조의 황릉을 방문해 본다. 많은 유적지들이 오후 5시를 전후로 닫기 때문에 일찍 서두르는 것이 좋다.

황궁 응웬 왕조의 흔적이 남아 있는 황궁
도보 3분 ↓
후에 궁정 박물관 응웬 왕조의 황실 박물관
도보 3분 ↓
후에 역사 박물관 격전지였던 후에의 모습을 보여 주는 박물관
차량 10분 ↓
티엔 무 사원 후에를 상징하는 사원
차량 10분 ↓
호찌민 박물관 호찌민에 관심 있는 사람들을 위한 무료 박물관
도보 7분 ↓
바오걱 사원 국가를 보호하는 사원
도보 7분 ↓
뚜 땀 사원 17세기에 지어진 불교 사원
차량 5분 ↓
푸 깜 성당 스테인드글라스가 아름다운 성당
차량 12분 ↓
뜨 득 황릉 뜨 득 황제의 호화로운 묘
차량 12분 ↓
카이딘 황제릉 유럽풍 건축 양식의 묘
차량 5분 ↓
민 망 황릉 중국 스타일의 장대한 묘
차량 24분 ↓
여행자 거리 현대식 건물이 모인 후에의 핫 플레이스

Hue
후에 시내

황궁
Grand Palace, Dai Noi

황제의 거주지, 커다란 궁전 다이 노이

1805년 지아롱 황제의 명에 의해 건설되기 시작하여 1832년 민 망(Minh Mạng) 황제 시기에 완성되었다. 황궁은 흐엉강 북쪽을 향하고 있으며 면적은 5.2km²이다. 프랑스 건축가인 바우반(Vauban)의 설계에 따라 프랑스와 베트남의 건축 양식이 혼합되어 건축되었다. 황궁의 성벽은 방어벽, 황제 거주지, 자금성(Tử Cấm Thành, 뜨 껌 딴) 등 총 3층으로 구성되어 있다. 방어벽 길이는 총 9,950m, 두께는 21m에 달하며 10개의 문이 있다. 현재 여행객을 위해 2개의 문을 개방하고 있다. 황제의 거주지인 흐엉 딴(Hoàng Thành)은 커다란 궁전이란 의미로 다이 노이(Đại Nộ)라고 부른다. 실제로 황궁이라 하면 이곳부터를 말한다. 남문인 응오 몬(정오), 북문인 호아 빈(평화), 동문인 히엔 논(인간), 서문인 추엉 득(미덕)이 있다. 오문(Ngọ Môn, 응오 몬)이 황궁의 정문으로, 중앙 문은 황제만이 출입할 수 있었다고 한다.

웅장한 규모를 자랑하지만, 대부분 구역이 현재는 폐허로 변해 버렸다. 여행자 거리에서 걸어서 20분 정도 소요된다. 뜨 껌 딴은 둘레 2.5km에 달하며 7개의 문이 있고, 황제와 황실 가족이 거주한 곳이다. 1968년 폭격으로 완전히 폐허가 되었으며 현재는 농지로 사용되고 있다. 당시에 뚜 껌 딴은 외부 세계와 단절된 곳으로 믿어져 왔다.

주소 Phú Hậu, Thành phố Huế **위치** 후에 시내에서 택시로 약 5분 소요, 흐엉강 주변 **시간** 08:00~17:00 **전화** 0234-3530-840 **요금** 성인 15만 동, 아동(7세~12세) 3만 동, 7세 미만 무료 **홈페이지** dacotours.com

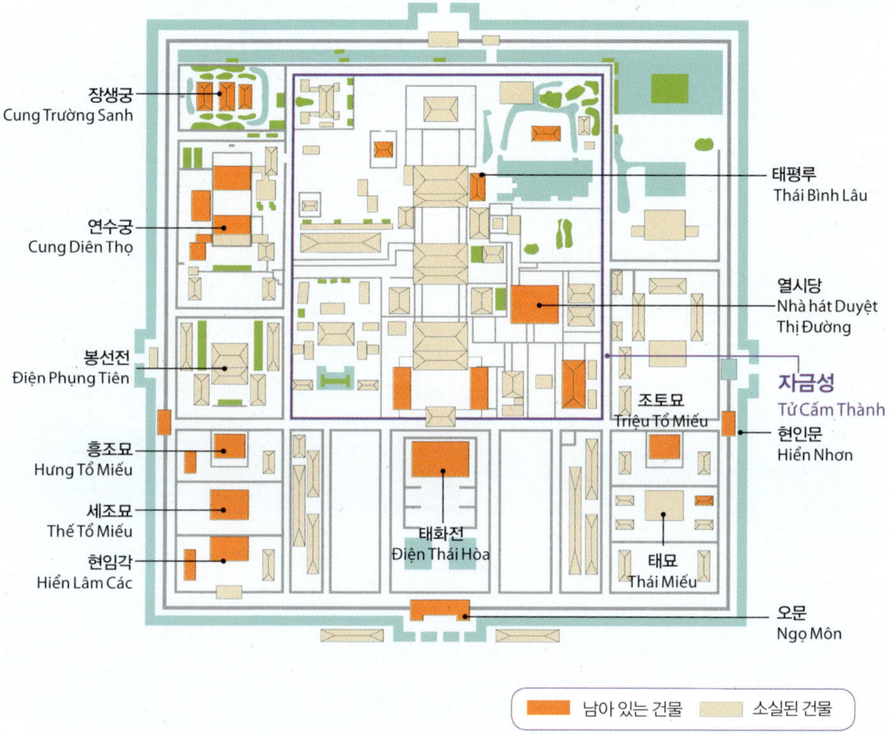

후에성

장생궁	Cung Trường Sanh
연수궁	Cung Diên Thọ
봉선전	Điện Phụng Tiên
흥조묘	Hưng Tổ Miếu
세조묘	Thế Tổ Miếu
현임각	Hiển Lâm Các
태평루	Thái Bình Lâu
열시당	Nhà hát Duyệt Thị Đường
자금성	Tử Cấm Thành
현인문	Hiển Nhơn
조토묘	Triệu Tổ Miếu
태화전	Điện Thái Hòa
태묘	Thái Miếu
오문	Ngọ Môn

남아 있는 건물 / 소실된 건물

국기대 Flag Tower, Kỳ Đài

왕의 기사라고 일컫는 국기게양대
응오 몬 남쪽에 위치하는 37m의 거대한 국기게양대로 왕의 기사(King's Knight)로 불리기도 한다. 1809년에 만들어졌으나, 1831년 거대한 태풍에 후에가 붕괴된 뒤에 붕괴와 재건을 반복하며 1969년 현재의 모습을 갖추게 되었다. 3층 구조로 이루어져 있는데 아래층부터 차례로 자연의 섭리, 인간 세계, 천국을 상징한다.

태화전 Thai Hoa Palace, Điện Thái Hòa

자금성을 모델로 만들어진 전각

중국 자금성을 모델로 1803년 완공되었으며 응오 몬을 따라 들어가면 첫 번째로 만나게 되는 건물이다. 황제의 즉위식이나 국빈 영접이 이곳에서 거행되었다. 총 면적은 1,300km^{2}이며 중앙당의 길이는 43.3m, 높이는 30.3m에 달한다. 태화전은 2개의 덩으로 나눠지는데 후방 중앙으로 황제가 앉았던 옥좌가 있다.

오문 Cửa Ngọ Môn

황궁의 정문

1833년 민 망 황제 시기에 완성된 황궁의 정문으로 높이 4.2m, 너비 3.7m이다. 5개의 문 가운데 노란색 문은 황제, 그 옆 양쪽 문은 대신, 외곽 쪽의 두 문은 일반 신하가 통행했다고 한다. 태양이 정상에 오는 남문을 정문으로 삼았기 때문에 영어로 정오(noon, 응오)문이라고 부르게 되었다. 문 위의 누각인 푸 반 라우(Phu Văn Lâu)는 황제가 과거 급제자들에게 상을 하사하던 장소였다. 지붕은 봉황 무늬로 장식되어 있다. 응웬 왕조의 마지막 황제인 바오 다이(Bao Dai)가 1945년 이곳에서 영면에 들었다.

아홉 문의 대포 Nine Holy Cannons, Súng Thần Công

황궁의 평화와 안녕을 상징

황궁 바로 안쪽에 위치한 대포 9문은 황궁과 나라의 평화와 안녕을 상징한다. 1804년 지아롱 황제의 명에 의해 주조된 이 대포들은 각각 길이 5m, 포구 너비 23cm, 무게는 10톤에 달한다. 동쪽 4문은 사계절을, 서쪽 5문은 금속·나무·물·불·토지를 상징하며 각각의 포에는 제작된 경위가 새겨져 있다.

사당 Shrine, Miếu

황궁 안 사당

응웬 가문의 시조로 간주되는 응웬 킴(Nguyễn Kim)을 모시는 조토묘(Triệu Tổ Miếu, 찌에우 미에우), 9명의 응웬 씨를 모시는 태묘(Thái Tổ Miếu, 타이 토 미에우), 지아롱 황제를 모시는 흥조묘(Hưng Tổ Miếu, 흥 토 미에우), 응웬 왕들을 모시는 세조묘(Thế Tổ Miếu, 테 토 미에우)와 봉선전(Điện Phụng Tiên, 디엔 풍 미에우)가 그것이다. 각 당에는 황금 판과 붉은색으로 칠한 목각 침대와 제단, 군사 무기 등이 진열되어 있다. 황제의 기일에 여기서 제를 지내기도 했다. 응웬 왕조 창건에 큰 공을 세웠던 공신들을 기리는 현임각(Hiển Lâm Các)도 있다.

9개의 황실 세발솥 Nine Dynastic Urns, Cửu Đỉnh

세상 만물을 상징하는 9개의 솥

1835~1837년에 주조된 높이 2m, 지름 1m의 청동 세발솥으로서 사당 앞 뜰에 위치하고 있다. 각각의 무게는 1,600~2,600kg이며 가장 무거운 것은 2,755kg에 달한다. 각 세발솥은 4천 년 이상된 중국의 전통을 따라 인, 장, 영, 의, 순, 선, 우, 현 등 세상 만물을 가리키는 다양한 이름을 갖고 있다. 모든 세발솥은 황제의 권위를 상징하며 크기가 클수록 황권이 안정되었던 것으로 간주된다. 이 외에도 황궁에는 내부가 상당히 화려하고 보존 상태가 좋은 극장과 서양식 후원이 있다.

후에 궁정 박물관
Hue Museum of Royal Antiquitie

황실 박물관

1845년 황실 박물관(Bảo Tàng Cổ Vật)으로 건립되었다가 1923년 복원된 후 박물관으로 재개관했다. 응웬 황실에서 사용되던 집기류, 장식품, 미술품 등이 소장되어 있다. 베트남 전쟁 당시 중요 유물들이 파괴되었고, 현존하는 유물로는 나전 세공의 테이블과 의자, 금실 자수가 놓아진 황제와 황후의 의상 등이다. 벽에는 베트남 시가 고대 베트남 문자인 쯔 놈으로 적혀 있다. 황궁의 오른쪽에 위치하고 있으며 황궁을 둘러본 후 관람하면 된다.

주소 03 Lê Trực, Phú Hậu **위치** 후에성에서 동쪽으로 도보 2분 **시간** 07:00~17:30 **전화** 0234-3524-429 **요금** 무료(왕궁 입장료에 포함) **홈페이지** baotangcungdinh.vn

푸 깜 성당
Phu Cam Main Cathedral,
Nhà Thờ Chính Tòa Phủ Cam

고전적 분위기의 스테인드글라스가 아름다운 성당

푸옥 빈(Phước Vĩnh) 거리에 위치한 푸 깜 성당은 건축가 응오 비엣 득(Ngô Việt Đức)에 의해 1963년에 거의 완공되었고 1975년 종탑이 완성됨으로써 최종 완성되었다. 사방으로 3개의 기둥이 건물을 떠받치고 있고, 내부는 고전적 분위기가 풍기는 스테인드글라스로 장식되어 있다.

주소 1 Đoàn Hữu Trưng, Phước Vĩnh **위치** 후에 역에서 택시로 5분 소요

후에 역사 박물관
Thua Thein Hue History Museum, Bảo tàng lịch sử Thừa Thiên Huế

전쟁의 격전지 후에의 모습을 보여 주는 박물관

후에 궁전 박물관 바로 맞은편에 베트남 전쟁 당시의 격전지였던 후에의 당시 상황을 재현해 놓은 듯한 박물관이 있다. 미군 전차와 대포, 러시아제 전투기 등 실제 전쟁에서 사용된 군 장비가 전시되어 있다.

주소 Hai Muoi Ba Thang Tam, Phu Hau **위치** 후에성에서 동쪽으로 도보 5분 **시간** 07:30~11:00, 13:30~17:00 / 월요일 휴관 **전화** 0234-3522-397 **요금** 무료(왕궁 입장료에 포함)

호찌민 박물관
Ho Chi Minh Museum, Bảo tàng Hồ Chí Minh

호찌민에 관심 있는 사람들을 위한 무료 박물관
레 러이 거리에 위치한 호찌민 관련 박물관이다. 하노이 시티와 호찌민 시티의 호찌민 박물관에 비해 규모도 작고 전시품도 많지 않아 구경할 가치는 별로 없지만, 무료 관람이기 때문에 호찌민에 관심이 있는 여행객이라면 방문해 볼 만하다.

주소 7 Lê Lợi, Vĩnh Ninh **위치** 후에 역에서 동쪽으로 도보 6분 **시간** 07:00~11:00, 14:00~16:30 / 월요일 휴관 **전화** 0234-3845-217 **요금** 무료 **홈페이지** www.bthcm.thuathienhue.gov.vn

꿕혹(국학)
National School, Trường THPT Chuyên Quốc Học Huế

후에의 고등 교육 기관
1896년 응오 딘 디엠의 아버지인 응오 딘 카(Ngô Đình Khả)가 설립한 고등 교육 기관이다. 통일 이전 베트남의 수많은 인재를 길러 냈으며, 호찌민도 1896년에 이곳에서 잠깐 공부를 했었다. 1996년 건학 100주년을 기념하기 위해 건물 전체를 개보수했고, 호찌민 동상을 제막했다.

주소 12 Lê Lợi, Vĩnh NinhN **위치** 호찌민 박물관에서 도보 3분 **전화** 0234-3823-234 **홈페이지** thpt-qhoc.thuathienhue.edu.vn

중국인 회관

화교 회관

광둥, 하이난, 푸저우인들이 세운 화교 회관들이 후에 시내에 있다. 불교, 도교, 유교 사원의 기능도 하면서 고향이 같은 화교끼리 모여 친목 도모를 하는 곳으로 이해하면 된다. 광둥인들이 세운 광둥 회관(Chùa Quảng Đông)이 가장 크며 하이난 출신들이 세운 바 사원(Chùa Ba), 푸저우인들이 세운 옹 사원(Chùa Ông) 등이 있다.

후에 여행자 거리

·TIP·

2015년부터 흐엉 강변 윙 딘 찌우(đường Nguyễn Đình Chiểu)의 퍼 디 보(Phố Đi Bộ) 거리가 여행자 거리(보행자 거리)로 지정되었다. 흐엉 강변을 따라 야시장과 야외 공연 등을 느긋하게 구경하는 재미가 있다. 2017년 가을부터는 약 215m의 팜 응우 라오(Phạm Ngũ Lão) 거리와 약 350m의 쭈반 안(Chu Văn An) 거리, 약 350m의 보티 사우(Võ Thị Sáu) 거리를 모두 합해서 약 1km에 해당하는 구간이 새롭게 여행자 거리로 지정되었다. 비교적 저렴한 숙소와 레스토랑, 카페, 오픈 버스 오피스(신 투어리스트, 한 카페, 퀸 카페 등) 및 여행자 센터, 소규모 상점 등이 밀집해 있다. 낮에는 한산한 거리가 해 질 녘부터 활기를 띠기 시작한다. 길거리 간식과 술집도 저렴해 부담 없이 즐길 수 있다. 주말은 '차 없는 거리' 캠페인을 실시하기도 하므로, 방문 전에 확인하자.

동 바 시장
Dong Ba Market

후에 전통 재래시장

2층의 상설 시장으로 1층에서는 차, 과일, 베트남 밀짚 모자인 논 라, 전자제품 등 식품과 잡화를 판매하고 2층은 의류를 판매한다.

주소 2 Trần Hưng Đạo **위치** 흐엉 강변 **시간** 06:00~18:00
전화 0234-3524-663

HUE
후에 외곽

티엔 무 사원
Thien Mu Pagoda, Chùa Thiên Mụ

후에를 상징하는 사원

린 무(Linh Mu) 사원으로도 알려진 티엔 무 사원은 21m 높이의 팔각형 7층 구조로 후에에서 5km 떨어진 흐흥 롱(Hương Long) 마을 하케(Ha Khe) 언덕에 위치한다. 1601년 뚜안 호아 성의 통치자인 응웬 호앙(Nguyễn Hoàng)이 건축하였고, 1844년 띠에우 찌(Thiệu Trị) 황제 때 현재의 모습을 갖춰 이후 후에의 상징으로 자리매김했다. 전설에 따르면 띠엔 무라는 여성이 국민들에게 국가의 안녕과 평화를 위해 사원을 건립할 필요가 있으며 이를 지역 통치자인 응웬 호앙이 추진해 줄 것을 주장했다고 한다. 사원 입구에는 양쪽으로 탑이 있는데 뜨 년(Tư nhân)이라고 불리다가 띠에우 찌 황제가 보수한 후 푸옥 유엔(Phước Duyên)으로 개칭하였다. 오른쪽 탑은 1715년 건립되었고 높이 2.6m, 너비 1.2m에 달하며 장수를 상징하는 거북이가 기반을 지탱하고 있다. 왼쪽 탑에는 1710년 주조된 2,502kg의 다이 홍 청(Đại Hồng Chung)이라는 종이 걸려 있다. 사원에는 미래불, 석가모니불, 과거불 등 3개의 부처상이 있다. 전쟁 중에 이 사원은 불교도들의 항거의 중심이 되었다. 1963년 사원의 수도승인 꽝 득(Quảng Đức)은 남베트남 정부의 불교 탄압 정책에 저항하며 사이공에서 분신 자살을 기도했다. 당시 수도승이 타고 있던 오스틴(Austin) 자동차가 뒤뜰에 전시되어 있다.

주소 Hương Hòa, Thành phố Huế, Hương Hòa Thành phố Huế Thừa Thiên Huế **위치** 후에 역에서 택시로 8분 **시간** 08:00~18:00 **요금** 무료

후에 외곽 투어

황릉 투어

티엔 무 사원, 뜨 득 황릉, 카이딘 황릉 등 후에 외곽의 주요 유적지를 흐엉강을 따라 1일 여정으로 돌아보는 보트 투어가 있다. 8시경에 출발하여 4시 30분경에 돌아오며, 점심은 포함되지만 유적지별 입장료와 여행 보험, 가이드와 기사의 팁, 호텔로 돌아가는 교통비 등은 개인 부담이다. 모자와 자외선 차단제, 생수 등을 준비하고 유적지는 팔꿈치와 무릎을 덮는 경건한 옷차림으로 방문해야 한다.

시간 07:30 신 투어리스트 후에 오피스 · 후에 시내 호텔에서 픽업 → 오전 투어 · 식사 · 오후 투어 → 16:30분 무엉 탄 호텔 맞은편 토아 캄(Toa Kham) 부두에 도착 → 개인별 호텔 귀가 **요금** 11달러~(차량, 점심, 가이드 포함) / 유적지 입장료, 여행자 보험, 가이드 · 기사 팁, 부두에 도착 후의 귀가 교통비 별도 **홈페이지** thesinhtourist.vn

DMZ 투어

베트남이 남북으로 분단된 1954년부터 전쟁이 종결된 1975년까지 설정되었던 북위 17도선의 비무장 지대를 관광하는 투어이다. 비무장 지대는 벤 하이(Bến Hải) 강을 기점으로 폭 10km, 길이 60km에 달하며, 곳곳에 버려진 탱크와 총탄 자국이 남은 폐허를 쉽게 볼 수 있다. 격전지였던 동하, 록파일, 호찌민 루트, 케산 기지터, 벤 하이 강, 빈목 지하 땅굴 등을 돌아본다. 벤 하이 강은 1967년까지 북쪽은 붉은색, 남쪽은 노란색으로 도색되어 있어 이념적 차이를 확연히 드러냈다. 호찌민의 꾸찌 터널에 버금가는 빈목 터널도 볼 만하다. 모자와 자외선 차단제, 선글라스, 생수를 준비해 가자.

시간 07:00 후에 시내 호텔 · 신 투어리스트 오피스에서 픽업 → 09:00~15:00 DMZ 투어 → 17:30후에 시내 호텔 · 신 투어리스트 오피스 **요금** 약 18.9달러~ / 투어 차량, 가이드, 입장료 포함 **홈페이지** (신 투어리스트) thesinhtourist.vn, (DMZ 투어리스트 인포메이션 센터) dmztic.com

바오 궉 사원(보국사)
Bao Quoc Temple, Chùa Bảo Quốc

국가를 보호하는 사원

1670년 중국 승려 지악 퐁(Giác Phong)에 의해 창건되었다가 1957년 보수되었다. 1824년 민 망 황제가 국가를 보호하는 사원이라는 의미로 바오 궉 사원으로 개칭하고, 이후 1830년 자신의 40회 생일을 이 사원에서 보냈다. 중앙당에는 3기의 부처상이 있으며 그 뒤쪽에 3층으로 된 지악 퐁 승려의 무덤이 있다. 내부에 어린 스님들을 교육하는 학당이 있어 동자승들의 모습이 눈에 띈다.

주소 17 Bao Quoc, Phuong Duc, Thanh Pho Hue **위치** 후에 기차역 뒤편 바오궉 거리, 택시로 2분 **전화** 0234-3822-297

뚜 땀 사원
Tu Dam Pagoda, Chùa Từ Đàm

베트남 불교회가 첫 회담을 가진 사원

바오 꿕 사원에서 남쪽으로 400m 정도 가면 뚜 담 사원(Chùa Từ Đàm)이 있다. 이 사원도 1695년 중국인 승려 민 호잉 뚜 둥(Minh Hoẳng Tử Dung)이 설립했고, 1841년 띠에우 찌 황제가 현재의 이름으로 개칭했다. 1951년 베트남 불교회가 여기에서 첫 회담을 가졌고, 1960년대에는 남베트남 정권과 전쟁에 반대하는 중심지가 되었다. 동쪽으로 린 꽝 사원(Linh Quang Pagoda)이 있다.

주소 1 Sư Liễu Quán, Trường An, Thành phố Huế, Thừa Thiên Huế **위치** 후에 역에서 도보 13분, 택시로 3분 **시간** 06:00~21:00 **전화** 0234-3898-561

딴 또안 다리
Thanh Toan Bridge, Cầu Ngói Thanh Toàn

호이안의 일본인 다리와 비슷한 다리

후에에서 7km가량 동쪽에 위치한 딴 또안 다리는 호이안에 있는 일본인 다리와 거의 비슷하지만 거리가 멀기 때문에 관광객들이 많이 찾지 않는 한적한 곳이다. 대부분의 사람들은 일본인 다리라고 알고 있지만, 실제로 이 다리는 중국인 부호와 결혼한 베트남 여성이 마을 주민들이 강을 자유롭게 건널 수 있도록 1776년에 만든 것이다. 현지인들 사이에는 아이를 얻기 위해 이 다리를 건설했다는 이야기도 있다. 1844년과 1904년 태풍으로 심하게 훼손되었으나 몇 차례에 걸쳐 보수를 끝냈다. 현지인들은 쩐 띠 다오(Trần Thị Đào) 다리라고 부른다.

주소 Làng Thanh Thủy Chánh, Thừa Thiên Huế **위치** 후에 역에서 택시로 18분 **시간** 24시간

지아롱 황릉
Tomb of Gia Long, Lăng Gia Long

지아롱 황제가 잠든 곳

응웬 왕조의 태조인 지아롱 황제(1802~1820)가 잠들어 있는 곳으로 흐엉강을 따라 후에에서 가장 먼 남쪽 16km 지점에 위치한다. 1814년 착공에 들어가 1820년 완성되었으며, 지아롱 황제가 코끼리를 타고 직접 묏자리를 결정했다고 한다. 황릉에 들어서면 반원 규격의 연꽃 모양 연못이 있고 그 뒤로 3층에 달하는 뜰이 펼쳐져 있다. 첫 번째 층은 응접 장소로서 코끼리, 말 동상이 양옆으로 줄을 지어 있다. 두 번째 층에는 제를 지냈던 제단, 마지막 층에는 지아롱 황제가 잠들어 있는 무덤을 마련해 두었다. 무덤 왼편에 지아롱 황제의 업적을 적어 놓은 비석이, 오른쪽에 대형 제단이 있다. 지아롱 황릉에 가기 위해서는 배를 타고 다시 오토바이나 차량을 이용해야 하는데, 운전기사들은 지뢰와 같은 신변상의 이유를 들어 운행을 꺼려 한다. 훼손 상태가 심각한 편이어서 관광객들이 많이 가지 않는 곳이다.

주소 Hương Thọ, Hương Trà District, Thua Thien Hue **위치** 후에 시내에서 16km **시간** 07:00~11:30, 13:30~17:30 **요금** 성인 10만 동, 아동(만 7~12세) 2만 동, 7세 미만 무료

민망 황릉
Tomb of Minh Mang, Lăng Minh Mạng

중국식 건축미를 자랑하는 장대하고 근엄한 황릉

민 망 황제(1820~1840)의 묘는 흐엉강을 따라 후에에서 12km 떨어진 깜케(Cẩm Khê) 언덕에 있다. 민 망 황제가 직접 설계를 맡아 1841부터 1843년까지 공사가 진행되었다. 다른 황릉에 비해 자연과의 조화미가 우수하고 중국식 건축미를 자랑하기 때문에 황릉 자체는 장대하고 근엄하다. 민 망 황릉에 이르면 뜰로 향하는 3개의 큰 문이 있다. 중앙이 정문인 다이 홍 몬(Đại Hồng Môn, 大紅門)과 왼쪽이 따 홍 몬(Ta Hồng Môn, 左紅門), 오른쪽이 후 홍 몬(Huu Hồng Môn, 右紅門)이다. 현재 중앙문은 폐쇄되어 있고, 따 홍 몬으로 출입한다. 문을 통과하면 인공 호수가 눈에 띈다. 오른편 다리를 건너면 티에우 찌 황제가 선황의 업적을 기리기 위해 세운 비석이 있고, 좌우로 코끼리, 말, 무관, 문관들의 석상들이 열지어 지키고 있는 뜰 딘 브응(Đình Vương)이 있다. 그 뒤의 대문을 통해 들어가면 디엔 숭 안(Điện súng An, 崇恩殿)이라는 사원이 있는데, 이곳에 황제와 황후의 위패가 놓여 있다. 디엔 숭 안 사원 뒤 중앙 문을 통해 계단으로 내려가면 아래쪽에 연못이 있고 그 위에 3개가 다리가 중앙, 좌, 우로 놓여 황제가 유희를 즐기던 민 라우(Minh Lầu, 明樓)라는 2층 붉은 건물로 연결된다. 중앙 다리는 황제만이 사용할 수 있었고, 좌우 다리는 문·무관들이 이용했다. 반대편으로 내려가면 초승달 모양의 연못 중앙에 돌다리로 연결된 작은 언덕이 있다. 이곳에 민 망 황제가 묻혀 있는데, 담으로 둘러싸여 있고 중앙에 나무로 된 문이 있다.

주소 QL49, Huong Tho, Tx. Huong Tra, Thua Thien Hue **위치** 후에 시내에서 남서쪽으로 약 13km 떨어진 흐엉강 하류 **시간** 하절기 06:30~11:30, 13:30~17:30, 동절기 07:00~11:30, 13:30~17:30 **전화** 0234-3523-237 **요금** 성인 10만 동, 아동(7~12세) 2만 동, 7세 미만 무료 **홈페이지** hueworldheritage.org.vn

띠에우 찌 황릉
Tomb of Thieu Tri, Lăng vua Thiệu Trị

유일하게 벽이 없는 황릉

응웬 왕조 3대 왕인 띠에우 찌 황제 (1841~1847)가 잠들어 있는 곳으로 민 망 황릉과 비슷한 구조이나 규모 면에서는 작다. 뜨 득 황제의 명에 의해 조성되기 시작했으며 1848년에 완공되었다. 황릉 중에서 유일하게 벽이 없는 것이 특징이다. 역시 훼손 상태가 심각하나 보수가 이뤄지지 않아 황량한 인상을 받는다.

주소 Thủy Bằng, Hương Thủy, Thua Thien Hue **위치** 후에 시내에서 남서쪽으로 8km. 택시로 약 15분 소요 **시간** 07:00~11:30, 13:30~17:00 **요금** 성인 10만 동, 아동(7~12세) 2만 동, 7세 미만 무료

동 칸 황릉
Tomb of Dong Khanh, Lăng Đồng Khánh

프랑스 식민 정부에 의해 폐위된 황제의 능

뜨 득 황제의 조카로서 황위에 책봉된 동 칸 황제(1885~1888)의 묘지다. 동 칸 황제는 3년이라는 짧은 기간의 재위를 끝으로 프랑스 식민 정부에 의해 폐위되었기 때문에 베트남 역사에 있어서 이렇다 할 업적을 남긴 황제는 아니다. 그런 이유에서인지 황릉 규모는 다른 황릉에 비해 작은 편이고, 베트남 전쟁 당시 폭격으로 황릉 대부분이 크게 훼손되었으나 아직까지 복구 정도는 미흡하다.

후에에서 5km 떨어진 지점에 위치하며, 1889년 완성되었다. 계단을 올라 중앙 문으로 들어서면 단층의 노란 지붕 건물이 있는데 여기에 동 칸 황제와 그의 두 아내의 위패와 사진이 모셔져 있다. 사진 좌우로 생전에 사용하던 물건과 선물받은 물품 등이 진열되어 있다. 중앙 건물에서 왼쪽으로 경사가 완만한 오르막길을 올라가면 동 칸 황제의 능이 보인다.

주소 8 Đoàn Như Hải, Thủy Xuân, Thành phố Huế, Thừa Thiên Huế **위치** 후에 시내에서 남서쪽으로 약 7km. 택시로 약 15분 소요 **시간** 07:30~17:30 **전화** 0234-3121-649 **요금** 성인 10만 동, 아동(7~12세) 2만 동, 7세 미만 무료

뜨 득 황릉
Tomb of Tu Duc, Lăng Tự Đức Khiêm Lăng

관광객이 가장 많이 방문하는 황릉

응웬 왕조에서 가장 재위 기간이 길었던 제4대 황제인 뜨 득(1848~1883)의 황릉이다. 후에에서 7km 떨어진 드엉 쑤언 트엉(Dương Xuân Thượng) 마을의 반 니엔(Vạn Niên) 언덕에 위치하며, 관광객들이 가장 많이 방문하는 황릉 중 하나이다. 1864년 2월부터 1867년 3월까지 3년간의 공사를 거쳐 완성되었다. 뜨 득 황제는 104명의 부인과 수도 셀 수 없을 만큼의 후궁이 있었음에도 불구하고 황위를 계승할 후손이 없었다. 천연두를 앓은 이후에 생식 기능이 마비되었다는 것이 유력한 가설이다. 이러한 이유로 인해 어버이의 묘를 만드는 베트남 황실의 전통을 깨고 뜨 득은 자신의 무덤을 직접 설계하고 친히 감독했다. 팔각형으로 구성된 황릉 입구는 동쪽의 부 끼엠 문(Vũ Khiêm Gate)으로 입장한다. 밧 짱 타일로 된 참배로를 지나면 르우 끼엠(Lưu Khiêm) 호수 위로 뜨 득 황제가 사냥을 즐겼다던 띤 끼엠(Tính Khiêm)섬이 있다. 웅덩이 서쪽으로 끼엠 껑(Khiêm

Cung) 문을 지나면 뜨 득 황제와 흐엉 레 티엔 안(Hoàng Lệ Thiên Anh)황후를 기리는 화끼엠(Hoa Khiêm) 사원을 만날 수 있다. 사원 내부에는 후궁들이 사용한 거울과 프랑스로부터 선물받은 뜨 득 황제의 시계 같은 물품들이 있다. 호아 끼엠 화끼엠 사원 오른쪽으로 민 끼엠(Minh Khiêm)실이 있고, 뒤쪽으로 뜨 득 황제의 어머니인 뚜 두(Từ Dũ) 황후를 기리는 루엉 끼엠(Luong Khiêm) 사원이 위치한다. 북쪽으로 두 단계에 이르는 앞마당과 반달 호수를 거쳐 뜨 득 황제의 묘지를 만난다. 이곳에 200명의 신하가 함께 묻혀 있다는 설이 있다. 능 내부에는 뜨 득 황제의 업적을 새겨 놓은 묘비가 있다.

주소 17/69 Le Ngo Cat, Thuy Xuan, Tp. Hue, Thua Thien Hue **위치** 후에 시내에서 남서쪽으로 약 7km 거리, 택시로 약 15분 소요 **시간** 07:00~17:30 **요금** 성인 10만 동, 아동(7~12세) 2만 동, 7세 미만 무료

카이딘 황제릉
TTomb of Emperor Khai Dinh, Lăng Đồng Khánh

베트남과 유럽 스타일의 건축 양식이 돋보이는 황제릉

카이딘 황제(1916~1925)의 묘지로서 다른 황제릉이 중국식으로 조성되었다면 이 황제릉은 베트남과 유럽풍 건축 양식이 인상적이다. 이 시기에 들어 건축 기법에 있어서도 프랑스의 영향이 확산되었음을 추측할 수 있다. 1920년~1931년까지 12년에 걸친 공사 끝에 완공되었고, 흐엉강을 따라 남쪽으로 10km 지점에 있는 짜우 추(Châu Chữ) 마을에 위치한다. 황릉 입구에 서면 가장 먼저 유럽 고딕 양식이 시선을 압도한다. 용이 새겨진 난간 사이로 36계단을 오르면 말, 코끼리, 문·무관 석상이 세워진 뜰에 다다른다. 거기서 다시 26계단을 오르면 중앙으로 황제의 위업을 기리는 2층짜리 팔각형의 사당이 있고, 양쪽으로 유럽식의 높은 탑이 서 있다. 계단을 통해 위로 올라가면 3개의 홀로 나눠진 떼인 딘 Thiện Đình)이라는 건물에 도착한다. 내부 벽과 천장은 도자기와 유리로 모자이크 장식을 해 두어 서양 건물 분위기를 물씬 풍긴다. 옥좌에는 청동에 금박을 입힌 1톤 무게의 카이딘 황제상이 있고, 그 밑에 황제의 유체가 안치되어 있다.

주소 Khai Dinh, Thuy Bang, Ip. Hue, Thua Thien Hue **위치** 후에 시내에서 남서쪽으로 약 9km, 택시로 약 20분 소요
시간 여름 06:30~17:30, 겨울 07:00~15:00 **요금** 성인 10만 동, 아동(7~12세) 2만 동, 7세 미만 무료

황릉 여행 노하우!

불행히 베트남 전쟁 중 폐허가 된 황릉도 있으나 뜨 득 황제, 카이딘 황제, 민 망 황제의 능은 상대적으로 보존 상태가 좋아 여행자들의 발길이 끊이지 않는다. 이 무덤들은 후에 소재 여행사들의 보트를 이용한 1일 투어 상품으로 각광을 받고 있다. 모든 황릉은 입장료가 있다. 택시나 쎄옴(오토바이 택시)으로 돌아보거나, 후에 시티 투어 프로그램으로 돌아보는 방법도 있다. 다른 황릉도 둘러보고 싶다면 자전거나 오토바이를 이용하여 개별적으로 다니는 것이 강변과 농촌의 경관도 볼 수 있고 가격도 저렴하다. 단, 떠나기 전에 물과 간식 등을 챙겨야 한다. 시외로 나가면 살 만한 곳이 없다.

시간 황릉 개방 07:00~17:30

 추천 식당

안푸 레스토랑
An Phu Restaurant

해산물 요리로 유명한 곳으로 프랑스 관광객이 많이 찾는다.

주소 48 Chu Van An, Phú Hội, Thành phố Huế, Thừa Thiên Huế **위치** 짱 띠엔 다리 인근 **전화** 0234-3826-090 **시간** 07:00~22:00

만다린 카페
Mandarin Cafe

주인이 직접 찍은 후에와 기타 지역의 풍경 사진이 가게를 장식한다. 신 투어리스트(The Sinh Tourist) 투어 프로그램도 판매한다. 여행자들에게 가장 유명한 레스토랑이다.

주소 24 Trần Cao Vân, Phú Hội, Thành phố Huế, Thừa Thiên Huế **위치** 여행자 거리 **전화** 0234-3821-281 **시간** 06:00~22:00

쏭 흐엉 레스토랑
Song Huong Restaurant

흐엉강 선상에 위치하는 레스토랑이지만 고급스럽지는 않다. 현지인들의 모임 장소로 애용되는데 입지 조건으로 인해 다른 식당보다 가격은 약간 비싼 편이다.

주소 Công Viên 3, 2 Lê Lợi, Phú Hội, Thành phố Huế, Thừa Thiên Huế **위치** 센추리 리버사이드 호텔에서 도보 3분 **전화** 0234-3831-197 **시간** 10:00~22:00 **홈페이지** nhahangnoisonghuong.com

호아 마이 레스토랑
Hoa Mai Restaurant

흐엉강이 내려다보이는 곳에 위치한 베트남 요리 전문점으로 후에 전통 요리를 맛볼 수 있다.

주소 51 Lê Lợi, Phú Hội, Thành phố Huế, Thừa Thiên Huế **위치** 흐엉 지앙 호텔 리조트 & 스파 3층 **전화** 0234-3822-122 **시간** 06:00~22:00

띤 지아 비엔 레스토랑
Tinh Gia Vien Restaurant

왕족 후손 일가가 경영하는 레스토랑으로 궁정 요리를 선보인다.

주소 7 kiet 28 Lê Thánh Tôn, Phú Hậu, Thành phố Huế, Thừa Thiên Huế **위치** 후에 역에서 택시로 11분, 황궁에서 도보 6분 **시간** 11:00~22:00 **전화** 0234-3522-243 **홈페이지** tinhgiavien.com.vn

추천 숙소

흐엉 지앙 호텔 리조트 & 스파
Huong Giang Hotel Resort & Spa

흐엉 강변에 위치한 호텔로 궁정처럼 실내를 꾸며놓았다. 2개의 레스토랑이 있다.

주소 51 Lê Lợi, Phú Hội, Thành phố Huế, Thừa Thiên Huế **위치** 후에 역에서 택시로 7분 **가격** $51~ **전화** 0234-3822-122 **홈페이지** www.huonggianghotel.com.vn

임페리얼 호텔 후에
Imperial Hotel Hue

후에 최초의 5성급 호텔로 흐엉강, 응우 빈 산, 짱 띠엔 다리 등 도시 전경을 한눈에 볼 수 있다.

주소 08 Hùng Vương, Phú Hội, Thành phố Huế, Thừa Thiên Huế **위치** 후에 역에서 택시로 6분 **가격** $68~ **전화** 0234-3882-222 **홈페이지** www.imperial-hotel.com.vn

센추리 리버사이드 호텔
Century Riverside Hotel

후에에서 가장 오랜 역사를 자랑하는 호텔이다. 흐엉강의 경치를 조망할 수 있다.

주소 49 Lê Lợi, Phú Hội, Thành phố Huế, Thừa Thiên Huế **위치** 후에 역에서 택시로 7분 **가격** $34~ **전화** 0234-3956-688

인도차인(인도친) 팰리스
Indochine Palace

이국적인 정원에 둘러싸여 있으며 고풍스러운 인테리어를 갖춘 최고급 호텔이다. 후에 시내에 있어 주요 관광지로의 이동이 편리하고, 자전거 렌탈 서비스도 제공한다.

주소 105A Hùng Vương, Phú Nhuận, Thành phố Huế, Thừa Thiên Huế **위치** 후에 역에서 택시로 9분 **가격** $71~ **전화** 0234-3936-666 **홈페이지** www.indochinepalace.com

빈펄 호텔 후에
Vinpearl Hotel Hue

황궁 인근에 위치한 럭셔리 호텔로 213개의 객실, 실내 수영장, 헬스클럽, 레스토랑과 바, 라운지를 갖추고 있다. 매일 아침 유럽식 조식을 제공한다. 동바 시장과 궁전 박물관과 모두 2.3km 거리로 관광하기에 좋은 위치이다.

주소 50A Hùng Vương, Phú Nhuận, Thành phố Huế, Thừa Thiên Huế **위치** 호찌민 박물관에서 1.6km 택시로 4분 **가격** $67~ **전화** 0234-3688-666 **홈페이지** www.vinpearl.com

사이공 모린 호텔 후에
Saigon Morin Hotel Hue

1901년 프랑스 사업가 모린이 개장한 호텔로 외관은 유럽식, 실내 인테리어는 중국식으로 꾸며져 있어 이색적이다. 인터넷으로 예약하면 객실료를 30% 가량 할인 받을 수 있다. 공항 픽업 서비스도 무료로 제공된다.

주소 30 Lê Lợi, Phú Hội, Thành phố Huế, Thành phố Huế Thua Thien-Hue **위치** 후에 역에서 택시로 5분 **가격** $66~ **전화** 0234-3823-526 **홈페이지** www.morinhotel.com.vn

EMM 호텔 후에
EMM Hotel Hue

흰색 외관이 돋보이는 3층 건물의 중급 호텔이다. 넓은 발코니가 장점이다.

주소 15 Lý Thường Kiệt, Phú Nhuận, Thành phố Huế, Thừa Thiên Huế **위치** 후에 역에서 택시로 5분 **가격** $36~ **전화** 0234-3828-255 **홈페이지** www.emmhotels.com/en/hue

후에 서린 팰리스
Hue Serene Palace

고급 호텔은 아니지만 호텔 예약 사이트에서 언제나 상위에 랭크되어 있는 3성급 호텔이다. 후에 시내에 있어 주요 관광지로의 이동이 용이하며 가격 대비 만족스럽게 머물다 올 수 있다.

주소 21 Lane 42 Nguyen Cong Tru street, Hue City, Vietnam, Thừa Thiên Huế **위치** 후에 역에서 택시로 9분 **가격** $21~ **전화** 0234-3948-585 **홈페이지** serenepalacehotel.com

헤리티지 후에 호텔
Heritage Hue Hotel

흰색과 갈색이 섞인 외관이 인상적이며 객실이 매우 깨끗하다. 수영장 등 부대시설이 완비되어 있다.

주소 9 Lý Thường Kiệt, Phú Nhuận, Thành phố Huế, Thừa Thiên Huế **위치** 후에 역에서 택시로 6분 **가격** $50~ **전화** 0234-3838-887 **홈페이지** hueheritagehotel.com.vn

람 바오 롱 호텔
Lam Bao Long Hotel

주요 관광지와의 접근성이 좋고 객실료가 저렴해 잠시 머무르기에 괜찮은 곳이다.

주소 80 Lê Lợi, Phú Hội, Thành phố Huế, Thừa Thiên Huế **위치** 후에 역에서 택시로 9분 **가격** $8~ **전화** 090-3599-727 **홈페이지** www.lambaolonghotel.com

실크 패스 그랜드 호텔 후에
Silk path Grand Hotel Hue

객실 199개의 4성 호텔로 흐엉 강변에 위치한다. (2020년 중 리뉴얼 오픈 예정)

주소 2 Lê Lợi, Vĩnh Ninh, Thành phố Huế, Thừa Thiên Huế **위치** 후에 역에서 택시로 1분 **전화** 0234-324-668 **가격** $85~ **홈페이지** silkpathhotel.com

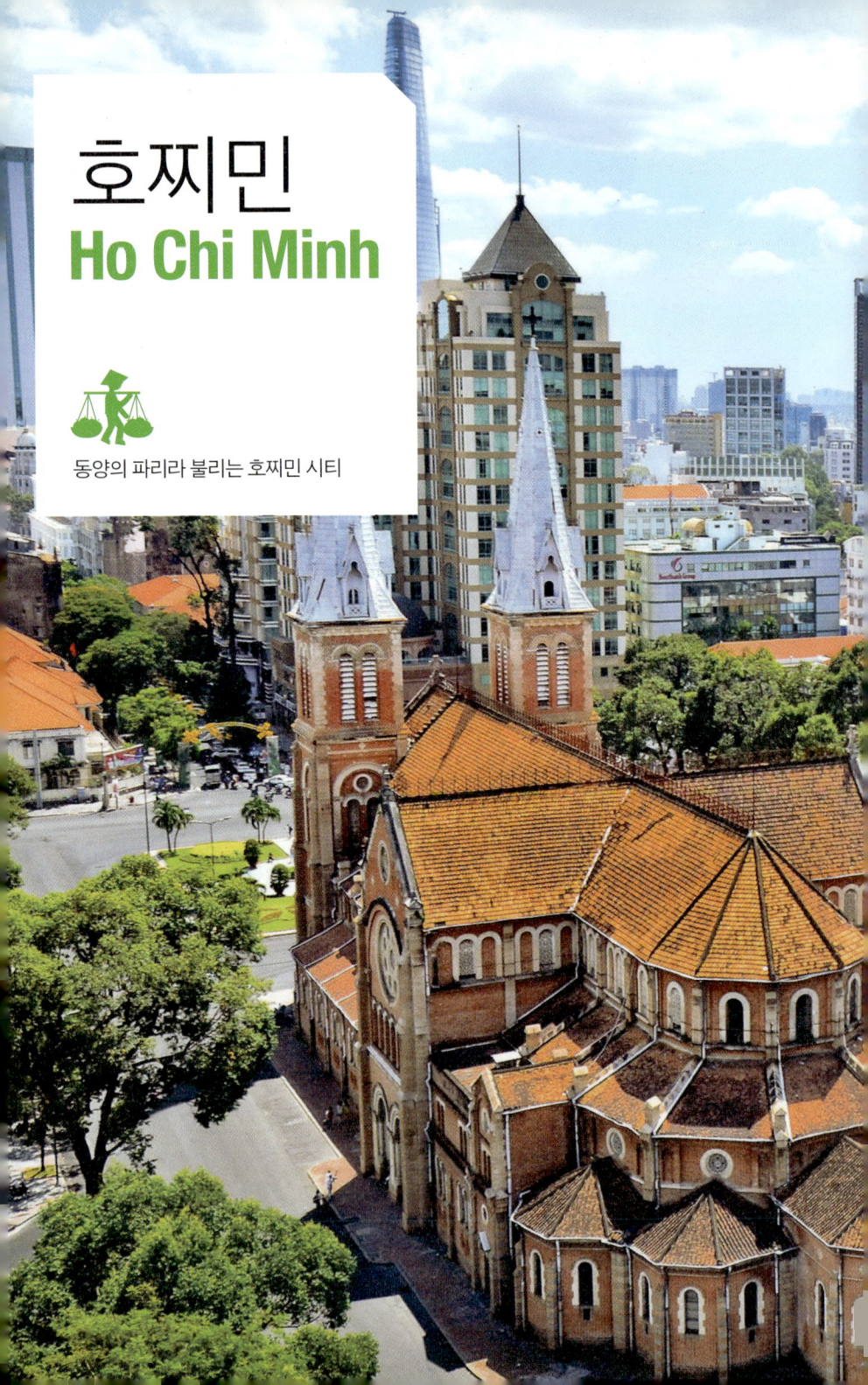

호찌민
Ho Chi Minh

동양의 파리라 불리는 호찌민 시티

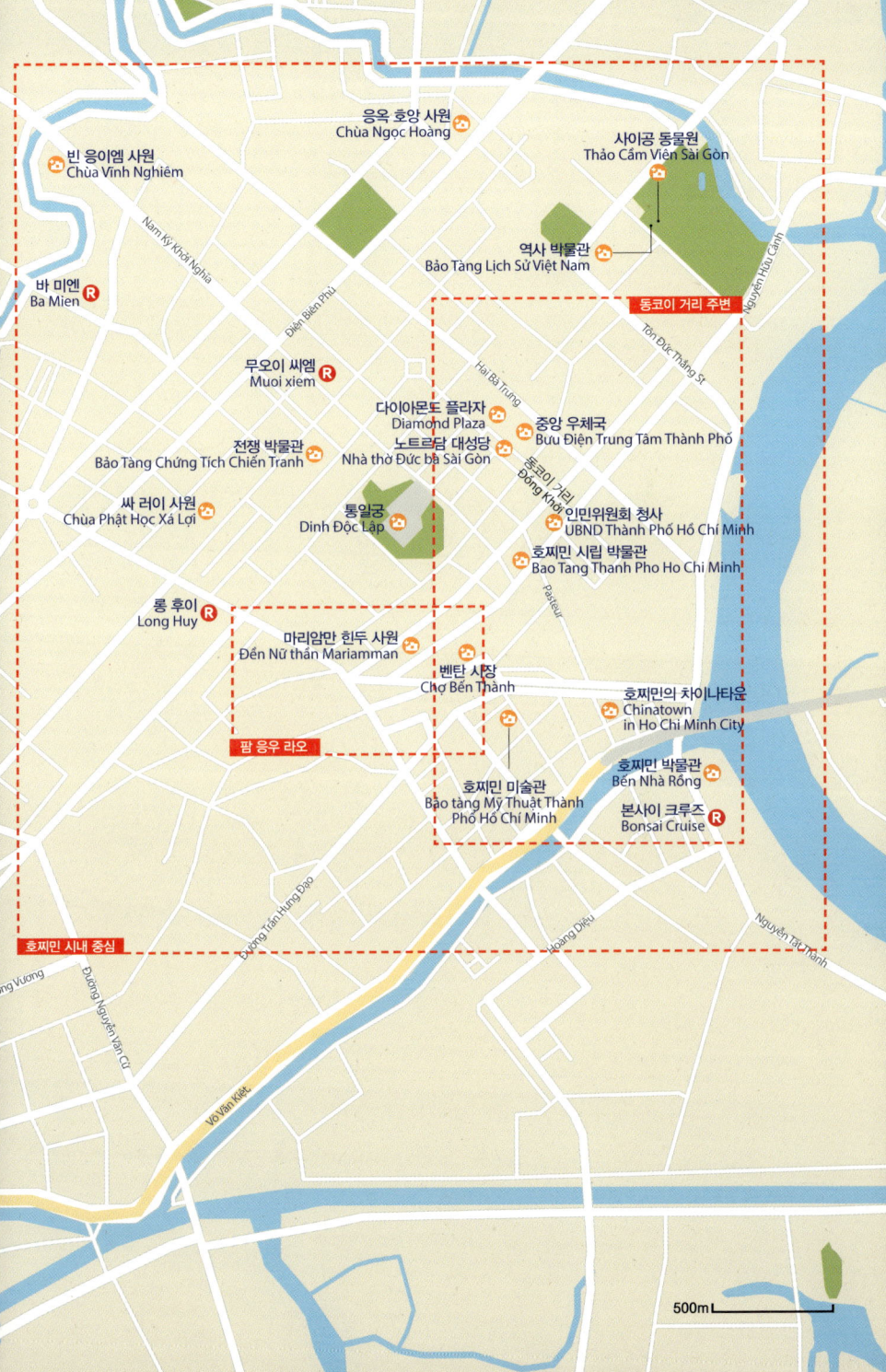

동코이 거리 주변

- 소피텔 사이공 플라자 호텔 / Sofitel Saigon Plaza Hotel
- 인터컨티넨탈 사이공 / Intercontinental Saigon
- Children Hospital 2
- 다이아몬드 플라자 / Diamond Plaza
- 중앙 우체국 / Bưu Điện Trung Tâm Thành Phố
- 르 메르디앙 사이공 / Le Méridien Saigon
- 노트르담 대성당 / Nhà thờ Đức bà Sài Gòn
- 판응온 138 레스토랑 / Quán ăn ngon Sài Gòn
- 파크 하얏트 사이공 / Park Hyatt Saigon
- 클럽 아포칼립스 나우 / Apocalypse Now
- 통일궁 / Dinh Độc Lập
- 냐 항 응온 / Nha Hang Ngon
- 인민위원회 청사 / UBND Thành Phố Hồ Chí Minh
- 호찌민 시립 박물관 / Bảo Tàng Thành Phố Hồ Chí Minh
- 카라벨 사이공 / Caravelle Saigon
- 후옹 센 호텔 / Huong Sen Hotel
- 렉스 호텔 사이공 / Rex Hotel Saigon
- 쉐라톤 사이공 호텔 & 타워 / Sheraton Saigon Hotel & Tower
- 봉 센 호텔 사이공 / Bong Sen Hotel Saigon
- 팰리스 호텔 사이공 / Palace Hotel Saigon
- 르네상스 리버사이드 호텔 사이공 / Renaissance Riverside Hotel Saigon
- 더 레버리 사이공 / The Reverie Saigon
- 템플 클럽 / Temple Club
- 마제스틱 사이공 호텔 / Majestic Saigon Hotel
- 마리암만 힌두 사원 / Đền Nữ thần Mariamman
- 벤탄 시장 / Chợ Bến Thành
- 호찌민 미술관 / Bảo tàng Mỹ Thuật Thành Phố Hồ Chí Minh
- 호찌민의 차이나타운 / Chinatown in Ho Chi Minh City
- 호찌민 박물관 / Bến Nhà Rồng

200m

Vietnam

호찌민은 어떤 곳일까?

1975년까지 사이공(Saigon)으로 칭하던 남베트남의 수도로, 통일 이후에는 민족 지도자의 이름을 따 호찌민으로 개칭하였다. 하지만, 이곳 사람들은 사이공이라는 이름을 더 선호하기 때문에 여전히 상호, 제품, 버스 등에 많이 사용한다. 과거에는 굴곡진 역사의 가운데에 있었으나, 하루가 다르게 고층 건물과 고급 호텔이 들어서고, 기업들은 외국인 투자자를 유치하는 등 자본주의의 물결을 타고 변화와 성장을 거듭하며 호찌민 지역 수입만 국가 전체의 3배에 달하는 베트남 경제의 메카가 되었다. 남베트남 수도였던 역사와 자본주의적 성향, 경제 수도라는 자부심 때문에 정치와 문화의 중심인 북부 하노이와 자존심 경쟁을 넘어 지역 감정으로까지 이어지고 있지만, 두 도시의 뚜렷한 색깔 차이는 전 세계 여행자들의 발길을 끄는 매력적인 요소이다. 베트남 전쟁 시 폭격으로 유서 깊은 건물이 사라진 하노이와 달리 식민지 시대의 프랑스식 도시 구조와 건물들이 많이 남아 있어 서구적인 풍경을 볼 수 있다.

• BEST SPOT •

MUST GO 전쟁 박물관, 노트르담 대성당, 구찌 터널
MUST EAT 템플 클럽, 무오이 씨엠, 꽌응온 138 레스토랑
MUST STAY 알코브 라이브러리 호텔, 렉스 호텔, 마제스틱 사이공 호텔

Vietnam

호찌민 드나들기

비행기

우리나라에서 국적기 대한항공, 아시아나항공과 일부 저가 항공사, 베트남의 항공사가 국제선 직항편을 취항하고 있다. 인천(서울)에서 호찌민까지 비행 시간은 5시간~ 5시간 40분이 소요된다. 호찌민 시내에서 북서쪽으로 7km 정도 떨어져 있는 떤선녓 국제공항은 한국뿐만 아니라 동남아 각지를 연결하는 허브 공항의 역할을 한다. 국내선은 전국 15개 정도의 주요 도시를 연결하고 있다.

■ 공항에서 시내로 이동하기

공항 택시
국제선 터미널을 나와 왼쪽으로 가면 택시 승강장이 있다. 많은 택시가 늘어서 있는데, 마일린 택시와 비나선 택시 등 잘 알려진 회사의 택시를 이용하면 안전하다.
요금 여행자 거리까지 약 15만 동 이상(톨게이트 비용 1만 동~1만 5천 동 포함 금액)

공항 버스
109번 시내버스
노선 벤탄 시장 – 팜 응우 라오 거리 – 9월 23일 공원 **시간** 05:30~00:30(운행 간격 20~30분) / 시내까지 40분 소요 **요금** 2만 동

49번 버스
노선 노트르담 성당 – 시민 극장 – 쉐라톤 호텔 – 마제스틱 호텔 – 벤탄 버스 터미널 – 팜 응우 라오 거리 – 레러이 거리 – 응웬 거리 – 깍 망 탕 땀 8번 거리 – 비사이 사이공 호텔 **시간** 05:30~00:30(운행 간격 약 25분, 러시아워에는 약 40분) / 시내까지 40분 소요 **요금** 4만 동

119번 버스(미엔 떠이 버스 터미널)
노선 호찌민 공항과 서부 터미널 구간을 중심으로 운행 **시간** 04:00~21:00 (운행 간격 약 20분) **요금** 2만 동

공항 픽업 서비스

호텔, 투어 프로그램을 예약한 여행사, 사설 업체를 통해 그룹 또는 팀 단위로 계약하는 공항 픽업 서비스를 이용할 수 있다. 프라이빗 픽업 서비스는 공항이나 호텔에서 바로 한 팀만 탑승하여 대기 시간을 줄이고 안전하게 이동할 수 있는 것이 장점이다.
홈페이지 www.klook.com , www.kkday.com

버스

■ 시외버스

각 지역으로 운행하는 시외버스는 정해진 터미널에서 승차한다. 시외버스는 속도도 상당히 느리고 정차하는 정류장도 많으며 버스 시설도 상당히 열악하다. 출발 전에 버스표를 구입해 둬야 한다.

쩌런 버스터미널(Ben Xe Cholon)
주로 메콩 델타와 미토 등 호찌민 남부 지역으로 운행한다.
주소 46 Lê Quang Sung, Phường 14, Quận 5 **위치** 5군 차 땀 성당 인근 **전화** 028-3855-5729

미엔 떠이 버스터미널(Ben Xe Mien Tay)
남부 지역으로 운행하는 시외버스 터미널이지만 시설이 열악하여 쩌런 버스 터미널보다 이용자 수는 많지 않다. 주로 미니버스를 운행한다.
주소 395 Kinh Dương Vương, An Lạc, Bình Tân **위치** 호찌민에서 서쪽 빈 짠 군(Binh Chanh dist) **전화** 028-3875-2953

미엔 동 버스 터미널(Ben Xe Mien Dong)
호찌민에서 가장 크고 노선이 많은 터미널로 시내에서 북동쪽으로 5km 떨어진 곳에 있다. 모든 버스는 05:00, 05:30에 일괄적으로 출발한다.
주소 Đinh Bộ Lĩnh, Phường 26, Bình Tân **위치** 시내에서 북동쪽으로 5km **전화** 028-2219-0198

■ 투어 버스
대부분의 여행자는 시외버스 대신 각 여행사들이 운영하는 투어 버스를 이용한다. 베트남에는 신 투어리스트, 탐ब 트래블 등의 여행사와 호텔 직영 투어 버스, 각 도시로 향하는 다양한 버스가 있다. 유효한 오픈 버스 티켓이 있으면 해당 노선 내 어디든 승하차가 자유롭다.

홈페이지 (신 투어리스트) thesinhtourist.vn, (풍짱 버스) futabus.vn

기차

호찌민의 기차역인 사이공 역은 도심에서 북서쪽으로 약 3km 떨어진 3군의 응웬 통(Nguyen Thong)거리에 있다. 호찌민은 남부로 내려가는 시발점이지만, 북부에서 내려오는 기차가 대부분이므로 역사는 열차 도착 시간을 제외하고 한산하다. 북부, 남부로 가는 기차는 하노이와 마찬가지로 역으로 가서 미리 예매를 하거나, 시내 여행사의 대행 서비스를 이용하면 된다.

홈페이지 베트남 국영 철도청 www.vetau.com.vn, 베트남 철도 예약 전용 www.baolau.com/en

티켓 예약 에이전시
베트남 레일웨이 vietnam-railway.com
Baolau www.baolau.com/en
북어웨이 www.bookaway.com
베트남 트레인 www.vietnamtrain.com
12고 아시아 12go.asia
HARACO www.vantaiduongsathanoi.vn
클룩 www.klook.com

시내 교통

■ 버스
호찌민의 버스 대부분이 기점으로 하는 벤탄 시장 인근의 벤탄 버스 터미널 오피스에 가면 호찌민 시내버스 운행 지도를 무료로 받을 수 있다. 요금은 2천 동 정도로 저렴하나 영어가 잘 통하지 않는다.

1번 버스 벤탄 시장 – 빈 떠이 시장
152번 버스 벤탄 시장 – 떤선녓 국제공항
11번 버스 벤탄 시장 – 담 센 공원(Dam Sen Water Park)

■ 택시
미터기를 장착한 호출 택시를 쉽게 접할 수 있다. 기본요금은 1만 2천~1만 4천 동으로 택시 회사마다 다르지만 시내는 3만 동을 기준으로 넘나든다. 사설 택시보다 안전한 공인 택시 브랜드(마이린, 비나선 택시 등)를 이용하자.

전화 마이린 택시 028-3838-3838, 비나선 택시 028-3827-2727

■ 렌터카
호텔이나 여행사에서 알선하면 기사나 연료비가 포함된 요금을 제시한다. 인원수가 많고 교외 일일 투어를 할 때 편리하다.

하루 이용 요금 100~150달러

■ 쎄옴
산업화의 상징이라고 생각될 정도로 베트남에는 오토바이가 많다. 길을 걸으면 따라오며 호객 행위를 하기도 한다. 외국인 여행자를 대상으로 한 바가지 요금에 주의하자.

요금 시내 이동 약 5만 동 / 하루 대절 약 50만 동(24달러)

■ 씨클로
가까운 거리를 이동할 때에만 이용하길 추천한다. 요금은 기본 3~4만 동 수준이며, 쩌런 거리는 6만 동 정도. 역시 흥정은 기본. 시내 51번가는 씨클로 운행이 금지되어 있다.

TIP
모바일 로밍 서비스
시내 근거리에 그랩 카, 그랩 바이크 서비스를 이용하기 편하다. 요금은 현금으로 결제한다. 대도시에서 그랩 서비스를 이용하는 경우는 호객 행위를 하거나, 호출한 차량의 드라이버인 척하고 먼저 접근하는 택시 기사는 무시해도 좋다. 반드시 어플에 안내된 차량, 드라이버, 요금 등의 정보와 일치 여부를 확인하고 차량에 탑승한다.

Vietnam

호찌민 추천 코스

• DAY 1 •

호찌민 시내 코스(8~10시간 소요)

호찌민 주요 관광 명소를 돌아보는 코스로, 도보만으로 충분히 다닐 수 있다. 차와 오토바이가 많기에 혼잡한 시간을 피해 오전에 전쟁 박물관과 통일궁을 다녀오고, 날이 더워지는 오후에는 음식점, 카페, 박물관 등 실내 위주로 다닌다. 저녁에 산책하는 기분으로 시청, 시민 극장, 벤탄 시장을 구경한다.

전쟁 박물관 베트남 전쟁 당시 상황을 보여 주는 곳
↓ 도보 8분
통일궁 통일과 독립의 상징
↓ 도보 5분
노트르담 대성당 프랑스 식민지 시절 지어진 성당
↓ 도보 1분
중앙 우체국 호찌민에서 가장 큰 우체국
↓ 도보 6분
응온 138 레스토랑 베트남 전통 음식점
↓ 도보 6분
인민위원회 청사 호찌민시의 시청
↓ 도보 5분
호찌민 시립 박물관 호찌민시의 역사 창고
↓ 도보 7분
시민 극장 프랑스 식민지 시절 지어진 대규모 공연장
↓ 도보 6분
템플 클럽 유럽풍 레스토랑
↓ 차량 6분
벤탄 시장 호찌민시 대표 재래시장

• DAY 2 •

호찌민 시내 코스(6~8시간 소요)

시내에서 가까운 사이공 동물원을 방문해 산책하듯 돌아보고 한낮에는 실내 위주로 다니는 코스이다. 역사 박물관을 비롯해 점심 시간에 문을 닫는 곳들이 있으니 방문 시 유의하자. 저녁에는 여행자의 거리에서 시간을 보내고 마사지로 하루를 마무리한다.

사이공 동물원 도심 속에서 만나는 동물원과 식물원
`도보 1분` ↓
역사 박물관 베트남과 인근 동남아시아의 유물 전시
`차량 10분` ↓
호찌민 박물관 호찌민 박물관이자 기념관
`차량 5분` ↓
호찌민 미술관 미술, 조각 등으로 만나 보는 베트남의 예술
`차량 5분` ↓
팜 응우 라오 여행자의 거리에서 저녁 식사와 맥주 한잔
`차량 10분` ↓
소이 스파 인민위원회 청사 앞 탁 트인 전망을 보며 마사지

※ 투어 프로그램으로 메콩 델타와 구찌 터널 원데이 투어를 다녀온다.

호찌민 시내 중심
Ho Chi Minh

전쟁 박물관
War Remnants Museum, Bảo Tàng Chứng Tích Chiến Tranh

전쟁 당시의 상황을 보여 주는 박물관

한때 중국 및 미국 전쟁 범죄 박물관이었으나 이들 국가 관광객들의 반감으로 개칭하였다. 베트남 전쟁 당시 미국의 잔악한 행위에 대해 들은 바 없는 서양인들의 발길이 끊이지 않는다. 전쟁에 사용됐던 탱크, 전투기, 미사일뿐만 아니라 미국이 사용한 고엽제 등으로 태어난 기형아들의 사체, 무고한 희생자들의 사진 등 전쟁 당시의 상황을 생생히 볼 수 있다. 역설적이게도 이 건물은 베트남 전쟁 당시 미군의 정보부 청사로 사용되었던 곳이다.

주소 28 Võ Văn Tần, Phường 6, Quận 3 **위치** 통일궁에서 북쪽으로 도보 5분 **시간** 07:30~18:00 **전화** 028-3930-5587 **요금** 4만 동 **홈페이지** baotangchungtichchientranh.vn

호찌민 시티 알아 두기

행정 구역은 하노이와 마찬가지로 1군, 2군 등의 형태로 나누는데, 1군이 바로 사이공이다. 5군은 차이나타운이 있는 쩌런(Cholon) 지역으로 중국인이 상권을 장악하고 있다. 팜 응우 라오(Pham Ngu Lao)는 호찌민에서 가장 오래된 거리의 하나로 알뜰 여행자들이 찾는 저렴한 숙소와 신 투어리스트와 탐한 트레블 등의 여행사가 있다. 팜 반 하이(Pham Van Hai) 거리에는 한인 타운이 형성되어 호텔과 식당, 여행사, 한인 시장 (Cho Pham Van Hai) 등이 밀집해 있다.

중앙 우체국
Post Office, Bưu Điện Trung Tâm Thành Phố

아치형의 높은 천장이 인상적인 중요 건축 문화재

1886년 프랑스 식민 정부 시절에 착공해 1891년에 완공되었다. 프랑스의 건축가 알렉상드르 귀스타브 에펠(Alexandre Gustave Eiffel)의 설계에 의해, 가는 철재로 섬세하게 제작한 아치형 높은 천장이 인상적이다. 마치 프랑스 파리의 오르세 미술관을 닮았다. 건물 외관은 프랑스 시청 스타일로 프랑스 상징물을 장식했다. 중요 건축 문화재로 보호받고 있으며, 내부에는 당시 프랑스령 인도차이나 남부(현재 캄보디아와 남베트남)인 코친 차이나 지도가 여행자의 시선을 압도한다. 베트남에서 가장 큰 우체국으로, 현재도 국제 택배 발송과 국제 전화 이용 등 우체국 본연의 역할을 하고 있다. 기념엽서 등도 구입할 수 있다.

주소 2 Công xã Paris, Bến Nghé, Quận 1 **위치** 동코이 거리 북쪽 끝, 노트르담 성당 맞은편 **시간** 월~금 07:00~19:00, 토·일 08:00~18:00 **전화** 028-3822-1677 **홈페이지** hcmpost.vn

노트르담 대성당
Notre Dame Cathedral, Nhà thờ Đức bà Sài Gòn

프랑스 노트르담 성당을 모방한 신 로마네스크 양식의 성당
1877~1883년에 걸쳐 지어진 프랑스 식민 시절의 대표적인 콜로니얼 건축물 중 하나로, 모든 건축자재를 프랑스에서 공수해 왔다. 전형적인 신 로마네스크 양식을 볼 수 있으며 무려 40m 높이에 달하는 두 개의 첨탑이 삐죽 솟아 있다. 성당 앞 광장에는 성모 마리아상이 있으며 건물 뒤편에는 당시 유럽에서 유행하던 양식을 모방한 건물이 있다. 8각형 붉은 벽돌 건물 내부 모서리마다 순례자가 찾는 각각의 프랑스 수호성자를 위한 예배당이 있어 눈여겨볼 만하다. 정문이 잠겨 있으면 통일궁 쪽으로 입장해야 한다. 현재는 보수 공사 중으로 내부 입장이 불가하다.

주소 01 Công xã Paris, Bến Nghé, Quận 1 **위치** 통일궁에서 동쪽으로 도보 5분 **시간** 06:00~20:00 **전화** 028-3822-0477 **요금** 무료 **홈페이지** giothanhle.net

통일궁
Reunification Palace, Dinh Độc Lập

베트남 통일과 독립의 상징

1868년 프랑스 식민 정부 시대에 지어져 코친 차이나의 총독부 관저로 쓰이다 독립 이후에는 남베트남 정부의 대통령궁으로 사용되었다. 1962년 남부 베트남 공군에서 대통령 살해 목적으로 폭탄 2발을 투하한 탓에 왼쪽 부분이 파괴되었고, 현재의 건물은 1966년 재건축된 것이다. 1층은 회의와 귀빈을 접견하는 장소, 2층은 정부 각료 회의와 국사를 논하던 곳이었고, 일부는 대통령 가족의 주거 공간이었다. 3층은 대통령 가족 도서관, 영부인 영접관, 4층은 대통령과 고위 공직자들의 휴식 공간이다. 지하는 콘크리트로 만든 작은 통로를 통해 이어진 사령실, 암호 해독실, 통신실 등이 있으며 군사 작전을 펼 수 있도록 설계되어 있다. 1975년 해방군의 탱크가 돌진하면서 베트남 전쟁은 종결을 맞게 되고, 이를 기념해 통일궁으로 개칭하였다. 현재는 개방되어 일반인은 물론, 학생과 관광객들에게 베트남 역사의 산 교육장으로 이용되고 있다. 옥상의 헬리포트에는 당시 폭탄을 맞은 지점이 표시되어 있고, 뜰에는 이곳으로 진입한 두 대의 탱크가 그대로 전시되어 있다.

주소 135 Nam Kỳ Khởi Nghĩa, Phường Bến Thành, Quận 1 **위치** 인민위원회 청사에서 도보 10분 **시간** 08:00~16:00 **전화** 028-3822-3652 **요금** 성인 4만 동, 학생 2만 동, 어린이 1만 동 / 한국어 오디오 가이드 대여 8만 동 **홈페이지** dinhdoclap.gov.vn

마리암만 힌두 사원
Mariamman Hindu Temple, Đền Nữ thần Mariamman

힌두신 마리암만을 위해 세운 사원
남부 인도에서 이주한 50~60명의 힌두교도들이 힌두신 마리암만을 기리기 위해 19세기경 세웠다. 당의 중앙에는 마리암만 신이 다른 신들과 어우러져 있다. 입구 왼쪽으로 사자, 여신, 수호신상 등이 있다.

주소 45 Trương Định, Phường Bến Thành, Quận 1 **위치** 호찌민 박물관에서 서쪽으로 도보 7분 **시간** 07:00~19:00 **요금** 무료

싸 러이 사원
Xa Loi Temple, Chùa Phật Học Xá Lợi

남베트남의 임시 정부로 사용된 불교 사원
1956년 부처의 유품을 안치해 만든 불교 사원이다. 1963년 8월, 응오 딘 디엠 대통령의 형이 쿠데타를 일으켜 이 사원을 접수한 후 남베트남의 임시 정부로 사용했다. 사원 본당에 들어갈 때 여성들은 오른쪽 계단을, 남성들은 왼쪽 계단을 이용해야 한다.

주소 89 Bà Huyện Thanh Quan, Phường 7, Quận 3 **위치** 통일궁에서 북서쪽으로 도보 15분 **시간** 06:00~11:30, 14:00~19:00 **전화** 028-3930-0114 **요금** 무료 **홈페이지** chuaxaloi.vn

호찌민 미술관
Fine Arts Museum, Bảo tàng Mỹ Thuật Thành Phố Hồ Chí Minh

미술 작품을 통해 들여다보는 베트남의 역사

1920년에 지어진 콜로니얼풍 건축물로 노란색과 흰색이 어우러져 화사함을 자아낸다. 처음 지어졌을 당시에는 중국의 부호 '후아 몬 호아' 소유의 저택이었으며, 호찌민에서 가장 먼저 기계식 승강기가 설치된 곳이기도 하다. 현재 1층은 모던 아트 갤러리로 베트남 현대 미술계를 대표하는 작가의 작품이 주로 전시되어 있고, 2~3층에서는 고대 미술품과 정치적 색채가 짙은 작품을 만날 수 있다. 3층에는 고대 유물, 조각상, 미술품, 도자기, 공예품이 상설전으로 운영되고 있으며, 별관에서는 특별전이 수시로 열린다. 규모가 크지 않지만 적당한 규모에 의자도 많고, 중정을 끼고 있는 형태라 쉬어가며 천천히 감상하기에 좋다. 곳곳의 발코니는 나갈 수 있어서 거대한 반얀트리와 호찌민의 풍경을 감상하기에 좋다.

주소 97A Phó Đức Chính, Phường Nguyễn Thái Bình, Quận 1 **위치** 통일궁에서 남쪽으로 도보 15분 **시간** 08:00~17:00 **전화** 028-3829-4441 **요금** 성인 3만 동, 학생(6~16세) 1만 5천 동, 6세 미만 무료 **홈페이지** baotangmythuattphcm.com.vn

호찌민 박물관
Ho Chi Minh Museum, Bến Nhà Rồng

호찌민의 일대기를 기록하고 있는 곳

베트남의 정신적인 지주이자 독립 영웅인 호찌민의 일대기가 보관되어 있는 곳이다. 1911년 21세 당시 프랑스로 떠나기 위해 화물선을 탔던 현재 박물관 자리의 냐롱(Nha Rong) 부두 이름을 따 냐롱(용의 집) 또는 지붕의 용 한 쌍 때문에 드래곤 하우스라고도 불린다. 호찌민이 입었던 옷과 신발, 미국제 제니스 라디오 등의 물건과 1만여 점의 문서 등이 전시되어 있다. 특히, 러시아어, 중국어, 영어, 일어 등으로 번역된 <옥중일기>가 흥미롭다. 건물은 19세기 후반 프랑스 식민 통치 시기 선박 회사가 건축한 것으로, 2층에서는 호찌민 시내를 한눈에 볼 수 있다.

주소 Số 01 Nguyễn Tất Thành, Phường 12, Quận 4 **위치** 호찌민 미술관에서 남동쪽으로 도보 20분 **시간** 07:30~11:30, 13:30~17:00 / 월요일 휴관 **전화** 028-3825-5740 **요금** 1만 동 **홈페이지** www.baotanghochiminh-nr.vn

역사 박물관
History Museum, Bảo Tàng Lịch Sử Việt Nam

원시 시대부터의 베트남 역사를 보여 주는 곳

1929년 프랑스 식민 정부 산하 기구가 건립한 것으로 1979년 현재의 역사 박물관으로 명명됐다. 크게 두 구역으로 나누는데, 제1구역은 약 30만 년 전 원시 시대부터 1930년대까지의 역사를 소개하고 있다. 특히 기원전 3세기부터 1세기까지 베트남 청동기 문명을 이끌었던 동 선 문명과 캄보디아 후난 왕국을 탄생시킨 옥 에오 문명의 유물까지 전시되어 있다. 제2구역은 베트남 남부 소수 종족과 주변국의 문화를 안내하고 있다. 본관 뒤편 3층은 학술 도서관으로 식민지 시기에 집필된 수많은 책들이 전시되어 있다. 박물관 뜰에서는 수상 인형극 극장(유료)이 있어, 베트남 전통과 생활 등을 주제로 한 공연도 진행된다.

주소 2 Nguyễn Bình Khiêm, Bến Nghé, Quận 1 **위치** 통일궁에서 도보 20분 **시간** 08:00~11:30, 13:30~17:00 **전화** 028-3829-8146 **요금** 3만 동 **홈페이지** www.baotanglichsuvn.com

사이공 동물원
Zoo & Botanical Garden, Thảo Cầm Viên Sài Gòn

산책하며 휴식하기 좋은 곳

도심에서 멀지 않은 곳에 있어 접근성이 좋다. 정문은 레 두안 거리 코너의 응웬 빈 끼엠 거리에 있으며, 바로 안쪽에는 중국이 쳐들어오기 전 베트남 왕조를 최초로 건국한 왕으로 알려진 '훙 브엉 황제'의 사원이 있다. 1862년 프랑스 식민 통치 당시 식물원도 개장하였으며, 아이들이 이용할 수 있는 놀이기구 시설도 들어와 있다. 잔디 광장과 키 큰 나무가 울창하게 들어서 있어 산책하듯 돌아보기에 좋다.

주소 2 Nguyễn Bình Khiêm, Bến Nghé, Quận 1 **위치** 역사 박물관 맞은편 **시간** 07:00~18:30 **전화** 028-3829-1425 **요금** 키 130cm 이상 5만 동, 키 130cm 미만 3만 동 **홈페이지** saigonzoo.net

응옥 호앙 사원(옥황전)
Ngoc Hoang Temple, Chùa Ngọc Hoàng

불교와 도교 신상이 함께 자리하고 있는 사원

2016년 오바마 전 미국 대통령이 방문해 더욱 유명해진 사원이다. 1909년 중국 광동인 협회(Cantonese Congregation)가 친목과 제사를 위해 건설하였다. 불교와 도교의 신상이 사원 가운데 함께 있다는 점이 독특하다. 정문을 들어서면 오른쪽에 문의 신인 몬 콴(Môn Quan) 상이 있고 맞은편으로 땅의 신인 또 딴(Thổ Thần)상이 있다. 향 냄새와 연기가 자욱한 경내에 들어서면 왼쪽부터 다섯 부처의 어머니인 쯔언 데(Chuẩn Đề), 염라대왕인 디아 탕 브엉 보 땃(Địa Tạng Vương và Bồ Tát), 미래불인 디락(Di Lặc) 등 백단향으로 조각된 불상을 볼 수 있다. 본당의 벽에는 옥황상제가 선악에 따라 응분의 보상을 하는 모습이 조각되어 있다.

주소 73 Đường Mai Thị Lựu, Đa Kao, Quận 1 **위치** 디엔 비엔 푸 거리의 북서쪽, 도보로 20분 정도 소요 **전화** 028-3820-3102 **요금** 무료

빈 응이엠 사원(빙엄사)
Vinh Nghiem Temple, Chùa Vĩnh Nghiêm

일본과의 우호를 위한 불교 사원

베트남-일본 우호 협회의 기금으로 1971년 지어진 불교 사원이다. 40m 높이의 일본풍 7층 탑과 일본 교토에서 주조한 '평화의 종'이 볼만하다. 종 표면에는 베트남 전쟁에 희생된 사람들을 위로하는 진혼의 글이 새겨져 있다. 서양인 여행자들에게 제이드 엠퍼러 템플(Jade Emperor Temple)로 잘 알려져 있다.

주소 339 Nam Kỳ Khởi Nghĩa, Phường 07, Quận 3 **위치** 통일궁에서 북서쪽으로 2.1km 거리, 택시로 8분 **시간** 06:00~20:00 **전화** 028-3896-6798 **요금** 무료 **홈페이지** www.vinhnghiemvn.com

팜 응우 라오
Phạm Ngũ Lão

여행자의 거리

여행사, 인터넷 카페, 저렴한 숙소, 레스토랑, 인터넷 전화방 등 여행 시설이 밀집한 곳으로 팜 응우 라오(Phạm Ngũ Lão), 데 탐(Đề Thám), 부이 비엔(Bùi Viện) 거리 일대에 걸쳐 형성되어 있다. 신 투어리스트(The Sinh Tourist), 풍짱 버스, 탐한 트레블 등으로 베트남 전역을 합리적인 비용으로 간편하게 이동하려는 배낭여행자들과 여행자 거리의 나이트 라이프를 즐기려는 이들로 늦은 밤까지 불이 꺼지지 않는 곳이다. 입구에 롯데리아가 있어 한눈에 찾을 수 있다.

주소 95A Đường Trần Hưng Đạo, Phường Cầu Ông Lãnh, Quận 1 **위치** 벤탄 시장에서 도보 20분, 택시로 10분

Ho Chi Minh
동코이 거리 주변

인민위원회 청사
People's Committee Building, UBND Thành Phố Hồ Chí Minh

프랑스 식민 통치자들의 공회당

1901~1908년 사이 건축물로, 프랑스 식민 통치자들의 공회당이었다. 프랑스 파리 시청과 매우 닮은 모습이다. 현재는 호찌민시의 인민위원회 청사(시청)로, 호찌민시의 상징적인 건축물이다. 노란색과 흰색이 어우러진 첨탑 위로 베트남 금성홍기(金星紅旗)가 펄럭이고 있다. 건물 앞 공원에는 호찌민 아저씨란 의미의 박 호(Bác Hồ)라는 글귀가 눈에 들어온다. 내부 입장은 불가능하다.

주소 Số 86 Lê Thánh Tôn, Bến **위치** 응웬 후에(Nguyen Hue) 거리 북단 **시간** 07:30~17:00 / 토 · 일 휴무 **전화** 028-3829-6052 **홈페이지** vpub.hochiminhcity.gov.vn

동코이 거리

이 지역은 호찌민시의 중심가 1군에서도 가장 번화한 거리로 호텔, 쇼핑 상가가 밀집한 지역이다. 레 로이(Lê Lợi) 거리는 호찌민시 인민위원회 청사, 현지인 대상의 상점과 기념품 가게 등이 있다. 동코이(Đồng Khởi) 거리는 작은 도로에 유명 상점, 레스토랑과 노트르담 성당, 시민 극장 등 사이공을 대표하는 근대 프랑스풍 콜로니얼 건축물의 가로수길로, 사이공강으로 이어진다. 한국 기업에서 베트남에서는 보기 드문 현대식 건물로 건축한 다이아몬드 플라자도 이곳에 있다.

호찌민 시립 박물관
Museum of Ho Chi Minh City, Bao Tang Thanh Pho Ho Chi Minh

호찌민시 역사의 모든 것

1886년 프랑스 네오 클래식 건축 기법으로 지어진 회색빛 건물로 지아롱 황제 궁으로도 알려져 있다. 식민지 시절에는 총독부 건물로, 1963년 남북분단 당시에는 남베트남의 응오 딘 디엠 대통령과 형제가 북베트남군을 피해 은신처로 사용하기도 하였다. 1층 전시관에는 호찌민의 자연환경, 기후, 지질 정보, 시대에 따라 변화된 모습을 확인할 수 있으며, 2층에서는 프랑스 식민 통치 시절, 미국에 맞서 싸운 베트남 공산주의 투쟁의 일면을 볼 수 있다. 박물관 뜰에는 소련제 탱크와 미국제 헬기 등 군사 장비가 전시되어 있다.

주소 65 Lý Tự Trọng, Bến Nghé, Quận 1 **위치** 인민위원회 청사 바로 옆 **시간** 08:00~17:00 **전화** 028-3829-9741 **요금** 3만 동 **홈페이지** hcmc-museum.edu.vn

다이아몬드 플라자
Diamond Plaza

한국인이 지은 상류층 백화점

앞의 건물은 백화점, 뒤의 건물은 사무실이다. 한국 상점과 여러 브랜드들이 많이 들어와 있다.

주소 34 Lê Duẩn, Bến Nghé, Quận 1 **위치** 노트르담 성당 뒤 **시간** 09:30~22:00 **전화** 028-3822-5500 **홈페이지** diamondplaza.com.vn

벤탄 시장
Ben Thanh Market, Chợ Bến Thành

호찌민의 대표 재래시장

여행자들의 발걸음이 이어지는 대규모 관광 시장으로 1912년에 오픈했다. 생필품, 식재료와 말린 과일, 커피, 차, 수공예품 외에도 베트남의 색채가 묻어 나는 기념품을 구입할 수 있다. 중앙 통로에서 남서쪽으로는 식당가가 있다. 오후 6시쯤 실내는 닫고 8시부터 자정까지 차량 통제하는 주변 거리에 노점과 포장 마차가 가득한 야시장이 열린다.

주소 Chợ, Đường Lê Lợi, Phường Bến Thành, Quận 1 **위치** 동코이 거리와 팜 응우 라오 거리 사이 4개 출입구 **시간** 06:00~18:00(야시장 20:00~24:00) **전화** 028-3829-9274 **홈페이지** ben-thanh-market.com

사이공 센트럴 모스크
Saigon Central Mosque, Musulman Nhà Thờ Hồi Giáo

인도와 참족 무슬림들의 이슬람 사원

동코이 거리 중앙에 자리 잡은 모스크는 남부 인도에서 이주한 무슬림이 1935년 건축했다. 전형적인 이슬람 사원으로 바닥과 벽은 모두 기하학무늬의 타일로 장식되어 있다. 현재는 인도 무슬림과 더불어 참족 무슬림들도 이 사원에서 예배를 드린다. 2층은 다양한 종류의 카레를 파는 식당으로, 신도가 아닌 사람들도 이용할 수 있다.

주소 66 Đ, Đồng Du, Bến Nghé, Quận 1 **위치** 시민 극장에서 남쪽으로 도보 3분 **시간** 08:00~20:00 **요금** 무료

시민 극장
Municipal Theatre, Nhà Hát Thành Phố Hồ Chí Minh

백색의 석조 여인상이 인상적인 호찌민 시민의 위락 시설

1897년 건축된 프랑스식 건물로 석조 베란다, 백색의 석조 여인상 등이 인상적이다. 프랑스 통치 시기에는 오페라 하우스로, 베트남 전쟁 당시에는 국회의사당으로, 현재는 호찌민 시민의 위락 시설로 이용한다. 콘서트, 뮤지컬, 패션쇼 등 다양한 행사가 열린다. 입구 왼쪽에 입장권을 살 수 있는 매표소가 있다.

주소 07 Công Trường Lam Sơn, Bến Nghé, Quận 1 **위치** 통일궁에서 남쪽으로 도보 5분 **시간** 공연 시간에 따라 다름 **전화** 028-3823-7419 **홈페이지** hbso.org.vn

파하사 서점
Bookstore FAHASA Sài Gòn/Nhà Sách FAHASA Sài Gòn

호찌민에서 가장 유명한 국민 서점

총 4층의 대형 서점으로 서점 사무실로 쓰고 있는 꼭대기 층을 제외하면 3개 층 규모에 외국 서적, 유아동 서적은 물론 요리, 여행 등 취미 관련서들이 잘 구비되어 있으며 신간 업데이트도 잘 되는 편이다. 장난감, 문구류, 기념품, 장식품들을 판매하는 곳도 있어 컬러링북, 그림책, 퍼즐을 비롯해 이색적인 선물을 구입하고자 할 때 방문해 보면 좋다. 호찌민 시내에 위치해 접근성이 좋고 베트남만의 특색과 색감, 그림들이 반영된 책들을 구경하는 것만으로도 즐겁다. 일정 크기 이상의 가방을 가지고 들어갈 경우 1층 보관소에 맡겨야 하는 경우도 있다는 점을 기억하자(귀중품 제외).

주소 60-62 Đường Lê Lợi, Bến Nghé, Quận 1 **위치** 호찌민 시립 박물관에서 280m 거리, 도보 3분 **시간** 07:00~21:00 **전화** 028-3822-6386 **홈페이지** fahasasg.com.vn

소이 스파
Soi Spa

지중해풍 분위기의 스파 숍

내부 바닥에 자갈이 깔려 있고 비교적 높은 층고에 천장부터 바닥까지 하늘하늘한 커튼이 늘어져 시원한 지중해풍 분위기를 자아낸다. 특히, 통유리로 호찌민 시청 앞 광장과 스카이라인을 시원하게 전망할 수 있어 해 질 무렵엔 더욱 아름다운 풍경을 감상할 수 있다. 보디 마사지, 헤어 마사지, 페이셜 마사지, 발 마사지, 샴푸, 네일 케어, 페디큐어, 왁싱 등 토탈 뷰티 케어 프로그램을 갖추고 있다. 남성 고객의 경우 일부 프로그램에 약 1만 5천 동~2만 동 정도의 비용이 더 추가된다. 벤탄 시장 쪽에도 지점을 운영 중이다.

주소 (1호점) 6th Floor, 44 Nguyễn Huệ, Bến Nghé, Quận 1 (2호점) 2nd Floor, 152 Lý Tự Trọng, Phường Bến Thành, Quận 1 **위치** (1호점) 시민 극장에서 350m 거리로 도보 5분, (2호점) 벤탄 시장에서 북서쪽으로 500m 거리로 도보 6분 **시간** 10:00~21:00 **전화** (1호점) 028-3825-8678, (2호점) 028-3825-8638 **요금** 부위별 마사지 30분 15만 동~, 발마사지 1시간 26만 동~, 페이셜 마사지 30분 17만 동~ **홈페이지** soispa.vn

에덴 스파
Eden Spa & Nail

솜씨가 좋은 저렴한 가격의 마사지 숍

번화한 데 탐 거리에 있는 스파 & 네일 숍으로 한국과 비교할 수 없을 만큼 저렴한 가격으로 마사지를 받아볼 수 있다. 왁싱을 비롯해 젤 네일, 매니큐어 등을 포함한 네일 케어와 스크럽, 각질 제거를 받을 수 있는 풋 케어, 여러 가지 서비스를 한꺼번에 묶은 패키지 프로그램까지 다양하게 갖추고 있다. 발 마사지와 네일 & 페디큐어는 1층, 보디 마사지는 2층에서 받게 되는데 프라이빗 룸이 아니라 커튼을 사이에 두고 베드가 여러 개 놓여 있는 구조이다. 단, 팁은 별도로 지불한다.

주소 63 Bùi Viện, Phường Phạm Ngũ Lão, Quận 1 **위치** 부이 비엔(Bùi Viện) 거리 초입 롯데리아에서 300m 거리, 도보 4분 **시간** 09:00~23:00 **전화** 097-8614-842 **요금** 발 마사지 1시간 10만 동~, 보디 마사지(40분) 12만 동~, (60분) 14만 동~

쩌런 거리 주변

Ho Chi Minh

호찌민의 차이나타운
Chinatown in Ho Chi Minh City

호찌민에서 만나는 중국

동코이 거리 서쪽으로 6km 정도 떨어진, 호찌민시(사이공) 5군에 한때 사이공 경제의 중요한 역할을 담당했던 차이나타운이 형성되어 있다. 큰 도매상이 많아 사람이 많이 붐비는 빈떠이 시장을 중심으로 중국식 사원과 재래시장, 중국인이 운영하는 호텔 등이 많이 있다. 관광의 거점은 쩐 흥 다오 거리와 홍 브엉 거리 사이로, 응웬 짜이(Nguyễn Trãi) 거리에 사원들이 여럿 있다.

위치 벤탄 시장 앞 버스 터미널에서 1번 버스를 타고 쩌런에서 내리면 된다.

티엔 허우 사원
Thien Hau Temple, Miếu Bà Thiên Hậu

19세기 광둥 출신의 화교들이 세운 불교 사원

현지인들에게 바 미에우, 퍼 미에우, 추아 바 사원으로도 알려져 있으며, 쩌런 지역에서 화교들이 가장 많이 출입하는 곳의 하나다. 티엔 허우는 구름을 타고 하늘을 날아다니며 항해의 안전을 지켜 주는 바다의 여신으로, 베트남뿐만 아니라 홍콩에서도 인기 있는 신이다. 사원 입구에는 수호신이 있으나 실제로 이 사원을 지켜 주는 것은 여기에 살고 있는 거북이라고 한다. 당 내부 천장에 매달린 커다란 스프링 모양의 향이 타는 동안 불공을 드린다.

주소 710 Nguyễn Trãi, Phường 11, Quận 5 **위치** 벤탄 시장에서 서쪽으로 6km 거리. 택시로 약 15분 **시간** 07:00~17:00 **요금** 무료

화교 사원을 둘러보는 재미

화교들이 지은 사원은 대부분 규모가 작고 중국풍이 강하지만 베트남식이 혼재된 방식이라 살펴보는 재미가 있다. 석가모니나 관음보살 외에도 포청천이나 손오공을 모신 곳도 있어 특이한 재미를 맛볼 수 있다.

• 광둥인 협회가 지은 사원들

쾅 암 사원(Chua Quan Am) / 관음사
자비의 여신인 콴 떼 암 보 땃(Quan The Am Bo Tat, 관세음보살)을 기리기 위해 1816년 지은 사원으로, 건축 기법과 구조는 전형적인 중국 형식이다. 쩌런 지역에 있다.

푹 안 호이 콴 사원(Chua Phuoc An Hoi Quan) / 복언 회관
호찌민의 아름다운 사원으로 1902년 완성되었다. 사원 중 하나이다. 나무로 조각한 제단과 벽이 볼만하다.

옹 봉 사원(Chua Ong Bon) / 옹본사
행복과 미덕의 수호신인 옹봉을 기리기 위해 만들어진 사원이다. 탁 트인 사원 내부 구조가 볼만하다. 하이 뚜옹 라이 옹 거리에 있다.

하 추엉 호이 콴 사원(Chua Ha Chuong Hoi Quan) / 하장 회관
티엔 허우 사원과 같은 기능의 사원이다. 응웬 짜이 거리에 있다.

• 푸저우 협회가 지은 사원들

바 추아 사원(Chua Ba Chua)
다산의 여신인 메 산(Me Sanh)을 기리기 위해 19세기경 건립되었다. 아이를 낳고자 하는 신도들이 방문하여 기도를 드린다. 찌에우 쾅 푹 거리에 있다.

풍 손 뚜 사원(Chua Pung Son Tu)
행복과 미덕의 수호신인 옹봉을 기리기 위해 만들어진 사원으로 1군에서 1km 지점에 있다.

빈 떠이 시장
Binh Tay Market, Chợ Bình Tây

호찌민의 명물 시장

벤탄 시장과 더불어 호찌민의 명물 시장이다. 주로 도매 시장으로 현지인들이 주로 이용해서 가격이 무척 싸다. 생필품에서 화교들이 파는 종교 용품까지 없는 것 빼고 다 있는 시장이다. 마지막 여행 일정에 들러 선물을 사기에 좋지만, 벤탄 시장과 달리 영어가 거의 통하지 않는다.

주소 57A thap Moui, Dist.6 **위치** 벤탄 시장에서 택시로 20분 **시간** 07:00~21:00 **전화** 028-0857-1512 **홈페이지** chobinhtay.gov.vn

짜 땀 성당
St. Francis Xavier Parish, Nhà Thờ Giáo Xứ Thánh Phanxicô Xaviê

하늘을 지키는 성당

19세기에 건축되었으며, 1963년 남베트남의 쿠데타 이후 임시 대통령 궁으로 사용되기도 했다. 흰색과 노란색이 어우러진 외관이 볼만하다. 중국 태생의 신부상이 성당의 탑 부분에 있다. 한자로 천수궁(天守宮)이라 하여 하늘을 지키는 성당으로도 통한다.

주소 57A Tháp Mười – P.2, Q.6 Tp. **위치** 벤탄 시장에서 서쪽으로 7km 거리, 택시로 약 15분 소요 **전화** 028-3856-0274 **홈페이지** chatamvn.com

호찌민 외곽
Ho Chi Minh

지악 럼 사원
Giac Lam Pagoda, Chùa Giác Lâm

호찌민에서 가장 오래된 불교 사원

1744년 건축된 호찌민 최고(最古)의 불교 사원이다. 1990년 개보수를 거친 뒤 현재의 모습을 하고 있다. 10여 명의 승려가 이 절에 기거하고 있다. 사원에 들어서면 정문에 스리랑카에서 가져왔다고 하는 큰 보리수가 있다. 보리수 뒤편 대웅전에는 관세음보살상이 연꽃 위에 앉아 있다. 지붕은 드물게 흰색과 파란색이 조화를 이룬다. 불당 내부에는 옛날 베트남 문자였던 쯔 놈이 적혀 있다.

주소 565 Lạc Long Quân, Phường 10, Tân Bình **위치** 호찌민 도심에서 쎄옴으로 20분(약 2만 5천 동) **시간** 05:00~12:00, 14:00~20:00 **전화** 028-3865-3933 **요금** 무료 **홈페이지** www.chuagiaclam.org

지악 비엔 사원
Giac Vien Pagoda, Chùa Giác Viên

지아롱 황제가 자주 방문했던 사원

약 200년 전 하이 틴 지악 비엔(Hai Tinh Giac Vien)이라는 인물이 지악 럼 사원과 유사한 양식으로 건축했다. 현재는 10여 명의 승려가 기거한다. 지아롱 황제가 이 사원을 자주 방문했다고 한다. 내부에는 지악 비엔상과 불상, 수호신상 등이 있다.

주소 Phường 3, District 11 **위치** 담센 공원(Đầm Sen Park) 인근 **시간** 07:00~19:00 **전화** 028-3858-1674 **요금** 무료

추천 식당

무오이 씨엠
Muoi Xiem

현지인들이 추천하는 반쎄오 맛집으로 1953년 문을 열었다. 3대에 걸쳐 운영하고 있으며 호찌민에는 4개의 매장이 있다. 프랜차이즈 식당이라 깔끔한 인테리어는 물론 위생 관리도 철저히 하고 있다. 가게 입구에서 반쎄오가 만들어지는 모습을 볼 수 있다. 들어가는 재료에 따라 반쎄오의 종류가 다양한데 한국어 메뉴판은 없지만, 영문 표기와 사진이 있어 주문이 어렵지 않다. 주문을 마치면 소스, 채소, 그릇과 함께 물티슈(Khăn Lạnh)가 제공되는데, 비용이 따로 청구되므로 영수증을 반드시 확인하자.

주소 54 Nguyễn Văn Trỗi, Phường 15, Phú Nhuận, Hồ Chí Minh **위치** 빈 응이엠 사원에서 650m 거리, 도보 8분 **시간** 10:00~22:00 **전화** 028-3845-2057 **요금** 반쎄오 6만 동~, 스프링롤 2만 5천 동~, 쌀국수 5만 5천 동~ **홈페이지** www.facebook.com/muoixiem

템플 클럽
Temple Club

건강식을 추구하는 레스토랑으로, 프랑스 식민 시절 지어진 고풍스러운 유럽식 건물에 있다. 입구는 건물 우측에 있다. 통로를 따라 위층으로 오르면 층고가 높고 아치형의 문, 앤티크한 가구로 꾸며져 있어 안락한 분위기다. 내부는 바 & 카페, 레스토랑 & 테라스 두 구역으로 나뉘며 피크 타임에 테라스 쪽에 앉고 싶다면 예약이 필수이다. 태국, 베트남, 프랑스식을 베이스로 한 음식을 선보인다. 식사가 아니더라도 커피, 간단한 스낵과 와인 또는 칵테일로 분위기를 즐기기에도 좋다.

주소 29-31 Tôn Thất Thiệp, Bến Nghé, Quận 1, Hồ Chí Minh **위치** 인민위원회 청사에서 450m 거리, 도보 6분 **시간** 12:00~24:00 **전화** 028-3829-9244 **요금** 소프트 쉘 크랩 16만 동, 모닝글로리 10만 동, 폭립 18만 동, 그릴드 비프 18만 5천 동, 모히토 12만 동 **홈페이지** templeclub.com.vn

스타벅스
Starbucks

베트남 커피가 입에 안 맞거나 익숙한 커피 맛이 그리울 때, 스타벅스의 국가별 MD를 구입하고자 할 때 방문해 보자. 호찌민 스타벅스 1호점인 이곳은 벤탄 시장과 가깝고 특히 전망이 좋아 사람들이 많이 찾는 곳이다. 유아히어 시티머그, 시티 텀블러, 아오자이를 입거나 전통 모자인 논 라를 쓰고 있는 곰인형 베어리스타 등 다양한 제품들을 갖추고 있다. 베이커리류 외에 베트남 누들과 반미를 판매하다.

주소 Góc đường Phạm Hồng Thái giao Nguyễn Thị Nghĩa New World Hotel, 76 Lê Lai, Ward, Bến Nghé, Quận 1 **위치** 벤탄 시장에서 여행자의 거리 방향으로 500m 거리, 도보 6분 **시간** 06:30~23:00 **전화** 028-3823-7962 **가격** 아이스 아메리카노 5만 5천 동, 시티 텀블러 23만 동~, 시티 머그잔 30만 동~, 베어리스타 38만5천 동 **홈페이지** starbucks.vn

꽌응온 138 레스토랑
Ngon 138 Restaurant

주소 138 Nam Kỳ Khởi Nghĩa, Bến Nghé, Quận 1, Hồ Chí Minh **위치** 통일궁에서 시민 극장 방향으로 66m 거리, 도보 1분 **시간** 07:00~22:30 **전화** 028-3825-7179 **가격** 콤보 메뉴 15만 동~, 반쎄오 8만 5천 동, 분짜 7만 동~ **홈페이지** www.quanngon138.com

총 2층 규모로 내부에도 자리가 많이 있지만 숲속에 들어온 듯 이국적이고 아늑한 느낌을 자아내는 야외 테이블이 인기가 있다. 베트남 전역의 요리를 맛볼 수 있으며 콤보 메뉴도 있다. 아쉽게도 메뉴판에 한국어 표기는 없지만 전 메뉴에 사진이 있어 어렵지 않게 주문할 수 있다. 통일궁과 노트르담 대성당이 도보 3~5분 거리이기 때문에 시내 관광을 하다 시원한 음료 한잔으로 재충전하며 분위기를 즐기거나, 라이트업을 보러 가기 전 저녁 식사를 위해 방문하기 좋은 위치에 있다. 부처가 열반에 들 때 사방에 있었다고 전해져 인도에서는 신성한 나무로 여기는 살라 나무들도 볼 수 있다.

롱 후이
Long Huy

베트남 현지인들이 많이 찾는 베트남식 새우 부침개 전문점이다.

주소 129 Cách Mạng Tháng Tám, Phường 5, Quận 3 **위치** 통일궁에서 1.6km 거리. 택시로 4분, 도보 15분 **전화** 028-3834-2859

냐 항 응온
Nha Hang Ngon

베트남 전통 요리 전문점으로 이국적인 인테리어와 어느 음식들도 외국인의 입맛에 잘 맞게 나오는 식당이다. 직접 조리하는 모습을 보면서 음식을 고를 수 있어 메뉴를 보지 않아도 주문하기 어렵지 않다.

주소 160 Pasteur, Bến Nghé, Quận 1 **위치** 시립 박물관에서 220m 거리, 도보 3분 **시간** 08:00~22:30 **전화** 028-3827-7131 **홈페이지** quananngon.com

비엣 레스토랑
Viet Vietnamese Cuisine

토스트, 와플, 아메리칸 스타일의 아침 식사와 베트남 전통 음식, 베지테리언 음식, 씨푸드까지 다양한 메뉴가 있다. 여행자 거리인 데 탐 한복판에 위치하고 있는 탓인지 맛도 가격도 현지보다 외국인들에게 맞춘 듯하지만 늦은 밤까지 활기찬 거리에서 여행 기분을 만끽하며 식사하기에 안성맞춤이다.

주소 61 Bùi Viện, Phường Phạm Ngũ Lão, Quận 1 **위치** 통일궁에서 시민 극장 방향으로 66m 거리, 도보 1분 **시간** 06:00~22:00 **전화** 08-3837-9872 **가격** 쌀국수 7만 9천 동~, 반쎄오 12만 9천 동~, 스무디 5만 5천 동~, 아이스 카페라떼 3만 9천 동~

바 미엔
Ba Mien

베트남 전통 요리 전문점으로 아기자기하고 전통적인 인테리어와 베트남의 남부, 중부, 북부의 음식이 코스로 나온다.

주소 122 Trần Quốc Thảo, Phường 14, Quận 3 **위치** 호찌민 전쟁 박물관에서 1.3km 거리로 택시 4분, 도보 16분 **전화** 028-3931-7096

본사이 크루즈
Bonsai Cruise

크루즈를 타고 사이공강을 따라 유람하며 저녁 식사와 호찌민의 야경을 즐길 수 있다. 선실 내에서는 베트남 전통 공연도 펼쳐진다.

주소 5 Nguyễn Tất Thành, Phường 12, Quận 4 **위치** 호찌민 박물관에서 180m 거리 도보 2분 **전화** 028-3620-6265 **시간** 18:00~21:15 **홈페이지** bonsaicruise.com.vn

클럽 아포칼립스 나우
Apocalypse Now

가장 오래되었고, 유명한 클럽이다. 서양인들이 많이 이용하며, 가격이 저렴하다.

주소 2B Thi Sách, Bến Nghé, Quận 1 **위치** 시민 극장에서 350m 거리 도보 5분, 사이공 강변 **전화** 028-3825-6124 **시간** 20:00~04:00 **홈페이지** apocalypsesaigon.com

추천 **숙소**

르네상스 리버사이드 호텔 사이공
Renaissance Riverside Hotel Saigon

사이공 강가에 있는 21층 높이의 최고급 호텔이다. 메리어트 계열의 르네상스 체인 호텔로, 지어진 시기는 오래 되었으나 여전히 깔끔한 룸 컨디션을 유지한다. 21층에는 루프톱 바와 수영장이 있으며 무료 와이파이가 제공된다.

주소 8-15 Đường Tôn Đức Thắng, Bến Nghé, Quận 1 **위치** 동코이 거리 끝 사이공 강가 **가격** $140~ **전화** 028-3822-0033 **홈페이지** marriott.com

렉스 호텔 사이공
Rex Hotel Saigon

건물 자체가 호찌민의 관광 명소이다. 호텔을 상징하는 왕관 마크가 모든 집기류에 새겨져 있다. 시내의 이정표 역할도 한다. 5성급 호텔답게 룸 컨디션이 좋고, 옥상에 루프톱 가든이 있어 호찌민 광장의 야경을 보며 밤을 즐길 수 있다.

주소 141 Nguyễn Huệ, Bến Nghé, Quận 1 **위치** 인민위원회 청사에서 58m 거리, 도보 1분 **가격** $127~ **전화** 028-3829-2185 **홈페이지** rexhotelvietnam.com

마제스틱 사이공 호텔
Majestic Saigon Hotel

1925년 프랑스 식민 통치 시기에 문을 열었다. 고전적 외관을 간직한 고급 호텔로, 콜로니얼 양식의 고풍스럽고 클래식한 인테리어가 인상적이다. 다양한 투어 프로그램도 마련되어 있다.

주소 1 Đồng Khởi, Bến Nghé, Quận 1 **위치** 동코이 거리 끝 사이공 강가 **가격** $140~ **전화** 028-3829-5517 **홈페이지** majesticsaigon.com

더 레버리 사이공
The Reverie Saigon

건물 외관에서부터 객실 내부까지 모두 우아하고 럭셔리한 디자인을 자랑한다. 2015년에 신설된 호텔이기 때문에 시설도 깔끔하다.

주소 The Reverie Saigon, 22-36 Nguyen Hue Boulevard, Ben Nghe Ward, Quận 1 **위치** 동코이 거리 끝 부분 **가격** $226~ **전화** 028-3823-6688 **홈페이지** thereveriesaigon.com

카라벨 사이공
Caravelle Saigon

동코이 거리의 노른자 땅에 위치한 고급 호텔. 객실 가구는 모두 목재이다.

주소 19-23 Lam Son Square, Bến Nghé, Quận 1 **위치** 동코이 거리 시민 극장 옆 **가격** $200~ **전화** 028-3823-4999

뉴 월드 사이공 호텔
New World Saigon Hotel

팜 응우 라오 거리의 유일한 고급 호텔로 객실 수가 533개에 달하는 대형 고급 호텔이다. 주 이용 고객은 홍콩인과 대만인들이다.

주소 76 Lê Lai, Phường Bến Thành, Quận 1 **위치** 벤탄 시장에서 여행자의 거리 방향으로 400m 거리, 도보 5분 **가격** $132~ **전화** 028-3822-8888 **홈페이지** saigon.newworldhotels.com

파크 하얏트 사이공
Park Hyatt Saigon

고급스러운 외관으로 245개의 객실이 마련되어 있으며 모든 객실 내에 미니 아이패드와 무료 와이파이를 제공한다. 주요 관광지와의 접근성도 좋다.

주소 2 Công Trường Lam Sơn, Bến Nghé, Quận 1 **위치** 시민 극장에서 북쪽으로 58m거리, 도보 1분 **가격** $239~ **전화** 028-3824-1234 **홈페이지** hyatt.com

소피텔 사이공 플라자 호텔
Sofitel Saigon Plaza Hotel

최신식 호텔로 객실에서 사이공 강과 호찌민 시가지가 한눈에 내려다보인다. 18층에는 넓은 수영장이 있어 도심의 전경을 즐기기 좋다.

주소 17 Lê Duẩn, Bến Nghé,Quận 1 **위치** 중앙 우체국에서 사이공 동물원 방향으로 700m 거리, 도보 9분 **가격** $147~ **전화** 028-3824-1555 **홈페이지** all.accor.com

인터컨티넨탈 사이공
Intercontinental Saigon

주요 관광지와의 접근성이 좋으며 밝은 조명과 인테리어가 인상적인 호텔이다.

주소 Corner Hai Ba Trung St. &, Lê Duẩn, Bến Nghé, Quận 1 **위치** 중앙 우체국에서 280m 거리, 도보 4분 **가격** $192~ **전화** 028-3520-9999 **홈페이지** ihg.com

르 메르디앙 사이공
Le Méridien Saigon

2015년에 지어진 호텔로 343개의 객실을 갖추었다. 객실은 시티 뷰와 리버 뷰로 나뉘며, 시티뷰는 호찌민 시가지의 전경을 감상할 수 있고, 리버뷰는 사이공 강이 보인다.

주소 3C Đường Tôn Đức Thắng, Bến Nghé, Quận 1 **위치** 사이공 강가 **가격** $165~ **전화** 028-6263-6688 **홈페이지** marriott.com

쉐라톤 사이공 호텔 & 타워
Sheraton Saigon Hotel & Tower

485개 객실의 5성급 호텔이다. 모든 객실에 무료 와이파이와 조식 서비스를 제공한다. 또한 23층 루프톱 바에서 사이공강의 야경을 감상할 수 있다.

주소 88 Đồng Khởi, Bến Nghé, Quận 1, Hồ Chí Minh **위치** 사이공 센트럴 모스크에서 58m 거리, 도보 1분 **가격** $253~ **전화** 028-3827-2828 **홈페이지** marriott.com

더 알코브 라이브러리 호텔
The Alcove Library Hotel

더 가디언이 선정한 10대 부티크 호텔 중 한 곳으로 유럽풍 건물과 세련된 인테리어가 눈길을 끈다. 이름대로 도서관을 테마로 꾸며져 있는데, 로비 벽면을 가득 채운 책장은 실제로 자유롭게 사다리를 타고 올라가 도서를 꺼내 볼 수 있다. 프론트에 말하면 빌려 보는 것도 가능하다. 객실 인테리어도 각각 책을 주제로 하고 있으며 주방, 전자레인지를 갖춘 룸도 있어 영유아를 동반한 가족에게 인기가 있다. 투숙객을 위한 호텔 주변 지도, 택시 카드 등의 서비스를 제공하며 5층의 북마크 레스토랑은 맛과 분위기가 훌륭하다. 숙박비 일부를 고아원에 책으로 기부하는 등 겉과 속 모두 아름다운 곳이다.

주소 133A Nguyễn Đình Chính, Phường 8, Phú Nhuận **위치** 무오이 씨엠에서 220m 거리, 도보 3분 **전화** 028-6256-9966 **가격** $47~ **홈페이지** alcovehotel.com.vn

팰리스 호텔 사이공
Palace Hotel Saigon

5성급 호텔들에 비해 시설 면에서는 조금 떨어질 수 있으나 주요 관광지와의 접근성이 좋으며 가격 대비 만족도는 높은 편이다.

주소 56 – 66 Nguyễn Huệ, Bến Nghé, Quận 1 **위치** 인민위원회 청사에서 400m 거리, 도보 5분 **가격** $52~ **전화** 028-3824-4611 **홈페이지** palacesaigon.com

엘리오스 호텔
Elios Hotel

옥상에 레스토랑이 있는 중급 호텔이다. 가까이 벤탄 시장이 있다.

주소 233 Phạm Ngũ Lão, Phường Phạm Ngũ Lão, Quận 1 **위치** 여행자의 거리 부이 비엔(Bùi Viện) 초입에서 450m 거리, 도보 6분 **가격** $27~ **전화** 028-3838-5584 **홈페이지** elioshotel.vn

비엔 동 호텔
Vien Dong Hotel

저렴한 가격대의 중급 호텔이다. 나이트 클럽이 있고 무슬림 음식을 제공한다.

주소 275A Phạm Ngũ Lão, Phường Phạm Ngũ Lão, Quận 1 **위치** 여행자의 거리 부이 비엔(Bùi Viện) 초입에서 500m 거리, 도보 6분 **가격** $41~ **전화** 028-3836-8941 **홈페이지** viendonghotel.com.vn

사이공 호텔 호찌민
Saigon Hotel Ho Chi Minh

관광안내소, 헬스 센터, 사우나 등 부대시설까지 갖춘 중급 호텔이다. 세계 각국 요리를 제공하는 레스토랑도 운영한다.

주소 41-47 Đông Du, Bến Nghé, Quận 1 **위치** 사이공 센트럴 모스크에서 30m 거리, 도보 1분 **가격** $46~ **전화** 028-3829-9174 **홈페이지** saigonhotel.com.vn

후옹 센 호텔
Huong Sen Hotel

사우나를 무료로 즐길 수 있다. 내부 인테리어는 중국풍으로 꾸며져 있다.

주소 66-70 Đồng Khởi, Bến Nghé, Quận 1 **위치** 사이공 센트럴 모스크에서 170m 거리, 도보 2분 **요금** $51~ **전화** 028-3829-1415 **홈페이지** huongsenhotel.com.vn

봉 센 호텔 사이공
Bong Sen Hotel Saigon

동코이 거리 중간 지점에 있어 입지 조건이 좋다. 마사지와 스파 시설을 갖추고 있다. 동양인 투숙객들이 많다.

주소 123 Đồng Khởi, Bến Nghé, Quận 1 **위치** 시민 극장에서 170m 도보 2분 **가격** $42~ **전화** 028-3829-1516 **홈페이지** bongsenhotel.com

리버티 호텔 사이공 파크 뷰
Liberty Hotel Saigon Park View

체인 호텔로 총 9층 건물에 89개의 객실이 있다. 9층 레스토랑 전망이 매우 좋다.

주소 265 Phạm Ngũ Lão, Phường Phạm Ngũ Lão, Quận 1 **위치** 여행자의 거리 부이 비엔(Bùi Viện) 초입에서 450m 거리, 도보 6분 **가격** $24~ **전화** 028-3836-4556 **홈페이지** libertysaigonparkview.com

동 칸 호텔
Dong Khanh Hotel

사이공 투어리스트에서 운영하는 중급 호텔이다.

주소 2 Đường Trần Hưng Đạo, Phường 7, Quận 5, Hồ Chí Minh **위치** 티엔 허우 사원에서 1.4km 거리로 택시 4분, 도보 17분 **가격** $30~ **전화** 028-3923-4416 **홈페이지** dongkhanhhotel.com

푸 토 호텔
Phu Tho Hotel

대형 레스토랑과 노래방을 겸비하고 있다.

주소 915 Đường 3 Tháng 2, Phường 7, Quận 11, Hồ Chí Minh **위치** 티엔 허우 사원에서 1.6km 거리로, 택시 4분, 도보 18분 **가격** $51~ **전화** 028-3855-1310 **홈페이지** phuthohotel.vn

응옥 란 호텔
Ngoc Lan Hotel

가격이 저렴해 잠시 머물기 좋다. 추가 요금을 지불하면 마사지와 공항 셔틀버스 서비스를 이용할 수 있다.

주소 293 Lý Thường Kiệt, Phường 15, Quận 11, Hồ Chí Minh **위치** 지악 럼 사원에서 1.2km 거리로 택시 4분, 도보 15분 **가격** $34~ **전화** 028-3865-5928

• Plus Area 1 •

구찌 터널
Cu Chi Tunnel, Khu Di Tích Lịch Sử địa đạo Củ Chi

잔혹했던 전쟁의 상처와 게릴라전의 흔적이 남아 있는 곳

베트남 전쟁이 종결된 지 30여 년이 흘렀지만 잔혹했던 전쟁의 상처와 게릴라전의 흔적이 여전히 이곳에 전해진다. 이곳에서는 북베트남군이 게릴라 작전을 원활히 수행할 수 있게 했던 땅굴 터널을 눈으로 생생히 볼 수 있다. 무려 250km에 달하는 구찌 터널은 원래 프랑스 식민 정부에 대응하기 위해 1948년부터 지하 1층 규모로 터널 형식의 땅굴로 개발하기 시작했다. 베트남 전쟁이 발발한 후 베트콩이 구찌 지역을 접수하자 미국은 융단 폭격과 고엽제 살포로 이 지역에 대규모 공세를 펼쳤다. 터널은 지상에서 3~4m의 두께를 유지하고, 50톤가량의 탱크와 폭격에도 끄떡없게 설계되어 있다. 터널의 너비와 높이는 80cm로 체형이 큰 미군들이 들어갈 수 없었고, 출입구도 위장되어 있어 발견하기 어려웠다. 현재 구찌 터널 중 벤 딘과 벤즈억 동굴 등 약 20km에 해당하는 일부 지역이 관광객에게 개방되고 있다. 좁은 입구를 확장했으며, 내부를 한눈에 식별할 수 있도록 곳곳에 상황판을 설치하고 비디오를 상영한다. 내부에는 부엌, 식당, 침실, 치료실, 학교, 심지어 아이를 낳을 수 있는 조산소까지 설치되어 있다. 공기가 통하지 않는 점을 고려하여 환기 시설도 마련해 두었다. 실탄 사격장이 있어 소총 사격도 할 수 있었다.

까오다이교 사원
Cao Dai Temple, Thánh Thất Sài Gòn

까오다이교의 본산

떠이 닌(Tay Ninh)에 있는 까오다이교의 본산이다. 두 개의 높은 탑이 사원 좌우로 높게 솟아 있는데 얼핏 보면 불교 사원 같기도 하고, 이슬람 사원 같기도 하다. 왼쪽 탑은 최초의 여성 추기경인 람 후옹(Lam Huong)을, 오른쪽 탑은 최초의 남성 교주인 레 반 쯩(Le Van Trung)을 상징한다. 당에는 신발을 벗고 입장하며 여자는 왼쪽, 남자는 오른쪽 입구로 들어가 반시계 방향으로 돌아야 한다. 총 9개의 계단이 있는데 천국으로 가는 9계단을 상징한다. 하루 4차례 열리는 기도 시간에는 2층 베란다에서 종교 의식을 구경할 수 있다. 짧은 옷을 가급적 입지 않도록 하고, 허락 없이 사진을 찍는 것은 실례다. 구찌 터널 투어와 패키지 상품이다. 흔히 볼 수 없는 종교이므로 꼭 한번 들러 보자. 단, 베트남 구정 연휴에는 관람할 수 없다.

투어의 구성

■ 구찌 터널 반나절 투어

오전 07시 15분에 호찌민 시내 신 투어리스트 오피스에서 최소 8명 이상 출발하여 9시 30분경 구찌 터널(벤딩 동굴, Bến Đình)에 도착한다. 12시까지 구찌 터널을 체험 후 13시 30분에 호찌민 시내에 도착한다.

요금 13만 동~(버스, 영어 가이드 포함) / 점심과 입장료는 별도

■ 까오다이교 사원 & 구찌 터널 1일 투어

오전 7시 15분 까오다이교 사원으로 출발하여 정오까지 예배를 관람하고 12시 쯤 근처에서 간단한 점심을 먹는다. 오후 2시에 구찌 터널(벤딩 동굴, Bến Đình)로 이동하여 터널 체험을 하고 오후 6시 30분에 호치민 시내에 도착한다.

요금 30만 동~

투어 예약 및 유의 사항

호찌민 시티에서 차로 2시간 거리인 구찌 터널은 투어 프로그램이 가장 합리적이다. 데 탐 거리의 여행사에서 반나절 투어 코스나 까오다이교 사원 포함 1일 투어 패키지를 신청할 수 있다 구찌 터널은 안전을 위해 모기 기피제를 꼭 바르고 가급적 긴소매 상의와 긴바지, 운동화를 착용하고 입장하자.

홈페이지 thesinhtourist.vn, www.klook.com

• Plus Area 2 •

메콩 델타
Mekong Delta

여행자들에게 인기 있는 메콩강 크루즈

메콩강 하류의 광활한 델타 지역도 관광지로 손색없는 곳이다. 중국에서 발원한 메콩강은 라오스, 캄보디아, 베트남을 흘러 메콩 델타를 통해 남중국해로 흘러든다. 강 하구에서 9개의 지류로 나눠지는데 이를 구룡(九龍)이라고 부른다. 델타 지역은 약 50,000km^{2}에 달하는 광대한 습지대를 형성하고 있어 벼 농사에 좋은 조건을 갖추고 있다. 프랑스 식민 통치 시기에 관개 시설이 정비되어 세계 최대의 곡창 지대였으나 베트남 전쟁을 겪으면서 많은 곳이 황폐화되었다. 최근 들어 수상에서 살아가는 베트남 사람과 자연 그대로의 모습을 간직하고 있는 섬, 정글, 동굴 등을 구경하기 위한 여행자들의 메콩강 크루즈가 인기 있는 관광 상품으로 자리 잡았다. 메콩 델타는 호찌민에서 로컬 버스로 직접 이동하여 즐길 수 있다. 그러나 시간이 많지 않을 경우에는 호찌민 데탐 거리 여행사에서 실시하는 투어 프로그램을 이용하는 것이 시간적·경제적으로 효율적이다. 여행자들이 주로 찾는 크루즈 상품으로는 미토(Mytho), 껀터(Can Tho), 쩌우독(Chau Doc) 등이 있다.

미토 Mỹ Tho

중국인들에 의해 만들어진 도시

띠엔 지앙성의 성도인 미토는 1680년경 대만으로 망명하던 중국인들에 의해 만들어진 도시로서 호찌민과 메콩 델타를 연결하는 교통의 요충지이자 메콩 델타의 관문인 항구 도시다. 현재 중국인들은 그리 많지 않으나 1970년대까지 국가의 부를 책임지는 주요 도시 중 하나였다. 또한 메콩강 중류의 토이손 섬은 망고나 파파야 같은 열대 과일의 집산지로도 유명하다. 개별적으로 호찌민에서 미토에 가려면 쩌런 버스 터미널에서 미토로 가는 완행 버스를 이용해야 한다.

위치 미토 버스 터미널은 도시 서쪽에 위치하며 숙소가 몰려 있는 바오딘 강(Sông Bảo Định)까지 오토바이로 이동한다. 미토에서도 호텔과 여행사가 자체 운영하는 미토 크루즈 여행 상품이 있다. 그 이외 미토 성당, 까오다이교 사원, 중앙 시장 등이 볼만하다. **요금** 3만 동

껀터 Cần Thơ

새벽을 깨우는 수상 시장 상인들의 행렬이 장관을 이루는 곳

메콩 델타 최대의 도시다. 호찌민 다음 규모를 자랑하는 남부 도시인 껀터는 미곡 산업이 발달해서 춘권의 재료인 라이스페이퍼의 특산지로도 유명하다. 껀터의 대표 관광지인 수상 시장은 새벽을 깨우는 상인들의 행렬이 장관을 이룬다. 껀터 크루즈 여행은 미토와 다른 감동을 선사할 것이다.

위치 호찌민에서 판매하는 여행 상품 이외에 껀터 소재 호텔과 여행사가 제공하는 투어 상품도 있다. 가격은 25~30달러로 비싼 편이다. 이 외에 닌끼에우 공원, 호찌민 박물관, 광동인 사원 등이 볼만하다. 개별적으로 호찌민에서 껀터에 가려면 쩌런 버스 터미널에서 시외버스를 이용한다. **요금** 4만 8천 동

쩌우독 Châu Đốc

참족이 거주하는 곳

쩌우독은 캄보디아와 국경을 맞대고 있는 도시로서, 소수 민족인 참족의 집중 거주지이다. 중국인, 크메르인이 공존하고 있어 이국적인 분위기가 물씬 풍긴다

투어의 구성

호찌민 시내 이외에도 구찌 터널, 까오다이교 사원, 메콩 델타 등 근교 투어 프로그램이 상당히 발달되어 있다. 국영 여행사인 베트남 투어리스트를 비롯하여 많은 여행사들이 쩌런 거리와 동코이 거리에 있다. 관광지의 자세한 설명을 듣고 싶은 여행자는 시내 투어 프로그램을 이용해 볼만하다.

행선지	투어 내용	가격 및 시간	비고
미토	메콩강에 위치한 드래곤섬, 코코넛섬, 유니콘섬, 벤쩨 구 방문, 정글 투어 등	08:00~19:00, 10~20달러 버스, 가이드, 보트, 입장료, 숙박료 포함	일일 관광이면 충분
껀터	수상 시장, 뱀 농장, 맹그로브 숲 등	08:00~19:00, 25~35달러(1일) 버스, 가이드, 보트, 입장료, 숙박료 포함	이동 시간이 많음
쩌우독	껀터 + 빈롱 + 쩌우독 연계 상품	08:00~19:00 35~50달러(3일) 버스, 가이드, 보트, 입장료, 숙박료 포함	

나트랑
Nha Trang

베트남의 지중해, 휴양 도시

나트랑 전도

QL1C

- 탑 바 온천 / Tắm Bùn Tháp Bà
- 포나가르 사원 / Tháp Bà Ponagar
- 담 시장 / Chợ Đầm
- 나트랑 대성당 / Nhà thờ Núi

나트랑 상세

- 에바손 아나 만다라 나트랑 리조트 / Six Senses Spa at Evason Ana Mandara Nha Trang
- 빈펄 나트랑 베이 리조트 & 빌라 / Vinpearl Nha Trang Bay Resort & Spa
- 빈펄 랜드 / Vinpearl Land
- 다이아몬드 베이 리조트 & 스파 / Diamond Bay Resort & Spa

DT6571

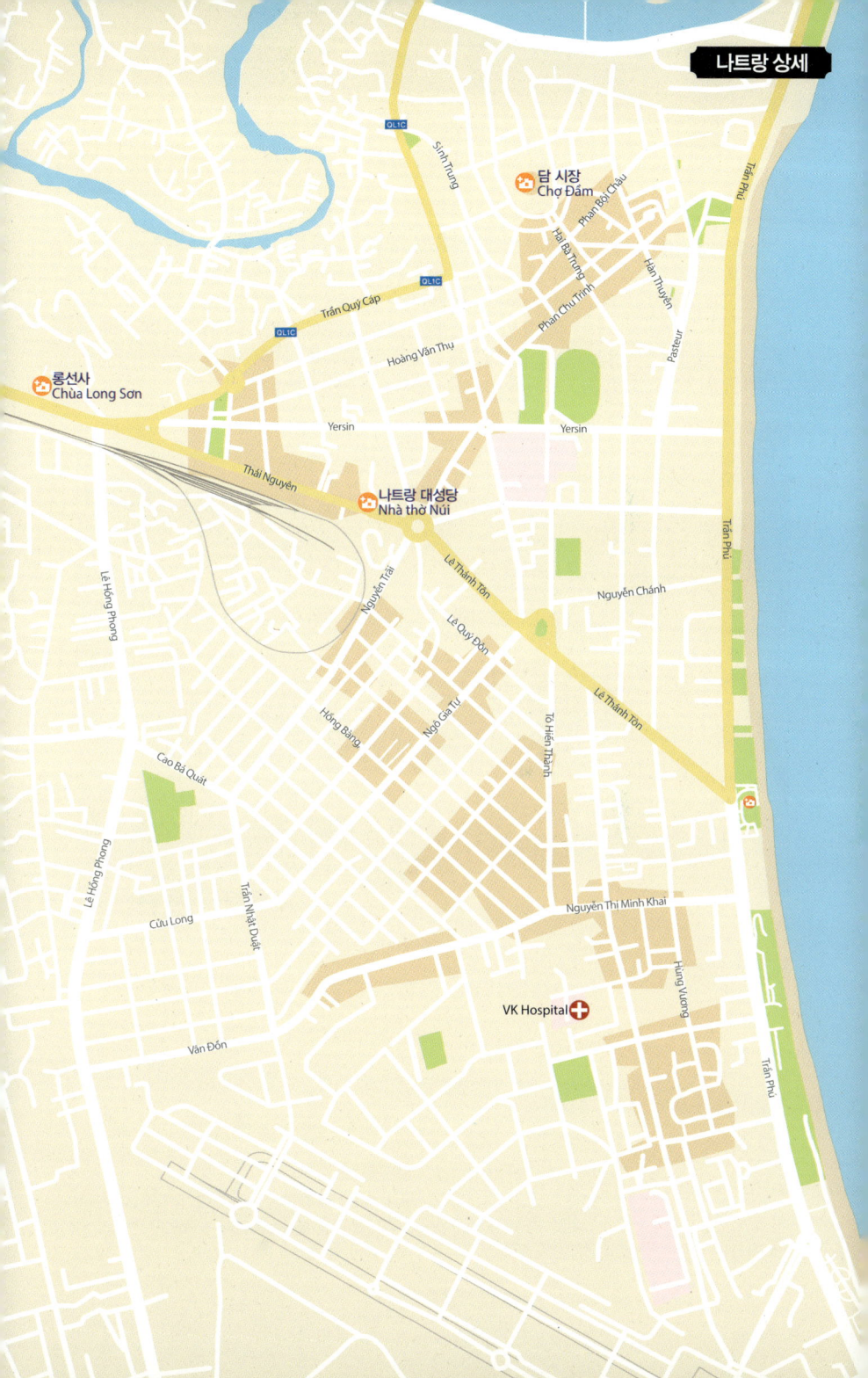

Nha Trang

나트랑
드나들기

나트랑은 8세기에 참파 왕국의 수도로 번성을 이루었던 곳이다. 한편 19세기 말 프랑스 식민 시기에 유럽인들에 의해 휴양지로 개발되기 시작하였다. 호찌민에서 북쪽으로 약 450km 떨어져 있으며, 도심과 인접한 곳에 6km 정도 펼쳐진 해변을 따라서 리조트와 호텔이 있기 때문에 현지인은 물론 외국인들로 항상 붐빈다. 주변의 크고 작은 섬들을 방문하며 여러 가지 체험을 하는 호핑 투어와 머드 마사지를 즐길 수 있는 탑바 온천이 유명하다. 동남아의 다른 유명 휴양지에 비해서는 여전히 소박한 운치가 있다. 나트랑은 일본식 표현으로, 최근 현지어에 가까운 냐짱으로 표기하는 추세다.

■ 비행기

우리나라에서 대한항공, 아시아나항공 국적기와 일부 저가 항공사, 베트남의 항공사의 국제선 직항편을 취항하고 있다. 항공사에 따라 성수기에 증편하거나 전세기를 운항한다. 국내선은 하노이, 호찌민 등 주요 지역과 연계된 베트남항공, 비엣젯항공, 젯스타항공이 취항하고 있다. 2018년 6월 말 오픈한 신공항은 롯데 면세점과 PP 카드 라운지 등이 있는 국제선 전용으로 구공항은 국내선 전용이다. 한국 출국 전에 나트랑 국제선의 패스트 트랙 입국 서비스를 유료 신청하면 VIP 입국 심사 라인에서 바로 심사를 받을 수 있어 편리하다.

홈페이지 깜란 국제공항 www.vietnamairport.vn/camranhairport

■ 공항에서 시내로 이동하기

18번 버스
국내선 터미널 출구 앞에서 출발·도착하는 시내버스이지만 공항버스로 통한다. 나트랑 시내까지 약 60분 정도 소요되며 당일 현장에서 티켓을 구입해야 한다. 지정된 정류장에 정차하지만, 호텔 예약 바우처를 보여주고 근처에 하차할 수 있는지 물어보자. 공항을 이용할 경우에는 국내선 출발 2시간 전, 국제선 출발 3시간 전에 버스를 이용하도록 한다.

시간 공항 → 시내 05:00~20:00(약 1시간 간격 배차지만 유동적) 시내 → 공항 04:30~21:00(약 30분 간격 배차지만 유동적) / 시내에서 공항 방향으로 이동 시 나트랑 스타디움 일대 에르생 거리의 버스 터미널(Land Transport. Corp.) 이용 **요금** 0~10km 1만 동, 10~20km 2만 동, 20~30km 3만 동, 전노선 5만~6만동

- 공항 택시

공항 외부의 택시 승강장에서 마일린 택시, 비나선 택시, 꿱테 브랜드는 신뢰할 만하다. 요금은 미터기로 정산하는 방법과 목적지까지 최종 요금을 사전 협의한 다음 승차하는 방법이 있다.

요금 30~40만 동 / 택시(4인승, 7인승) 탑승 전에 사전 협의 / 심야(22:00~07:59)에는 할증 요금 발생

- 공항 픽업 서비스

호텔, 투어 프로그램을 신청하는 여행사에 예약하거나, 프라이빗 픽업 서비스를 예약해 이용한다. 새벽 출입국 시에 안전하고 간편하게 이동할 수 있는 장점이 있다. 3~5인 이상의 일행이라면 비용 부담이 크지 않은 편이다. 공항 왕복 서비스를 신청하면 합리적인 비용으로 이동할 수 있다.

- 기차

호찌민에서 하노이를 오가는 열차는 모두 나트랑을 지나간다. 다낭에서 10시간 정도, 호찌민에서 8시간 정도 소요된다. 야간열차를 이용하는 것이 좋다. 기차역에서 시내까지는 택시로 기본요금 정도다.

- 오픈 투어 버스

오픈 투어버스로 무이네에서 5시간 정도 소요되고, 달랏에서 4시간 정도 소요된다.

- 시내 교통

시내 버스와 택시, 시내에서 공항으로 승차 공유 IT 모빌리티 서비스를 이용할 수 있다.

■ 시내버스

여행자들은 4번 시내버스를 많이 이용한다. 혼 쫑, 포나가르 사원, 여행자 거리, 빈펄 아일랜드 케이블웨이 센터까지 여행자들이 즐겨 찾는 곳이 꽤 있다. 오전 5시 15분부터 오후 6시 10분 사이에 10~15분 간격 배차한다.

요금 9천 동 정도

■ 택시

호텔 컨시어지 데스크에 택시 호출을 요청하면 안전하고 편리하게 이용할 수 있다.

요금 기본 1만 1천 동 ~

> **TIP**
> ### 승차 공유 IT 모빌리티 서비스
> ① 깜란 국제공항에서 시내로 이용할 수 없다.
> ② 시내에서 공항으로 그랩 카 이용 시, 공항 근거리 정액 요금제(Airport Car)를 선택.
> ③ 나트랑에서는 구글맵과 그랩이 연동되지 않으니 참고하자.
> ④ 비슷한 패턴의 패스트고와 카카오 택시도 이용할 수 있다.

Nha Trang

나트랑
추천 코스

● DAY 1 ●

나트랑 시내 추천 코스(6~8시간 소요)

나트랑의 주요 볼거리들은 롱선사를 기준으로 3~5km 내외에 있어 시간이 크게 소요되진 않는다. 오전에는 숙소 또는 바닷가에서 휴식을 즐기다 한낮의 열기가 한풀 꺾이는 점심 이후에 관광을 시작하자.

롱선사 나트랑에서 가장 큰 불교 사원
↓ 차량 3분
나트랑 대성당 스테인드글라스가 아름다운 프랑스 스타일 성당
↓ 차량 5분
담 시장 나트랑의 최대 재래시장
↓ 차량 7분
포나가르 사원 고대 참파 왕국의 힌두교 사원
↓ 차량 8분
탑 바 온천 야외 머드 스파

※ DAY 2에는 빈펄랜드 또는 호핑 투어를 즐긴다.

포나가르 사원
Po Nagar Cham Tower, Tháp Bà Ponagar

참파 왕국의 힌두교 사원

8~13세기에 세워진 참파 왕국의 가장 오래된 힌두교 사원으로 베트남의 앙코르와트라는 별명이 있다. 건립 당시에는 목조 건물이었으나 외세 침입에 손실, 재건을 반복하다 현재는 붉은 벽돌로 계속 복원 중이다. 포나가르는 시바신의 부인으로, 10개의 팔을 가진 땅의 여신을 뜻하며, 사원 내 가장 큰 건축물 탑 찐에 모시고 있다. 탑떠이 박에는 시바신의 아들로 코끼리 머리를 하고 있는 가네샤가 새겨져 있다. 사원 내부는 팔꿈치와 무릎을 덮는 경건한 옷차림으로 관람해야 하기 때문에 짧은 스커트와 민소매 차림이라면 무료 가운으로 갈아입는다. 언덕 위에 있어서 관람 후 시원한 바다 풍경을 감상할 수 있다. 나트랑의 대표 볼거리인 만큼 혼잡한 시간과 더위를 피해 오전 방문을 권한다.

주소 2/4 Vinh Phuoc **위치** 나트랑 해변에서 북쪽 건너편으로 2km **시간** 06:00~ 18:00(부정기 휴무) **요금** 2만 2천 동

담 시장
Chợ Đầm

나트랑의 가장 큰 재래시장

돔 형태의 지붕이 인상적인 건물이다. 건물 내부보다는 건물 주변으로 과일, 채소, 건어물 등을 파는 노점상이 늘어서 있어 볼거리가 많다. 외국인을 상대로 요금을 심하게 부풀리기 때문에 물건을 구입할 때 흥정은 필수이다.

주소 Van Thanh, Thanh pho Nha Trang **위치** 응웬 타이 혹(Nguyen Thai Hoc) 거리, 시내에서 택시로 10분 **시간** 05:00~18:30

나트랑 대성당
Nhà thờ Núi

스테인드글라스가 아름다운 성당
프랑스 고딕 양식 건축물로 중세풍의 스테인드글라스 창이 돋보인다. 나트랑 역이 모두 내려다보이는 낮은 언덕 위에 프랑스 선교사들이 성당을 돌로만 만들었다 해서 돌 성당, 언덕 성당이라고 한다. 미사 시간에는 관람객의 입장이 제한된다. 현지인들의 웨딩 촬영 명소이기도 하다.

주소 31 Thai Nguyen Phuoc Tan **위치** 나트랑 역에서 동쪽으로 도보 10분 **시간** 08:00~11:00, 14:00~17:00(일요일은 미사로 입장 불가) **전화** 0258-3823-335

탑 바 온천
Tắm Bùn Tháp Bà

가족 여행객이 많이 찾는 야외 휴양지

뜨겁고 미네랄과 유황, 게르마늄이 풍부한 진흙탕에 몸을 푹 담그고 피로를 풀 수 있는 나트랑 북부 외곽의 야외 온천 휴양지다. 수영장, 목욕탕, 안마 서비스, 폭포, 식당, 카페 등의 현대적인 시설을 고루 갖추고 있어 가족 단위 여행자가 많이 찾는 편이다. 단, 개인 샤워용품은 준비한다.

주소 438 Ngô Đến, Ngọc Sơn, phường Ngọc Hiệp, Nha Trang **위치** 포나가르 사원에서 서쪽 3km(투어, 택시, 셔틀) **시간** 07:00~19:30 **요금** Hot Mineral Mud Bath 1~4명 35만 동, 5명 30만 동, 6명 이상 26만 동, 아동(키 1~1.3m) 13만 동 **홈페이지** thapbahotspring.com.vn

탑바 온천의 교통 정보

탑 바 온천은 나트랑 시의 북쪽 외곽 4km 거리, 차로 30분 정도 소요된다. 보통 택시나 패키지 투어 혹은 셔틀버스를 이용해 찾아갈 수 있다. 택시(4인승 1대)는 시내에서 편도 10만 동 내외 가격으로 다녀올 수 있다. 탑 바 온천과 나트랑 센터를 오가는 셔틀버스는 전화(0905-056-070)로 하루 전에 예약해야 하며 요금은 편도 성인 3만 동(왕복 6만 동), 아동 2만 동이다. 단, 시내로 돌아가는 마지막 셔틀버스 시간을 잘 알아보자.

빈펄 랜드
Vinpearl Land

나트랑 최대의 테마파크

나트랑(냐짱) 남쪽으로 5km 거리의 꺼우다 선착장의 맞은 편에 보이는 혼쩨섬(Hòn Tre / Bamboo Island) 안의 북서쪽에 빈펄 리조트와 테마파크라고 할 수 있는 빈펄 랜드가 들어서 있다. 빈펄 리조트 투숙객은 꺼우다 선착장 남쪽에서 전용 케이블카를 이용하거나 전통 보트에 얼굴 인식을 하고 탑승해서 입장할 수 있다. 다른 숙소에 머문다면, 전용 케이블카 왕복 이용권을 구입해서 입장할 수 있다.

주소 Vinpearl Land, Vinh Nguyen **위치** 나트랑 남쪽으로 5km 거리의 꺼우다 선착장의 맞은편에 보이는 혼쩨섬(Hòn Tre) 안 **시간** 시즌별 운영 시간 변동 있어 홈페이지 확인 **요금** 입장권 34달러~, 1일 종합 이용권 약 60달러 **홈페이지** vinpearlland.com

꺼우다 선착장 & 전용 케이블카 위치

- **꺼우다 선착장**
  주소 Càng Cầu Đá, 5 Trần Phú, Nha Trang, Khánh Hòa
- **빈펄 랜드 나트랑의 전용 케이블카(Vinpearl Cable Nha Trang)**
  주소 Vĩnh Trường, Thành phố Nha Trang, Khanh Hoa

TIP

롱선사
Long Son Pagoda, Chùa Long Sơn

거대한 백불상이 있는 불교 사찰

19세기 말에 지어진 사찰 본당의 뒤편 계단을 오르면 와불과 범종을 볼 수 있다. 특히 와불의 발이나 팔꿈치를 만지면 소원이 이뤄진다는 흥미로운 속설이 있다. 152개 계단을 오르면 높이 7m의 연꽃 대좌 위에 있는 높이 14m의 백불상은 나트랑 시내 전역에서 보일 정도로 거대하다. 그 뒤편으로 돌아가면 내부 관람도 가능하다. 언덕에서는 시내와 주변 경관이 내려다보인다. 사찰 경내는 팔꿈치와 무릎을 덮는 경건한 옷차림으로 방문하자. 입구로 향하는 도중 향을 건네는 데 사실은 판매하는 것이다.

주소 20 Đường 23/10, Phương sơn **위치** 나트랑 기차역에서 서쪽으로 500m, 나트랑 대성당에서 택시로 5분 **시간** 07:30~17:00 **요금** 무료

나트랑 보트 투어

대부분 여행자가 호핑 투어를 즐기기 위해 나트랑을 찾는다. 투어는 스노클링, 낚시 체험, 수영 등 바다에서 해양 스포츠를 즐기고 점심을 제공한다(서핑을 포함하는 곳도 있음). 각 호텔이나 정해진 장소로 여행사들의 차량이 픽업을 온다. 선착장에 도착해 여행사별로 준비된 보트를 타고 30여 분을 항해하고 나면 구명조끼를 입고, 수중 마스크를 쓰고, 오리발을 끼고 바다 한가운데에서 스노클링을 즐긴다. 수영을 못하는 사람들도 직원의 도움으로 어려움 없이 할 수 있다. 스노클링을 하지 못하는 사람들은 낚시체험을 하면 된다. 미끼를 직원들이 끼워 주기 때문에 낚시를 바다에 던지고 입질만 기다리면 된다. 그 사이 스피드 보트 안에서는 풍성한 점심 식사가 준비된다.

요금 스노클링 $5(호텔 픽업, 스노클링 장비 대여, 점심 식사 포함), 옵션 : 스쿠버다이빙 $25, 시 워크 $35

추천 숙소

빈펄 나트랑 베이 리조트 & 빌라
Vinpearl Nha Trang Bay Resort & Spa

나트랑 해변에서 10분 정도 떨어진 혼째섬에 위치한 5성급 리조트로 주변 경관이 자연 친화적이다. 800m 정도의 화이트 비치를 보유하고 있으며, 다양한 부대시설을 이용하면서 편안한 휴식을 즐길 수 있다. 리조트 투숙객은 고객 전용 케이블카와 전용 보트로 출입할 수 있다. 리조트 전용 보트는 나트랑 시로 나갈 수 있도록 자정까지 30분 간격으로 운행한다.

주소 Vinpearl Nha Trang Bay Resort & Spa, Hòn Tre **위치** 나트랑 공항에서 30분 정도 떨어진 시내로 이동, 나트랑 해변의 꺼우다 선착장(Càng Cầu Đá)에서 전용 보트를 타고 10분 **전화** 0258-3598-999 **가격** $130~ **홈페이지** vinpearl.com

다이아몬드 베이 리조트 & 스파
Diamond Bay Resort & Spa

다이아몬드 베이 리조트 & 스파는 부드럽고 하얀 모래와 작은 숲, 그리고 산에 둘러싸여 있다. 깜란 국제공항에서 20분 거리에 있으며, 도심지와도 가까운 특급 리조트이다. 부대시설로 수영장, 테니스코트, 모든 운동기구가 갖춰진 헬스장, 골프 연습장 등이 있고 수상 스포츠로는 카약, 제트스키, 윈드서핑, 패러세일링, 그리고 낚시까지 즐길 수 있다. 비즈니스 여행객에게는 700여 명을 수용할 수 있는 회의실과 작은 파티를 열 수 있는 연회장도 마련되어 있다. 바닷가는 물론 도심지와 가까운 곳에 있어 비즈니스 여행객과 관광객 모두 편리하게 이용할 수 있다.

주소 Nguyễn Tất Thành, Phước Đồng **위치** 공항에서 20분, 다이아몬드 베이에 위치 **전화** 0258-3711-711 **가격** $120~ **홈페이지** diamond-bay-resort-spa.business.site

에바손 아나 만다라 나트랑 리조트
Six Senses Spa at Evason Ana Mandara Nha Trang

아나 만다라는 '손님을 위한 아름다운 집'이라는 뜻이다. 베트남 마을을 연상시키는 이 리조트는 등나무 가구로 꾸며 편안한 분위기를 연출했다. 리조트에 발을 딛는 순간 집에 온 것 같은 편안함을 느끼게 될 것이다.

주소 Tran Phu St, Loc Tho Ward, Thành phố **위치** 나트랑 공항에서 택시로 40분, 나트랑 비치 앞 **전화** 0258-3522-222 **가격** $250~ **홈페이지** www.sixsenses.com

아나만다 리조트

미아 리조트
Mia Resort

깜란 해변에 위치한 고급 리조트이다. 친환경적인 인테리어가 돋보이며 객실과 수영장의 컨디션이 매우 좋다. 빌라형과 콘도형으로 나뉘며 전 객실에서 바다를 볼 수 있지만 낮은 층의 객실은 가든 뷰로 구분한다. 시내까지 무료 셔틀버스 서비스를 제공한다.

주소 Bai Dong, Cam Hải Đông **위치** 나트랑 공항에서 16.8km 거리, 택시로 18분 **전화** 0258-3989-666 **가격** $200~ **홈페이지** mianhatrang.com

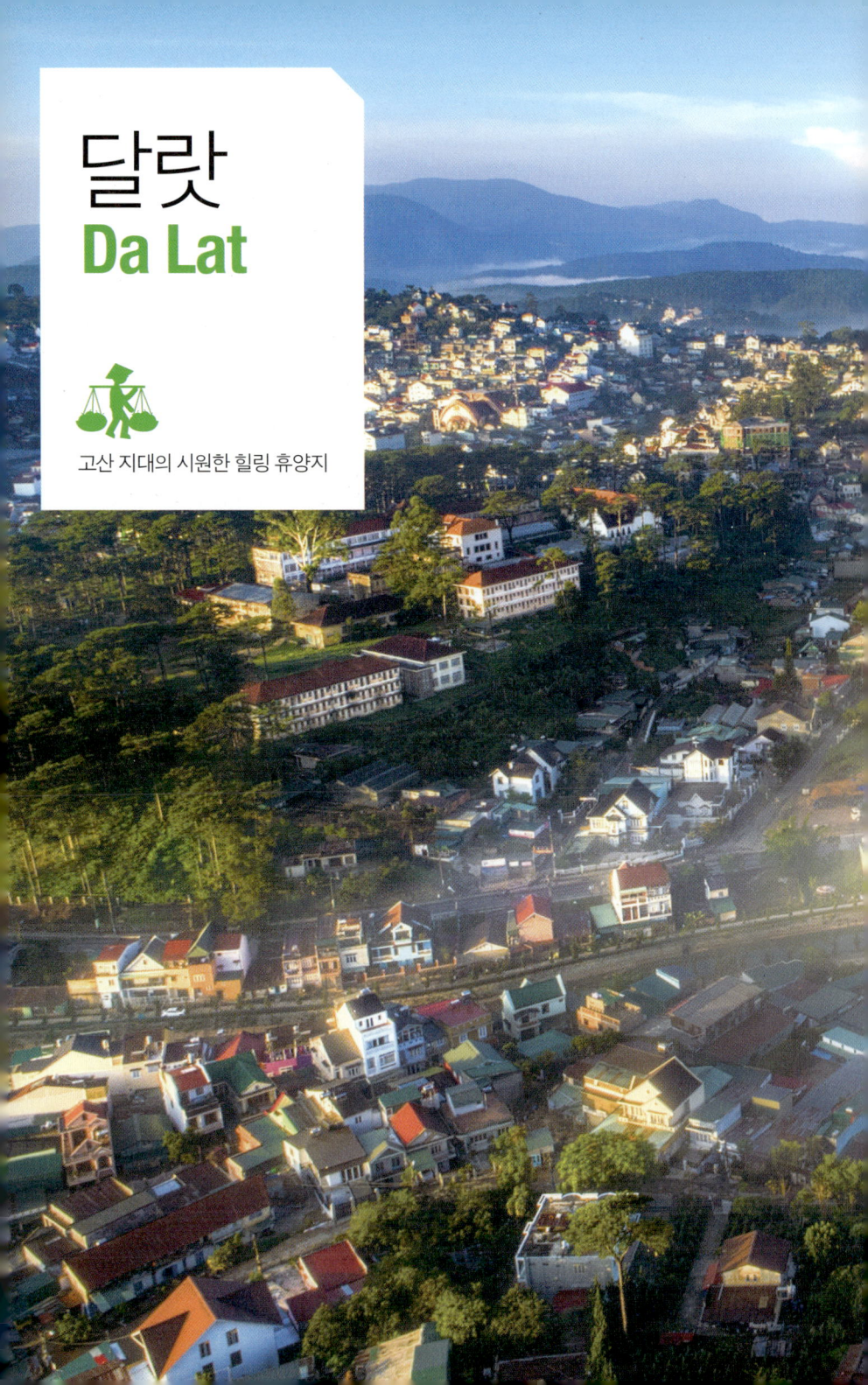

달랏
Da Lat

고산 지대의 시원한 힐링 휴양지

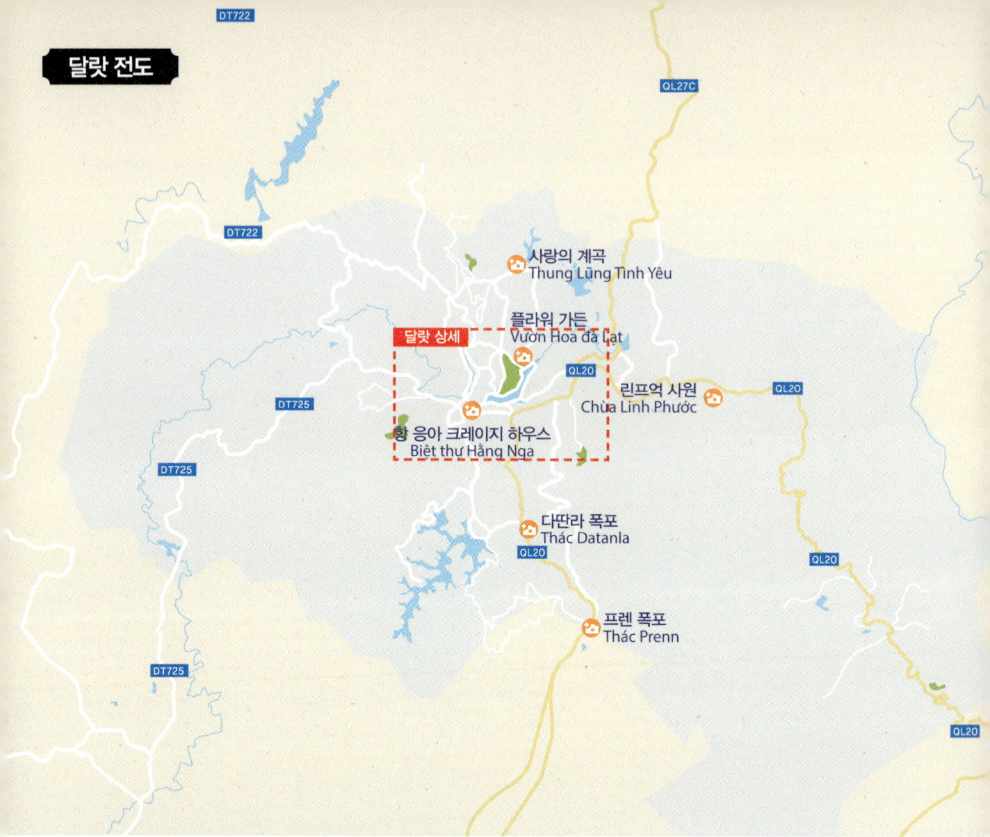
달랏 전도
DT722
QL27C
DT722
사랑의 계곡
Thung Lũng Tình Yêu
플라워 가든
Vườn Hoa đà Lạt
달랏 상세
QL20
린프억 사원
Chùa Linh Phước
QL20
DT725
항 응아 크레이지 하우스
Biệt thự Hằng Nga
DT725
다딴라 폭포
Thác Datanla
QL20
QL20
프렌 폭포
Thác Prenn
DT725
QL20

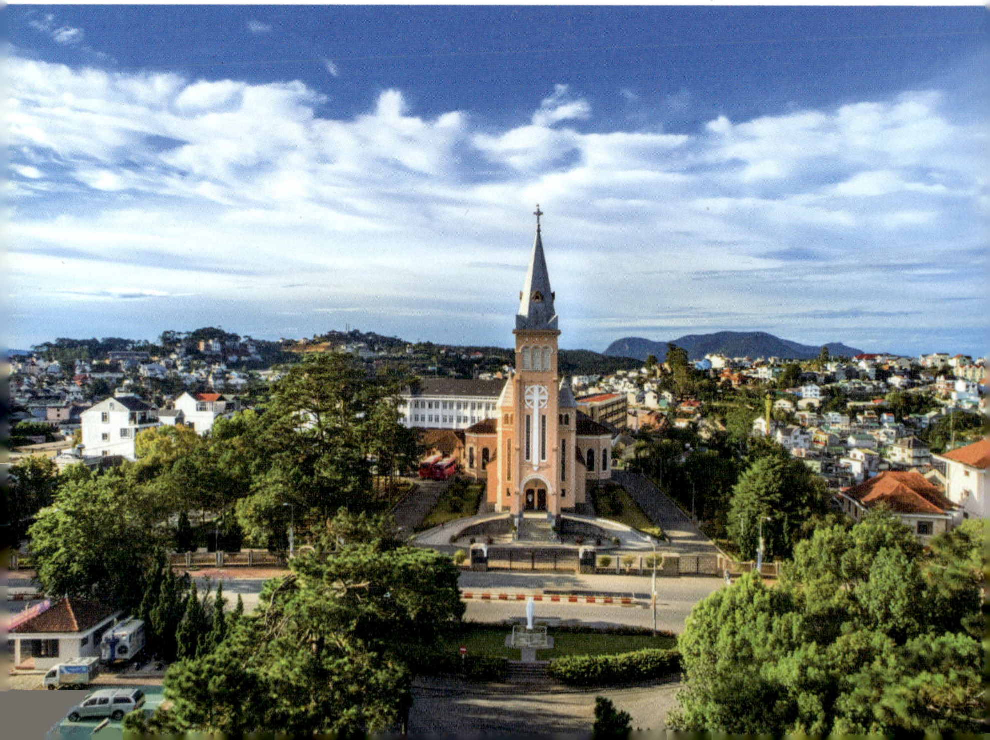

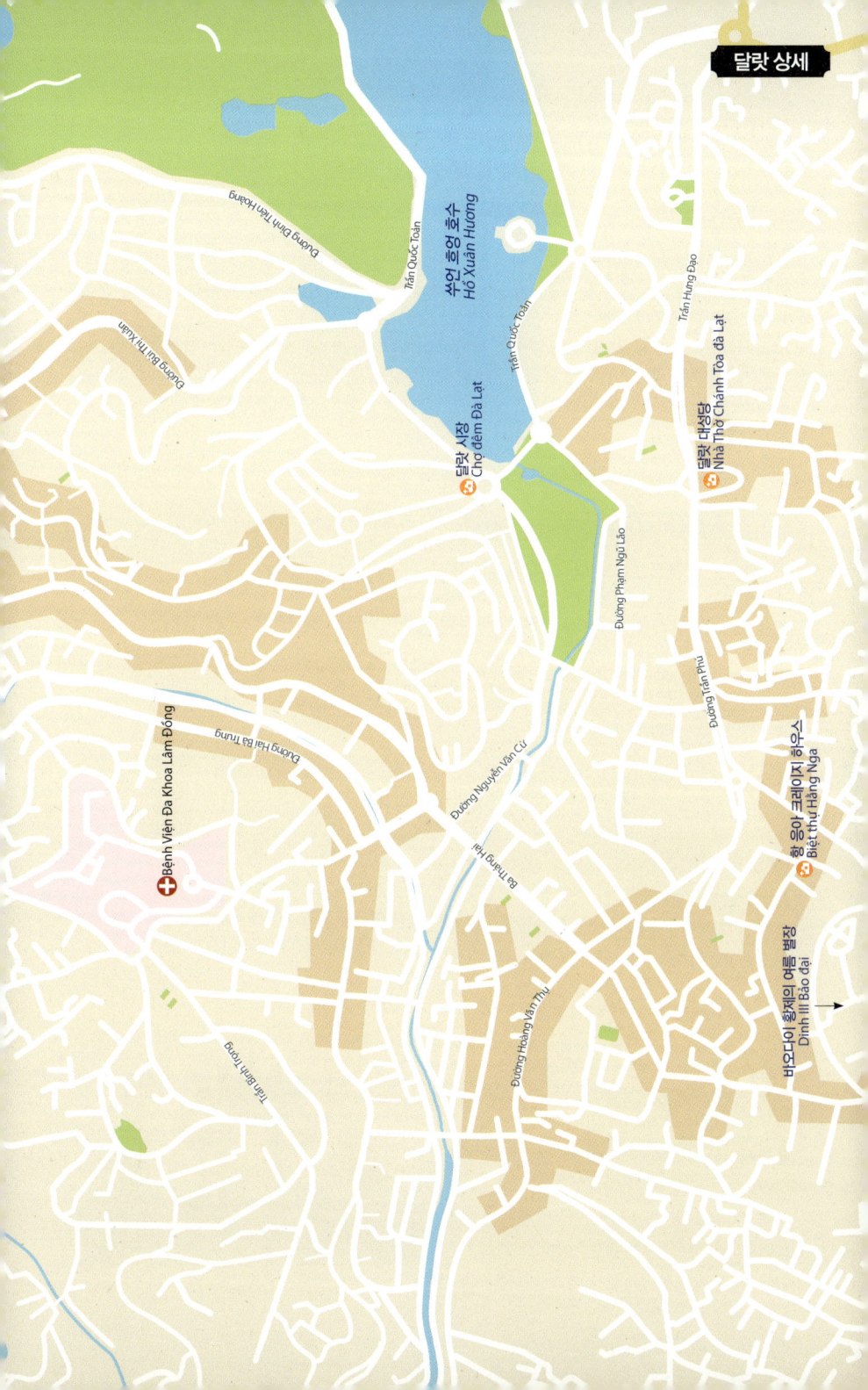

Da Lat

달랏
드나들기

호찌민에서 약 300km 떨어진 남부 고원에 자리한 달랏은 곳곳의 폭포와 호수, 푸른 숲과 정원이 가득해서 힐링 도시로 사랑받는 곳이다. 베트남에서 보기 드물게 우리나라 봄, 가을처럼 선선하고 온화한 기온을 연중 유지해 신혼여행, 가족 여행, 한달 살기 프로젝트, 골프 투어로 많이 찾는다. 프랑스 식민지 시절 자국민을 위한 휴양지로 대대적인 개발을 하던 19세기 말 조성되었으며 도심의 쑤언 흐엉 호수도 같은 시기에 개발되었다. 우아한 유럽식 건물과 호화로운 별장, 정원들 때문에 한때 작은 파리로 불렸다. 또한 소수 산악 민족의 모습을 볼 수 있다. 쑤언 흐엉 호수 서쪽 달랏 시장 주변으로 레스토랑, 호텔, 상점이 밀집해 있다.

비행기

우리나라에서 대한항공과 일부 저가 항공사, 베트남의 항공사가 국제선 직항편을 취항하고 있다. 5시간이면 리엔크엉 국제공항에 도착한다. 국내선은 하노이와 호찌민, 다낭, 후에에서 베트남항공, 비엣젯항공, 젯스타항공이 취항한다. 호찌민에서 약 1시간, 다낭 약 1시간 15분, 후에 약 1시간 10분, 하노이 약 2시간 정도 소요된다.

■ 공항에서 시내로 이동하기

리엔크엉 국제공항에서 남쪽으로 30km 떨어진 시내까지 차로 40분 정도 소요된다. 고산 도시이므로 기차는 운행하지 않으며 도로 사정도 좋지 않다.

공항 택시·셔틀버스

공항 내 택시 투어 데스크에서 목적지와 인원을 알리고 정찰제 티켓을 구입 후 택시를 이용하자. 공항 청사의 외부 택시는 호객 행위가 심한데, 사기 등의 피해를 볼 확률이 높다. 호텔에서 공항으로 이동 시 호텔 리셉션 데스크에 택시 호출을 부탁하자. 항공편 도착 시간에 맞추어 운행하는 셔틀버스는 약 4만 동에 이용할 수 있다.

오픈 버스

호찌민 약 6~7시간, 나트랑 약 4시간, 무이네 약 4~5시간이 소요된다. 신 투어리스트 오픈 버스는 달랏의 부이 티 쑤언 거리(Đường Bùi Thị Xuân)의 신 투어리스트 오피스 앞에, 풍짱 버스는 쑤언흐엉 호수 남쪽으로 4km 이내의 달랏 버스 터미널(Bến xe Liên tỉnh Đà Lạt)에 도착한다.

달랏 버스 터미널 Bến xe Liên tỉnh Đà Lạt
주소 1 Đường Tô Hiến Thành, Phường 3 **위치** 달랏의 쑤언흐엉 호수 남쪽으로 4km 이내, 택시로 10분 이내 **홈페이지** (신 투어리스트) thesinhtourist.vn, (풍짱 버스) futabus.vn, (탐한 트레블) www.tamhanhtravel.com

시내 교통

지리적인 조건에 의해 도로 사정이 좋지 않은 달랏에서는 택시와 쎄옴이 여러모로 간편하다.

■ 공항에서 시내로 이동하기

한국에서 달랏 프라이빗 투어 업체에 사전예약 해두면 현지에서 목적지로 간편하게 이동할 수 있다.

홈페이지 (클룩) www.klook.com, (케이케이데이) www.kkday.com

Da Lat

달랏
추천 코스

· DAY 1 ·

달랏 시내 코스 (8~10시간 소요)

첫날은 호수 주변의 시내 관광지 위주로 돌아보는 코스이다. 지대가 높아 경관이 수려하고 기온도 선선해 산책하는 기분으로 걷기 좋지만, 날씨 변화가 심한 편이니 가벼운 우산이나 우비를 넣고 다니자.

플라워 가든 꽃들이 가득한 정원
↓ 차량 3분
쑤언 흐엉 호수 달랏의 중앙에 있는 초승달 모양의 인공호수
↓ 차량 4분
달랏 대성당 프랑스 식민 시절 지어진 성당
↓ 차량 3분
항 응아 크레이지하우스 고대 참파 왕국의 힌두교 사원
↓ 차량 5분
바오다이 황제의 여름 별장 바오다이 황제 일가의 전망 좋은 여름 별장
↓ 차량 5분
달랏 시장 달랏 로컬 시장 & 야시장에서 특산품 쇼핑

· DAY 2 ·

달랏 근교 코스(8~10시간 소요)

사랑의 계곡을 제외하면 거리가 있는 편이어서 투어 프로그램을 이용하거나, 오토바이, 택시로 이동한다.

프렌 폭포 폭포 뒤로 들어가볼 수 있는 곳
↓ 차량 8분
다딴라 폭포 오솔길을 따라 만나는 일곱 개의 폭포
↓ 차량 25분
린프억 사원 화려한 타일조각이 아름다운 사원
↓ 차량 25분
사랑의 계곡 달랏의 대표적인 데이트 코스

쑤언 흐엉 호수
Xuan Huong Lake, Hồ Xuân Hương

달랏의 중앙을 가로지르는 광대한 호수

달랏의 상징으로 통하는 쑤언 흐엉 호수는 프랑스 식민 시대인 1919년에 댐을 건설하면서 만든 초승달 모양의 인공호수이다. 프랑스에서 해방된 후에 베트남의 유명 여류 시인 호 쑤언 흐엉의 이름을 차용했는데, 봄의 향기라는 의미가 있다. 달랏의 중앙을 가로지르는 둘레 약 5km의 광대한 호수의 북쪽에는 플라워 가든이 있으며, 주위에 프랑스풍의 건물들이 들어서 있다. 전화국에서 세운 송전탑인 리틀 에펠 타워를 배경으로 기념사진을 촬영하는 모습도 시선을 모은다. 현지인에게도, 여행자에게도 아침 일찍 호수 주위를 산책하는 것만으로도 기분이 좋아지는 곳이다.

주소 Xuan Huong Lake, Phường 1, Thành phố Đà Lạt **위치** 달랏 시장에서 택시로 5분

달랏 시장
Da Lat Market & Night Market, Chợ đêm Đà Lạt

달랏 중심에 자리한 로컬 시장

통일궁을 디자인한 유명 건축가 응오 비엣투(Ngô Việt Thụ)가 설계한 건물로 각종 식료품과 고원 지대의 채소, 과일을 판매하는 1천여 개의 상점으로 구성되어 있다. 현지인의 비중이 80%가 넘는 정통 로컬 시장으로 낮에는 여유로운 분위기이지만, 밤에는 달콤한 노점 간식 등을 맛보며 다양하게 구경할 수 있는 활기찬 야시장으로 변신한다. 입구는 아름다운 꽃들로 꾸며져 있으며 1층은 식료품, 2층은 잡화, 의류, 수공예품, 토산품을 판매한다. 특히 인근 소수민족의 수공예품이 볼만하다. 시장 내 달랏 특산품 체인점인 랑팜 스토어를 방문한다면 달랏 와인과 말린 과일, 아티초크차, 원두 등의 기념품 구입은 필수이다. 가성비 좋은 랑팜 뷔페 티켓을 결제하고 2층 디저트 뷔페를 즐겨보는 것도 좋다.

주소 Phuong 1, Thanh Pho Da Lat **위치** 달랏 시내 중심가, 호아빈 광장에서 계단으로 연결됨 **시간** 07:00~18:00, 야시장 17:00~24:00

플라워 가든
Flower Garden, Vườn Hoa đà Lạt

꽃들이 가득한 정원

봄의 도시, 꽃의 도시라는 수식에 걸맞게 도시 곳곳에서 꽃을 만날 수 있지만, 플라워 가든은 꼭 방문해야 하는 달랏의 관광 명소이다. 열대성 식물과 온대성 꽃들이 잘 가꾸어져 있는 인공 정원으로 1966년 조성되었다. 2005년부터 2년에 한 번씩 12월경에 국제 규모의 달랏 꽃 축제가 열린다. 늦은 아침과 오후의 방문자는 자외선 차단제와 선글라스, 모자를 준비하자.

주소 Trần Quốc Toản **위치** 쑤언 흐엉 호수의 북쪽 끝, 달랏 시장에서 택시로 5분 **시간** 07:30~18:00 **요금** 성인 5만 동, 아동 2만 5천 동

달랏 대성당
Dalat Cathedral, Nhà Thờ Chánh Tòa đà Lạt

로마네스크 양식의 중부 고원 최대 카톨릭 성당

프랑스 식민지 시절에 달랏을 휴양 도시로 조성하면서 전형적인 로마네스크 양식으로 건축한 성당이다. 1931년에 공사를 시작해 11년만인 1942년에 완공되었다. 성당 정면에 제작된 47m 높이의 첨탑이 인상적이다. 첨탑 꼭대기에 수탉 모양의 풍향계가 있어 치킨 성당이라는 애칭도 있다. 아름답고 웅장한 외관을 비롯해 내부의 스테인드글라스도 무척 인상적이다. 미사 시간에만 입장이 가능하다.

주소 15 Đường Trần Phú, Phường 3 **위치** 달랏 시장에서 남쪽으로 도보 10분 **시간** 미사 월~토 05:15, 17:15 / 일 05:30, 07:00, 08:30, 16:00, 18:00

항 응아 크레이지 하우스
Hang Nga Crazy House, Biệt thự Hằng Nga

반전 동화 갤러리 & 게스트 하우스

베트남의 가우디라고 불리는 여성 건축가 당 비엣냐가 설계한 건축물로, 무질서한 정원과 미로 같은 통로 때문에 크레이지 하우스로 통한다. 1990년 당시에는 호텔로 지어졌으나 현재는 관광 명소로 운영되고 있다. 건물은 현재도 건축 중이라고 한다. 독창성이 넘치는 테마파크처럼 구성된 객실은 놀랍기만 하다. 동화 속 공주가 있을 듯한 몽환적인 게스트 룸과 건물의 변천사를 한눈에 볼 수 있는 역사관도 가보고, 복잡한 내부를 돌아다니다 보면 1시간쯤은 훌쩍 지나간다. 가파른 계단을 조심스럽게 올라가 맞이하는 달랏 시내 조망은 가슴이 탁 트일 만큼 시원스럽다.

주소 03 Huỳnh Thúc Kháng, Phường 4 **위치** 달랏 시장에서 남쪽으로 1.5km, 시내에서 바이크로 20분 정도 소요(유료 주차) **시간** 08:30~19:00 **전화** 0263-382-2070 **요금** 성인 6만 동, 아동 2만 동 (키 1.3m 미만 무료) / 숙박 1박 1인 5만 동 내외부터 **홈페이지** crazyhouse.vn

바오다이 황제의 여름 별장
Dinh III Bảo đại

달랏이 내려다보이는 황제의 별장

응웬 왕조 최후의 황제인 바오다이와 그의 가족을 위하여 1933년 지어진 여름 별장이다. 바오다이 황제가 달랏에 지은 세 번째 궁전이라고 한다. 타 궁전과 저택보다는 다소 모던하고 간소하지만 바오다이 궁전이라는 별명답게 거실, 연회실, 침실, 거실, 욕실 등 총 2개 층에 걸쳐 25개나 되는 공간에서 황제 일가의 부유한 삶을 가늠해 볼 수 있다. 각종 예술 작품과 골동품도 전시되어 있으며, 내부는 덧신을 신고 관람한다. 관광지답게, 황족의 복장으로 유료 기념사진을 촬영할 수 있다. 도심에서 남서쪽으로 2km 정도 떨어진 아름다운 소나무 숲속에 위치하고 있고, 주변보다 지대가 높아 달랏 전체를 전망할 수 있다.

주소 1 Đường Triệu Việt Vương, Phường 4 **위치** 달랏 시장에서 약 2.5km 거리의 찌에우 비엣 브엉 거리, 택시로 10분 소요 **시간** 07:00~11:00, 13:30~17:00(시즌별 변동) **요금** 성인 3만 동, 아동 1만 5천 동 (키 1.2m 미만 무료)

프렌 폭포
Prenn Waterfall, Thác Prenn

폭포 뒤로 들어가 보는 특별한 경험

시내에서 남쪽으로 약 10km 정도 달려가면 만날 수 있는 높이 15m의 프렌 폭포는 폭포수를 맞으며 작은 길을 따라가면 폭포 뒤쪽으로 들어가 볼 수 있어 인기가 있다. 폭포 아래쪽까지 케이블카를 운행하며, 내부에는 악어 농장과 사슴 농장이 자리한다. 건기에 방문하면 맑은 물빛을 볼 수 있어 더욱 아름답다.

주소 20 Đường cao tốc Liên Khương – Prenn, Phường 3 **위치** 달랏 역에서 판랑과 탑장 방면 택시로 25분 **시간** 시간 09:00~17:00 **전화** 0263-3530-785 **요금** 성인 4만 동, 아동 2만 동 (1.2m 미만 무료)

사랑의 계곡
Valley of Love, Thung Lũng Tình Yêu

달랏 학생들의 데이트 코스

소나무와 평온한 언덕으로 둘러싸여 있는 다티엔 호수는 사랑을 테마로 꾸며져 있어 사랑의 계곡이라는 이름으로 더 유명하다. 프랑스로부터 독립 후에 바오다이 황제에 의해 평화의 계곡으로 바뀌었지만 얼마 지나지 않아 시민들의 요청으로 다시 사랑의 계곡이라는 이름을 되찾았다. 로맨틱한 분위기 때문에 달랏 학생들의 데이트 코스와 소풍 장소로 인기가 있다. 생각보다 규모가 꽤 커서 모두 둘러보려면 3시간 정도가 소요된다. 산책하는 기분으로 돌아보거나, 호수 인근에서 승마와 보트 등의 액티비티를 즐겨보아도 좋다.

주소 3-5-7 Đường Mai Anh Đào, Phường 8 **위치** 쑤언 흐엉 호수에서 북쪽으로 5km **시간** 07:30~17:00 **전화** 0263-382-1448 **요금** 시즌별 옵션에 따라 상이, 유아(키 1.3m 미만) 무료

다딴라 폭포
Datanla Waterfall, Thác Datanla

7개의 장엄한 폭포

시내 중심에서 남쪽으로 약 5km에 거리에 있어 접근성이 좋다. 새소리를 들으며 총 1km의 소나무 오솔길과 계단을 따라 내려가다 보면 7개의 크고 작은 폭포를 연달아 만날 수 있다. 산책로 사이에는 최고 시속 40km의 속도를 자랑하는 알파인 코스터와 아래쪽까지 이용할 수 있는 미니 케이블카가 있어 탐험하는 기분으로 즐겨볼 수 있다.

주소 QL20 Đèo Prenn, Phường 3, Tp. Đà Lạt **위치** 프렌 폭포에서 북동 방향 5.6km 거리, 택시로 8분 **시간** 07:00~17:00 **전화** 0263-3533-899 **요금** 3만 동 **홈페이지** dalattourist.com.vn

린프억 사원
Linh Phuoc Pagoda, Chùa Linh Phước

베트남에서 가장 아름다운 사원

달랏 동쪽으로 7~8km 정도 거리의 짜이맛(Trai Mat)에 1952년 창건한 불교 사원으로 1990년에 중축하였다. 프랑스 건축 양식과 베트남 건축 양식이 융합된 스타일로, 도자기와 유리병 파편으로 만든 화려한 타일 조각이 매우 인상적인 이유로, 도자기 사원, 유리 사원으로 통한다. 본당에는 안치된 황금 불상 이외에도 볼거리가 많다. 높이 27m의 화려한 7층 석탑의 1층에는 관우를 모시는 사당이 있다. 2층에는 무게 8,500kg의 청동 종이 있는데, 소원 종이를 동종 위에 붙인 후에 종을 치고 향을 피우고 복비를 지불하면 소원이 이루어진다고 하여, 많은 이들이 찾는다. 영복사(靈福寺), 베짜이 사원(Chùa Ve Chai)으로도 알려졌다. 종탑의 옆으로는 아시아 기네스북에 등재된 관세음보살상이 안치되어 있다. 무려 65만 국화 꽃송이를 드라이 플라워로 장식하였다고 한다.

주소 120 Tự Phước, Phường 11, Thành phố Đà Lạt **위치** 달랏 기차역에서 출발하는 관광 열차로 1정거장, 30분이면 짜이맛 기차역에 내린다. 사원까지는 짜이맛 기차역에서 400m 정도. 차나 바이크로 다녀올 수 있다. **시간** 24시간 **전화** 094-5686-165 **요금** 무료 **홈페이지** du-lich-da-lat.com

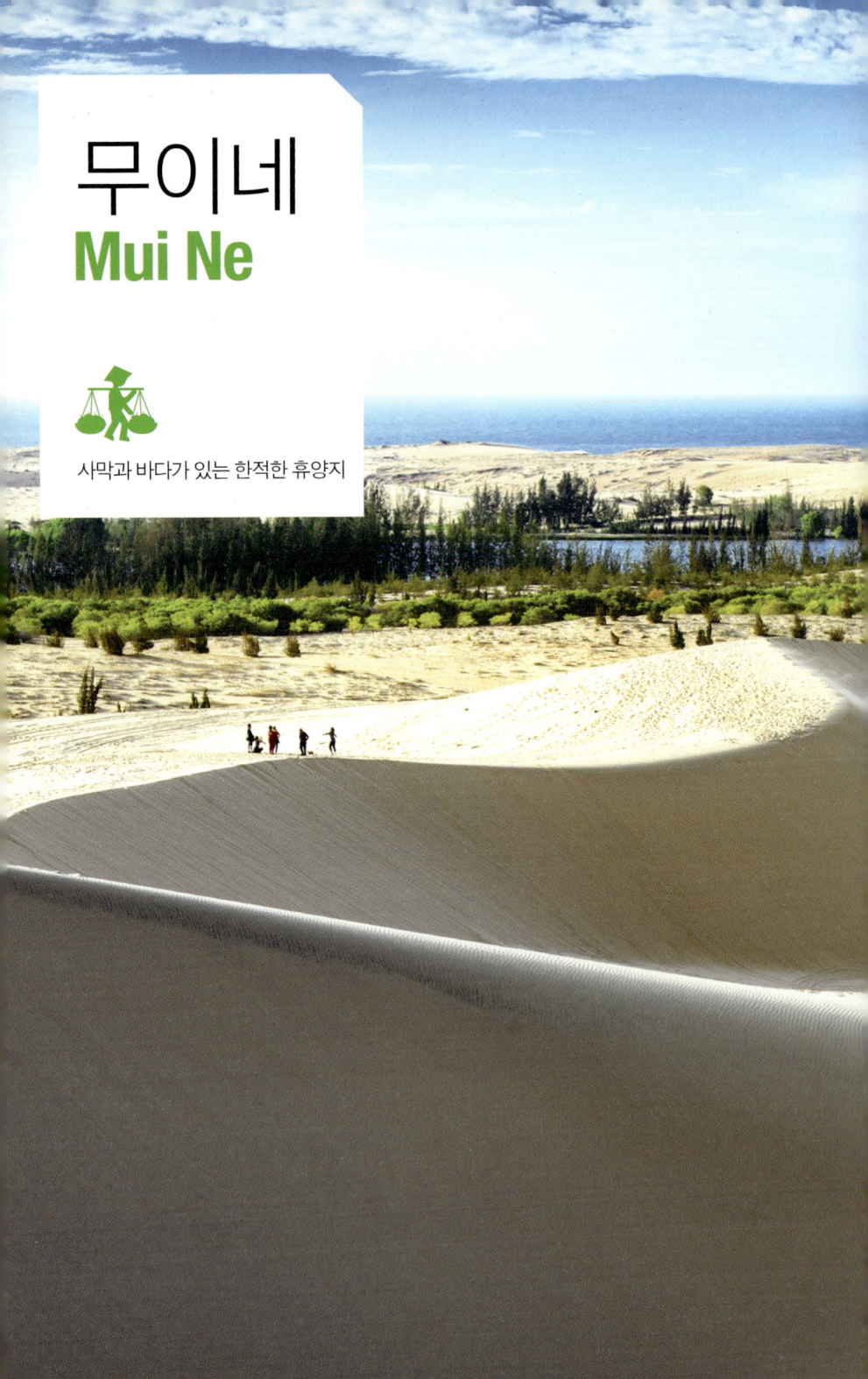

무이네
Mui Ne

사막과 바다가 있는 한적한 휴양지

Mui Ne

무이네
드나들기

관광지로 개발되면서도 여전히 한가롭게 소박한 정서를 느낄 수 있는 곳이다. 호찌민 시티에서 무이네 리조트 투어, 선라이즈 1일 투어 프로그램 등이 인기를 모으고 있다. 12km에 이르는 해변 동쪽 끝에는 새벽마다 활기 넘치는 직거래 수산 시장이 서는 작은 고기잡이 마을이 있으며 해변 서쪽 끝에는 리조트 단지와 레스토랑이 들어서 있다. 해변 가까이에는 드물게도, 해변 가까이에 사막처럼 보이는 모래 언덕과 신비로운 협곡이 공존해 여행자들의 발길을 이끈다. 이국적인 야자수가 늘어선 해안 도로의 풍경도 아름답다.

오픈 투어 버스
슬리핑 버스 타입으로 호찌민에서 6시간 이내, 나트랑에서 5시간, 달랏에서 4시간이 소요된다.

홈페이지 (신 투어리스트) thesinhtourist.vn, (탐한 트래블) tamhanhtravel.com, (풍짱 버스) futabus.vn

기차
무이네에는 기차가 다니지 않기 때문에 인근의 기차역을 이용한다. 호찌민 역에서 판티엣 역까지 약 3시간 30분 소요된다. 판티엣 역에서 하차하고 무이네까지 택시나 버스, 쎄옴으로 이동한다.

티켓 예약 에이전시
베트남 레일웨이 vietnam-railway.com
Baolau www.baolau.com
북어웨이 www.bookaway.com
베트남 트레인 www.vietnamtrain.com

12고 아시아 12go.asia/en
HARACO www.vantaiduongsathanoi.vn
클룩 www.klook.com

시내 교통

■ **택시**
마이린 택시(Taxi Mai Linh)를 신뢰할 만하다. 호텔 컨시어지 데스크, 레스토랑 직원에게 택시 호출을 부탁해 보자. 단 그랩은 비활성화 지역이다.

■ **쎄옴**(오토바이 택시)
단 거리 이동에 이용하면 좋다.

■ **시내 버스**
1번 버스와 9번 버스로 주요 관광지와 판티엣 시내 롯데 마트, 중소형 로컬 꿉 마트 등으로 이동할 수 있다.

Mui Ne

무이네
추천 코스

· DAY 1 ·

선라이즈 투어 코스 (약 4시간 소요)

무이네 중심가와 거리가 있는 화이트 샌듄을 제외하면 투어 프로그램을 이용하지 않아도 차, 바이크, 버스를 이용해 다녀 올수 있다. 화이트 샌듄, 레드 샌듄 모두 호수, 바다 등과 가깝고 탁 트여 시원한 전망을 자랑하지만 그늘이 없어 한낮에는 뜨겁기 때문에 일찍부터 서둘러 출발하는 것이 좋다.

화이트 샌드 듄 인생 사진을 남길 수 있는 선 라이즈 포인트
`차량 30분` ↓
레드 샌드 듄 몽환적인 선셋 포인트
`차량 5분` ↓
피싱 빌리지 무이네 해변 동쪽 끝의 작은 어촌(취향에 따라 생략해도 됨)
`차량 5분` ↓
요정의 샘 베트남의 리틀 그랜드 캐니언

· DAY 2 ·

선셋 투어 코스 (약 4시간 소요)

뜨거운 열기가 한풀 꺾인 오후 시간에 출발해 요정의 샘, 선라이즈 투어와 반대의 코스로 돌아본다. 특히 해질 무렵 석양에 모래가 붉게 물드는 레드 샌듄이 핵심 포인트이기 때문에 일몰 시간과 이동 시간을 고려해 움직인다.

요정의 샘 레드 캐니언, 베트남의 그랜드 캐니언
`차량 5분` ↓
피싱 빌리지 무이네 해변 동쪽 끝의 소박한 고기잡이 마을
`차량 35분` ↓
화이트 샌드 듄 무이네의 대표 볼거리
`차량 30분` ↓
레드 샌드 듄 그림 같은 선셋 포인트

※ 저녁에는 해안가 방파제를 따라 늘어선 해산물 식당가(Hải Sản Bờ Kè)에서 타이거 새우와 가리비 직화구이를 맛보는 것도 좋다.

화이트 샌드 듄
White Sand Dunes, Đồi Cát Trắng

일출이 아름다운 하얀 모래언덕

초원 한가운데 광활한 사막처럼 보이는, 결이 고운 새하얀 모래 언덕이 대표적인 볼거리이다. 비록 이 모래 언덕 때문에 무이네의 강수량이 인근 도시에 비해 절반밖에 되지 않지만 말이다. 인상적인 선셋 포인트로 유명해 많은 사진작가들을 매혹시키는 소재가 된다. 운전자들이 여행자들을 뒤에 태우고 모래 언덕을 스릴 있게 오가는 ATV(사륜 오토바이) 체험도 할 수 있다. 옵션을 추가하면 모래 언덕의 끝자락에 화이트 레이크, 연꽃 호수로 통하는 바오짱 호수 구역도 다녀올 수 있다. 무이네 리조트와는 거리가 있기 때문에 투어 프로그램을 활용하거나, 오토바이 등을 빌려 다녀오는 방법이 있다. 오후 6시 이후는 폐장 상태이므로, 주의가 필요하다. 자외선 차단제와 새벽 이동 시에 입을 윈드 브레이커, 얇은 카디건과 머플러, 선글라스, 밀짚모자와 생수, 슬링백을 준비해 가자.

주소 Hoà Thắng, Bắc Bình District, Bình Thuận **위치** 무이네의 리조트에서 택시로 1시간 소요

레드 샌드 듄
Red Sand Dunes, Đồi Cát Đỏ

몽환적인 선셋 포인트

오랜 세월 동안 자연스럽게 만들어진 붉은 빛의 이 보드라운 모래 언덕은 화이트 샌듄에 비해 규모는 작은 편이나 몽환적인 선셋 포인트로서 또 다른 매력이 있는 곳이다. 골든 샌듄 또는 옐로우 샌듄으로도 통한다. 여분의 옷을 준비했다면, 과감하게 온몸으로 모래 바람을 맞으며 샌드 보딩 포인트를 소소하게 즐길 수 있다. 기상 조건이 좋다면, 오후 5시 30분~ 6시 즈음에 인생 사진을 남겨 보자. 투어 프로그램은 30분~ 1시간 정도 머문다.

주소 01 Hòn Rơm, ĐT716, Tp. Phan Thiết, Bình Thuận **위치** 화이트 샌듄에서 택시로 30분, 바이크로 40분 정도 (유료 주차) **홈페이지** dulichbinhthuan.com.vn

·TIP·
소매치기 주의!
어린아이들이 여행자들에게 샌드 보드를 들고 따라다니며 팁을 요구하는가 하면 '사진을 찍어주겠다, 가방과 짐을 맡아 주겠다'고 접근한다. 소매치기 피해가 빈번히 발생하므로 각별한 주의가 필요하다. 슬링 백(휴대폰과 지갑, 모래를 씻어낼 생수 등을 보관)을 앞쪽에 크로스로 착용하자.

요정의 샘
Fairy Stream, Suối Tiên

베트남의 리틀 그랜드 캐니언
레드 캐니언으로도 통하며 붉은빛의 모래와 석회암이 만들어내는 이색적인 조화와 웅장한 협곡의 다른 한편으로 바닷가가 펼쳐지는 모습이 인상적인 곳이다. 이곳에는 흥미로운 속설 하나가 있는데 폭포까지 맨발로 걸어가면 젊어진다는 것이다. 운동화는 입구에서 보관 비용을 요구하기 때문에, 샌들이나 슬리퍼를 신으면 간편하다. 모래가 부드러워 맨발에 닿는 감촉이 매우 좋으며, 시원한 바람을 느끼며 화이트 캐니언 사이로 발목에 찰랑거리는 얕은 시냇물을 30~40분 정도 거슬러 올라가면 작은 폭포가 나온다. 보통 차로 10분 거리의 레드 샌듄과 함께 둘러본다. 입구↔폭포 구간은 왕복 1시간 이상이 소요되니, 빠듯한 일정에 일부러 방문할 필요는 없다.

주소 49B Huỳnh Thúc Kháng, Phường Hàm Tiến, Thành phố Phan Thiết, Bình Thuận **위치** 레드 샌듄에서 택시로 10분 정도 **시간** 06:00~18:00 **전화** 0252-6505-899 **요금** 1만 5천 동(입장료) **홈페이지** dulichbinhthuan.com.vn

피싱 빌리지
Fishing Village

전통적인 대나무 배로 고기를 잡는 작은 어촌 마을
무이네 해변 동쪽 끝의 작은 어촌으로, 오전 5시~ 8시경이면 현지 직거래 수산 시장의 활기찬 분위기를 느낄 수 있다. 먼바다에서 새벽 조업하고 해안가 근처에 정박한 어선에서 싱싱한 생선과 해산물을 동그란 전통 바구니 배(까이퉁, Chai Thun)가 육지까지 효율적으로 운반해 온다. 해안가에서는 먹음직스러운 해산물을 작은 바구니 단위로 구입해서 근처 식당에 원하는 조리 방법을 유료 주문할 수 있다. 특제 생선장을 곁들인 즉석 직화 요리도 맛볼 수 있다.

위치 레드 샌듄 서쪽으로 3.0km 거리, 택시로 6분 / 요정의 샘에서 어촌(랑 차이,Làng Chài)으로 택시(바이크) 5분, 자전거 10분

무이네 보케 거리
Bo Ke Street, Hải Sản Bờ Kè

무이네 해산물 거리
해안가 방조제를 따라 1km 정도 되는 거리에 저녁이면 비교적 합리적인 비용으로 원하는 신선한 해산물 (타이거 새우, 가리비 등) 식재료와 조리 방법을 선택 주문하면 즉석에서 조리해 주는 전문점들이 들어선 곳이다. 간혹, 그램을 속이거나 주문이 잘못되는 경우가 발생하므로 주의하자. 무이네 888, 비보 콴(Bibo Quan), 미스터 크랩(Mr.Crab)과 신밧드 케밥 등이 유명하다.

주소 Nguyễn Đình Chiểu, khu phố 2, Thành phố Phan Thiết, Bình Thuận **위치** 요정의 샘에서 서쪽으로 약 3km 거리, 택시로 7분

무이네 투어 정보 *TIP*

• 무이네 리조트 투어
호찌민 시티의 여행사에서 1박 2일 코스로 신청하면 된다. 요금은 약 80달러 정도이다.

첫째 날
아침 호찌민 출발 ➡ 무이네 리조트에서 중식 ➡ 화이트 샌듄 ➡ 레드 샌듄 ➡ 요정의 샘 ➡ 피싱 빌리지 투어 ➡ 석식 ➡ 방갈로 숙박

둘째 날
조식 ➡ 리조트 풀장이나 앞바다에서 수영을 즐김 ➡ 중식 ➡ 호찌민 복귀

• 무이네 사막 지프 투어
선라이즈 투어와 선셋 투어 중 하나를 선택해서 4인승 오프로드 지프 투어를 4시간 정도 하게 된다. 선라이즈 포인트(또는 선셋 포인트) 등에 내려 약 30분~1시간 동안 자유롭게 관광하고 약속 장소에 다시 모이면 다음 장소로 데려다주는 방식이기 때문에 화이트 샌듄의 ATV 등 옵션 요금은 모두 별도로 준비한다. 참고로, 화이트 샌듄 중심의 선라이즈 투어의 선호도가 높은 편이다. 한국계 현지 여행사나 호텔에서 반나절 코스로 신청하자. 프라이빗 투어 시에는 피싱 빌리지를 제외 하는 등, 취향대로 코스를 조정할 수 있다. 단, 화이트 샌듄의 ATV 이용권은 3번(선라이즈 포인트, 호수 포인트와 귀가) 확인하기 때문에 잘 보관해야 한다.

준비물 윈드 브레이커, 슬링 백(휴대폰, 지갑 등을 수납), 선글라스, 자외선 차단제, 머플러, 모래 먼지 방지 마스크, 편한 샌들이나 슬리퍼(양말 ×), 헤어 밴드 또는 캡, 가이드 팁과 생수 **요금** 그룹(5인승) 1인 15만 동~, 프라이빗 지프 1대 50만 동~, 요정의 샘 입장료 1만 5천 동 별도, 화이트 샌듄 ATV 1인 30만 동(아동 무료) / 호찌민 출발은 무이네까지의 왕복 차편 별도.

• 선라이즈 투어
화이트 샌드 듄 ➡ 레드 샌드 듄 ➡ 피싱 빌리지 ➡ 요정의 샘 코스이다. 오전 4시 반에 모여 화이트 샌드 듄에서 일출을 감상하며 시작된다.

• 선셋 투어
요정의 샘 ➡ 피싱 빌리지 ➡ 화이트 샌드 듄 ➡ 레드 샌드 듄 코스이다. 오후 2시에 시작해 레드 샌드 듄의 일몰 감상으로 투어를 마무리한다.

Vietnam

여행 회화

베트남어 회화

숫자

1	một [못]		11	mười một [므어이 못]
2	hai [하이]		12	mười hai [므어이 하이]
3	ba [바]		20	hai mười [하이 므어이]
4	bốn [본]		30	ba mười [바 므어이]
5	năm [남]		50	năm mười [남 므어이]
6	sáu [사우]		100	một trăm [못 짬]
7	bảy [바이]		1,000	một nghìn [못 응인]
8	tám [땀]		10,000	mười nghìn [므어이 응인]
9	chín [찐]		100,000	trăm nghìn [짬 응인]
10	mười [므어이]			

인사

어제	hôm qua [홈 꽈]		아침	sang [상]
오늘	hôm nay [홈 나이]		점심	trưa [쯔어]
내일	ngày mai [응아이 마이]		저녁	tối [또이]
모레	ngày kia [응아이 끼어]		자정	nửa đêm [느어 뎀]
지난 주	tuần trước [뚜언 쯔억]		정오	chính ngọ [찡 응오]
이번 주	tuần này [뚜언 나이]		오전	buổi sáng [부오이 쌍]
다음 주	tuần sau [뚜언 사우]		오후	buổi chiều [부오이 찌에우]

요일

월요일	thứ hai [트 하이]	금요일	thứ sáu [트 싸우]
화요일	thứ ba [트 바]	토요일	thứ bảy [트 바이]
수요일	thứ tư [트 뜨]	일요일	chủ nhật [쭈 녓]
목요일	thứ năm [트 남]		

월

1월	Tháng 1 [탕 못]	7월	tháng 7 [탕 바이]
2월	tháng 2 [탕 하이]	8월	tháng 8 [탕 땀]
3월	tháng 3 [탕 바]	9월	tháng 9 [탕 찐]
4월	tháng 4 [탕 본]	10월	tháng 10 [탕 므어이]
5월	tháng 5 [탕 남]	11월	tháng 11 [탕 므어이 못]
6월	tháng 6 [탕 싸우]	12월	tháng 12 [탕 므어이 하이]

날짜

1일	ngày mùng 1 [응아이 몸 못]	8일	ngày mùng 8 [응아이 몸 땀]
2일	ngày mùng 2 [응아이 몸 하이]	9일	ngày mùng 9 [응아이 몸 찐]
3일	ngày mùng 3 [응아이 몸 바]	10일	ngày mùng 10 [응아이 므어이]
4일	ngày mùng 4 [응아이 몸 본]	11일	ngày 11 [응아이 므어이 못]
5일	ngày mùng 5 [응아이 몸 남]	20일	ngày 20 [응아이 하이 므어이]
6일	ngày mùng 6 [응아이 몸 싸우]	30일	ngày 30 [응아이 바 므어이]
7일	ngày mùng 7 [응아이 몸 바이]		

날씨

날씨 thời tiết [터이 띠엣]
몇 도 bao nhiêu độ [바오 니에우 도]
섭씨 도 C [도 쎄]
화씨 도 F [도 에프]
안개 sương mù [쓰엉 무]
바람 gió [죠]

후덥지근 oi bức [오이 북]
더워요. nóng. [농]
쌀쌀합니다. lành lạnh. [라잉 라잉]
추워요. lạnh. [라잉]
우산 ô [오]

오늘 날씨가 아주 좋네요.	Thời tiết hôm nay rất đẹp. [터이 띠엣 홈 나이 젓 뎁.]
내일은 어떤가요?	Ngày mai là ngày 12 phải không? [응아이 마이 라 응아이 므어이 하이 파이 콩?]
날씨가 안좋아요.	Thời tiết rất tồi tệ. [터이 띠엣 젓 또이 떼.]
오늘 기온이 몇도에요?	Hôm nay nhiệt độ là bao nhiêu độ? [홈 나이 니엣 도 라 바오 니에우 도?]
안개가 꼈어요.	Có sương mù. [꼬 쓰엉 무.]
바람이 시원해요.	Gió mát. [죠 맛.]
바람이 많이 불어요.	Gió thổi nhiều. [죠 토이 니에우.]
하늘이 개었어요.	Bầu trời quang đãng. [버우 쪄이 꾸앙 당.]
날이 흐려요.	Trời u ám. [쪄이 우 암.]
후덥지근해요.	Oi bức nhỉ. [오이 븍 니.]
눅눅해요.	Ẩm. [엄.]
무척 더워요.	Rất nóng. [젓 농.]
태풍이 온대요.	Nghe nói có bão. [응예 노이 꼬 바오]
비가 내려요.	Có mưa. [꼬 므어.]
우산 있어요?	Có ô không? [꼬 오 콩?]

인사말

안녕하세요.	Xin chào. [씬 짜오.]
만나서 반가워요.	Rất vui được gặp. [젓 브이 드억 갑.]
감사합니다.	Xin Cảm ơn. [씬 깜언.]
미안합니다.	Xin lỗi. [씬 러이.]
안녕히 계세요.	Tạm biệt. [땀 비엣.]
예. / 알겠어요.	Da. / Vâng a. [야. / 방 아.]
아니오.	Không phải là. [컴 파이 라.]
잠깐만요.	Khoan đã. [콴다.]
부탁합니다.	Xin nhờ anh. / Xin nhờ chị. [신 녀아잉.(남자) / 신 녀 찌.(여자)]
괜찮아요.	Không sao. [컴 싸오.]
알았어요.	Tôi hiểu rồi. [또이 히에우 조이.]
이해가 안 가요.	Tôi không hiểu anh nói gì. [또이 컴 히에우 안 노이 지.]
몰라요.	Không biết. [컴 비엣.]
영어 할 줄 아세요?	Chị có biết nói tiếng Anh không? [찌 꼬 비엣 노이 띠응 아잉 콩?]
나는 한국 사람입니다.	Tôi là người hàn quốc. [또이 라 응어이 한꿕.]

크다 / 작다 lớn / nhỏ [론 / 뇨]
많다 / 적다 nhiều / ít [니에우 / 잇]
멀다 / 가깝다 xa / gần [싸 / 건]
좋다 tốt [똣]
나쁘다 tồi, xấu [또이. 써우]

춥다. / 덥다. lạnh / nóng [라잉 / 농]
아주 예쁘다. khá đẹp [카 댑]
그저 그렇다. bình thường [빈 트엉]
별로. không mấy [컴 머이]
맛있다. ngon lắm [응온 람]

교통

비행기	tàu bay / máy bay [따우 바이 / 마이 바이]
공항	sân bay [썬 바이]
기차	xe hỏa / xe lửa / tàu lửa [쎄 화 / 쎄 르어 / 따우 르어]
기차 역	ga tàu / ga xe lửa [가 따우 / 가 쎄 르어]
택시	tắc xi [딱 씨]
버스	xe buýt [쎄 뷧]
버스 정류장 / 터미널	bến xe [벤 쎄]
오토바이	xe máy [쎄 마이]
자전거	xe đạp [쎄 답]
선착장	bến cảng / bến tàu / bến phà [벤 깡 / 벤 따우 / 벤 파]
바닷가 선착장	bờ bến [버 벤]
여객선	tàu thuỷ chở khách [따우 투이 쩌 카익]
보트	tầu / thuyền [따우 / 투웬]
다리 / 교각	cầu [꺼우]
입구	ngõ vào / cửa vào / lối vào [응오 바오 / 끄어 바오 / 로이 바오]
출구	lối ra / cửa ra / lối thoát [로이 라 / 끄어 라 / 로이]
비상구	lối lối thoát hiểm / cửa ra [로이 토앗 히엠 / 끄어 자]

장소

국제공항	sân bay quốc tế [산 바이 꿕 떼]
공항	San bay [산 바이]
공원	công viên [꽁 비엔]
호텔	khách sạn [카익 싼]
음식점	nhà hàng [냐 항]
백화점	bách hóa [바익 화]
쇼핑몰	trung tâm mua sắm [쭝 떰 무어 쌈]
시장	chợ [쩌]
슈퍼마켓/마트	siêu thị [시에우 티]
병원	bệnh viện [벤 비엔]
종합 병원	bệnh viện đa khoa [벤 비엔 다 콰]
약국	nhà thuốc [냐 투옥]
화장실	nhà vệ sinh(cầu tiêu) [냐 베 신(꺼우 띠에우)]

대중교통

여기에 세워 주세요.	Dừng xe lại đây cho tôi. [증 쎄 라이 더이 쪼 또이]
공항까지 얼마나 걸려요?	Đến sân bay mất bao nhiêu? [덴 썬 바이 멋 바오 니에우?]
이 주소로 가 주세요.	Cho tôi đến địa chỉ này. [쪼 또이 덴 디어 찌 나이]
여기에 세워 주세요.	Dừng xe lại đây cho tôi. [증 쎄 라이 더이 쪼 또이]
얼마에요?	Bao nhiêu ạ? [바오 니에우 아?]

택시를 불러 주세요.	Hãy gọi tắc xi giúp tôi. [하이 고이 딱시 줍 또이.]
가장 가까운 버스 정류장은 어디에요?	Bến xe buýt gần đây nhất ở đâu? [벤 쎄 븟 건 더이 녓 어 더우?]
이 버스, 공항으로 가요?	Xe buýt này có đi sân bay không? [쎄 븟 나이 꼬 디 썬 바이 콩?]
노이바이 국제공항으로 갈 거예요.	Sẽ đi đến sân bay quốc tế Nội Bài. [세 디 덴 썬 바이 꿕테 노이바이.]

공항

여권을 보여 주세요.	Cho tôi xem hộ chiếu. [쪼 또이 쌤 호 찌에우]
다른 비행기로 변경하고 싶어요.	Tôi muốn chuyển sang chuyến bay khác. [또이 무온 쭈옌 쌍 쭈옌 바이 칵]
창 쪽 자리로 부탁해요.	Cho tôi chỗ gần cửa sổ. [쪼 또이 쪼 건 끄어 쏘]
비상구 쪽으로 해 주세요.	Cho tôi chỗ gần cửa thoát hiểm. [쪼 또이 쪼 건 끄어 톳 히엠]
출발이 얼마나 지연될까요?	Việc cất cánh bị trì hoãn bao lâu. [비엑 껏 까잉 비 찌 환 바오 러우]
이 짐을 부쳐 주세요.	Hãy gửi hành lý này cho tôi. [하이 그이 하잉 리 나이 쪼 또이]
제 짐이 없어졌어요.	Hành lý của tôi bị mất. [하잉 리 꾸어 또이 비 멋]
어디서 환전해요?	Có thể đổi tiền ở đâu? [꼬 테 도이 띠엔 어 더우?]
환전해 주세요.	Hãy đổi tiền cho tôi. [하이 도이 띠엔 쪼 또이]

호텔

체크인하고 싶습니다.	Tôi muốn nhận phòng. [또이 무언 년 퐁.]
예약하고 싶습니다.	Tôi muốn đặt phòng. [또이 무온 닷 퐁.]
짐을 방까지 좀 부탁해요.	Tôi nhờ mang hành lý đến tận phòng. [또이 녀 망 하잉 리 덴 떤 퐁.]
해변 쪽 방으로 주세요.	Cho tôi phòng ở phía bờ biển. [쪼 또이 퐁 어 피어 버 비엔.]
아침 식사는 언제 할 수 있어요?	Khi nào dùng bữa sáng được? [키 니오 중 브어 쌍 드억?]
아침 식사는 어디서 해요?	Dùng bữa sáng ở đâu ạ? [중 브어 쌍 어 더우 아?]
내일 아침에 모닝콜을 부탁해요.	Tôi nhờ gọi báo thức vào sáng ngày mai. [또이 녀 고이 바오 특 바오 쌍 응아이 마이.]
방이 너무 더워요. / 추워요.	Phòng nóng / lạnh quá. [퐁 농 / 라잉 꾸어.]
제 방을 청소해 주세요.	Hãy dọn vệ sinh phòng giúp tôi. [하이 존 베 씽 퐁 줍 또이.]
온수가 나오지 않아요.	Nước nóng không chảy ra. [느억 농 콩 짜이 자.]
다른 방으로 바꿔 주세요.	Hãy đổi phòng khác cho tôi. [하이 도이 퐁 칵 쪼 또이.]
수건을 더 주세요.	Cho tôi thêm khăn. [쪼 또이 템 칸.]
변기가 고장 났어요.	Bệt toa lét bị hỏng rồi. [벳 똬 렛 비 홍 조이.]
방에 열쇠를 둔 채 문을 잠궜습니다.	Tôi đã để quên chìa khóa trong phòng mà khóa cửa mất. [또이 다 데 꿴 찌어 콰 쫑 퐁 마 콰 끄어 멋.]

음식점

자리 있어요?	Có chỗ không? [꼬 쪼 콩?]
창가 자리로 부탁해요.	Tôi để nghị chỗ sát cửa sổ. [또이 데 응이 쪼 쌋 끄어 쏘.]
메뉴판 보여 주세요.	Cho tôi xem thực đơn với. [초 또이 셈 특 던 버이.]
영어 메뉴판 있나요?	Có thực đơn tiếng Anh không ạ? [꼬 특 던 띠응 아잉 콩 아?]
이 음식은 무엇인가요?	Đây là món gì? [더이 라 먼 지?]
어떤 음식이 가장 맛있나요?	Món nào nổi tiếng ở đây? [먼 나오 노이 띠엥 어 더이?]
이것 1인분 주세요.	Cho tôi một phần. [초 또이 못 편.]
(물, 얼음 물, 맥주) 주세요.	Cho tôi một chút nước uống. / nước đá. / bia. [초 또이 못 춧 느억 우엉 / 느억 다 / 비아.]
좀 있다가 주문할게요.	Một lát nữa tôi sẽ gọi món. [못 랏 느어 또이 쎄 고이 몬.]
음식은 언제 나와요?	Đồ ăn bao giờ thì mang tới? [도 안 바오 저 티 망 또이?]
젓가락 / 숟가락	đũa / thìa(muỗng) [드아 / 티아(므엉)]
그릇 / 접시	bát / đĩa [밧 / 디아]
고수	(북부) rau mùi / (남부) rau ngo [자우 무이 / 라우 응오]
향채(허브)	rau thơm [자우(라우) 텀]
향채(고수) 빼 주세요.	Khong cho rau thơm. [콩 조 자우(라우) 텀.]
고수 많이 주세요.	(북부) Cho tôi nhieu rau mùi. [초 또이 니에우 자우 무이.]
	(남부) Cho tôi nhieu rau ngo. [초 또이 니에우 라우 응오.]
고수 따로 주세요.	(북부) Cho tôi rau mùi rieng ra. [초 또이 자우 무이 리엥 라.]
	(남부) Cho tôi rau ngo rieng ra. [초 또이 라우 응오 리엥 라.]
소금 조금만 주세요.	Cho tôi một ít muối. [초 또이 못 잇 무어이.]
맛있어요.	Rất ngon. [젓 응온.]

쇼핑

이건 뭐에요?	Cái này là cái gì? [까이 나이 라 까이 지?]
이건 얼마에요?	Cái này bao nhiêu? [까이 나이 바오 니에우?]
너무 비싸요.	Đắt quá. [닷 꾸어.]
더 싼 것 있어요?	Có cái nào rẻ hơn không? [꼬 까이 나오 제 헌 콩?]
깎아 주세요.	Giảm giá đi. [잠 자디.]
조금 / 많이	một chút / nhiều [못 쭛 / 니에우]
거스름돈	tiền thừa [띠엔 트어]
먹어 봐도 되나요?	Tôi nếm thử cái này được không ạ? [또이 넴 트 까이 나이 트억 콩 아?]
다른 것으로 바꿔 주세요.	Đổi cho tôi cái khác. [도이 쪼 또이 까이 칵.]
주세요.	Cho tôi. [초 또이.]
덤으로 더 주세요.	Cho tôi quà khuyến mại. [초 또이 꾸어 쿠옌 마이.]
포장해 주세요.	Gói lại giúp tôi. [고이라이 줍 또이.]
	Gói vào cho tôi. [고이 바오 초 또이.]
계산해 주세요.	Cho tôi thanh toán. [초 또이 타잉 똰.]
따로 계산해 주세요.	Tính riêng ra cho tôi. [띵 지엥 자 쪼 또이.]
같이 계산해 주세요.	Tính chung vào cho tôi. [띵 중 바오 쪼 또이.]
계산할게요.	Tôi thanh toán. [또이 타잉 똰.]
현금으로 계산할게요.	Tôi sẽ thanh toán bằng tiền mặt. [또이 쎄 타잉 똰 방 티엔 맛.]
신용 카드로 계산해도 되나요?	Thanh toán bằng thẻ tín dụng được không? [타잉 똰 방 테 띤 중 트억 콩?]
계산서(영수증) 주세요.	Xin Cho tôi hóa đơn. [씬 초 또이 화 던.]

긴급 상황

이 근처에 병원이 있어요?	Ở gần đây có bệnh viện không? [어 건 더이 꼬 벤 비엔 콩?]
아파요.	Đau. [다우.]
두통이 있어요.	Tôi đau đầu. [또이 다우 다우.]
배가 아파요.	Tôi đau bụng. [또이 다우 붕.]
이가 아파요.	Tôi đau răng. [또이 다우 장.]
다쳤어요.	Tôi đã bị thương. [또이 다 비 트엉.]
여기가 아파요.	Đau ở đây. [다우 어 더이.]
열이 있어요.	Bị sốt. [비 솟]
도와주세요!	Giúp tôi với! [줍 또이 버이!]
길을 잃었어요.	Tôi bị lạc. [또이 비 락.]
지갑을 잃어버렸어요.	Tôi bị mất cái ví. [또이 비 멋 까이 비.]
제 지갑을 소매치기 당했어요.	Tôi bị móc túi mất ví. [도이 비 목 뚜이 멋 비.]
경찰서가 어디에요?	Công an địa phương nằm ở đâu? [꽁 안 디어 프엉 남 어 더우?]
경찰을 불러 주세요.	Hãy gọi công an giúp tôi. [하이 고이 꽁 안 줍 또이.]
화장실이 어디에요?	Nhà vệ sinh(Cầu tiêu) ở đâu vậy? [냐 베 신(꺼우 띠에우) 어 더우 바이?]

Sightseeing

항목	쪽
5군구 전쟁 박물관	158
9개의 황실 세발솥	215
공군 박물관	128
광둥 회관	188
구찌 터널	266
국기대	213
국립 역사 박물관	113
궉혹	218
까오다이교 사원	159
까오다이교 사원	267
까우 고 거리	125
껀터	269
꼰 시장	166
꽌 쓰 사원	111
꽌 타인 사당	122
꽌꽁 사원	192
꽌탕 고가	192
끄어 다이 비치	185
나트랑 대성당	278
내원교	193
노트르담 대성당	243
논 느억 비치	155
다낭 대성당	156
다낭 박물관	159
다딴라 폭포	295
다이아몬드 플라자	251
달랏 대성당	291
달랏 시장	290
담 시장	277
도자기 마을	195
도자기 무역 박물관	187
도자기 박물관	195
동 끼 마을	141
동 바 시장	219
동 쑤언 거리	125
동 쑤언 시장	127
동 칸 황릉	225
동 호 마을	141
디엡 덩 응우옌 고가	192
딴 또안 다리	222
땀꼭	140
떠이 호 사원	120
떠이 호수	116
떤 기 고가	190
뚜 땀 사원	222
뜨 득 황릉	226
띠에우 찌 황릉	225
레드 샌드 듄	301
롯데 마트 다낭	168
롱선사	281
린응사	162
린프억 사원	295
마 마이 거리	126
마리암만 힌두 사원	245
메콩 델타	268
못꼿 사원	117
무이네 보케 거리	303
문묘	123
미선 유적지	200
미케 비치	155
미토	268
민 망 황릉	224
민족학 박물관	129
바오꿕 사원	221
바오다이 황제의 여름 별장	292
박하	145
반 푹 마을	141
밧 짱 마을	141
베트남 국립 미술관	122
베트남 군역사 박물관	121
벤탄 시장	252
빅 씨	169
빈 떠이 시장	258
빈 응이엠 사원	248
빈펄 랜드	280
빌라 드 스파 다낭	169

빌라 드 스파 호이안	194	짜 땀 성당	258
사당	215	쩌우독	269
사랑의 계곡	294	쩐 꿕 사원	120
사이공 동물원	247	쩐 드엉 고가	192
사이공 센트럴 모스크	253	쩐가 사당	191
사파	142	참 박물관	157
사후인 문화 박물관	188	추 딴 사원	195
선 월드 바나힐	164	카이딘 황제릉	227
성 요셉 대성당	112	탑 바 온천	279
소이 스파	255	태화전	214
수공예 상점	192	통일궁	244
수공예품 공장 관람	192	티엔 무 사원	220
수상 인형 극장	115	티엔 허우 사원	256
시민 극장	253	파하사 서점	254
싸 러이 사원	245	팜 응우 라오	249
쑤언 흐엉 호수	290	퍼퓸 파고다	140
아시아 파크	161	페바 초콜릿	168
아홉 문의 대포	215	포나가르 사원	277
안방 비치	185	푸 깜 성당	216
에덴 스파	255	푸젠 회관	188
여성 박물관	114	풍흥 고가	191
역사 박물관(호찌민)	247	프렌 폭포	293
오문	214	플라워 가든	291
오페라 하우스	114	피싱 빌리지	302
오행산	160	하롱베이	136
요정의 샘	302	하이 바 쯩 사원	128
응옥 썬 사당	110	하이난 회관	189
응옥 호앙 사원	248	하이반 패스	163
인민위원회 청사	250	한 강	156
전쟁 박물관	241	한 시장	166
전통 공예 마을	141	항 다오 거리	125
조주 회관	189	항 맘 거리	126
주석궁과 호찌민 관저	118	항 박 거리	124
중국인 회관	218	항 베 거리	125
중앙 우체국	242	항 응아 크레이지 하우스	292
중화 회관	190	항 퉁 거리	126
지아롱 황릉	223	항 티엑 거리	126
지악 럼 사원	259	헬리오 야시장	167
지악 비엔 사원	259	혁명 박물관	113

호아로 수용소 박물관	111
호안끼엠 호수	109
호이안 박물관	187
호이안 야시장	193
호이안 올드 타운	186
호찌민 묘소	117
호찌민 미술관(호찌민)	246
호찌민 박물관(다낭)	158
호찌민 박물관(호찌민)	246
호찌민 박물관(후에)	217
호찌민 박물관(하노이)	119
호찌민 시립 박물관	251
호찌민의 차이나타운	256
화이트 샌드 듄	300
황궁	212
후에 궁정 박물관	216
후에 역사 박물관	217

Eating

ICLS 컬처럴 센터 & 커피	173
깟바 아일랜드 리조트 & 스파	139
꽌응온 138 레스토랑	261
냐 항 응온	261
냐벱	171
노보텔 하롱베이 호텔	139
띤 지아 비엔 레스토랑	228
라플라주	196
롱 후이	261
마담란 레스토랑	170
만다린 카페	228
무엉 탄 그랜드 하롱 호텔	139
무오이 씨엠	260
바 미엔	262
반 미 프엉	197
베일웰	197
본사이 크루즈	262
분보남보	130
비엣 레스토랑	262
사이공 하롱 호텔 레스토랑	138
스타벅스	260
쏭 흐엉 레스토랑	228
아로마 레스토랑	131
아로마 피자	144
안푸 레스토랑	228
콩 카페(다낭)	170
콩 카페(하롱베이)	138
클라우드 가든 카페	172
클럽 아포칼립스 나우	262
템플 클럽	260
팀호완	130
포 24	130
포슈아	196
피자 포피스(다낭)	171
피자 포피스(하노이)	131
하이 핀 커피 하우스	197
하일랜드 커피	138
해피 브레드	172
호로콴	197
호아 마이 레스토랑	228

Sleeping

EMM 호텔 후에	229
뉴 월드 사이공 호텔	263
다낭 리버사이드 호텔	175
다낭 퍼시픽 호텔	175
다이아몬드 베이 리조트 & 스파	282
더 레버리 사이공	263
더 알코브 라이브러리 호텔	264
동 칸 호텔	265
라이즈마운트 프리미어 리조트 다낭	175
람 바오 롱 호텔	229
렉스 호텔 사이공	263
롯데 호텔 하노이	134
르 메르디앙 사이공	264
르네상스 리버사이드 호텔 사이공	263
리버티 호텔 사이공 파크 뷰	265

마제스틱 사이공 호텔	263	파크 하얏트 사이공	264
멜리아 하노이	135	팜 가든 리조트 호이안	199
무엉 탄 그랜드 사 라 호텔	132	팬 퍼시픽 하노이	134
무엉 탄 그랜드 하노이 호텔	133	팰리스 호텔 사이공	264
무엉탄 사파 호텔	144	퍼스트 에덴 호텔	135
미아 리조트	283	포추나 호텔 하노이	132
뱀부 그린 호텔	175	푸 토 호텔	265
벨 메종 하다나 호이안 리조트 & 스파	199	푸라마 리조트	174
봉 센 호텔 사이공	265	하노이 A1 호텔	135
비엔 동 호텔	265	하노이 대우 호텔	134
빅토리아 호이안 비치 리조트 & 스파	198	하노이 럭키 2 호텔	135
빈 흥 1 헤리티지 호텔	199	하노이 올드 쿼터 호스텔	135
빈펄 나트랑 베이 리조트 & 빌라	282	하노이 프린스 부티크 호텔	135
빈펄 럭셔리 다낭	174	헤리티지 후에 호텔	229
빈펄 리조트 & 스파 다낭	174	호이안 실크 마리나 리조트 & 스파	198
빈펄 호텔 후에	229	호이안 실크 빌리지	198
사이공 모린 호텔 후에	229	호텔 뒤 파크 하노이	135
사이공 호텔 호찌민	265	후에 서린 팰리스	229
삼디 호텔	174	후옹 센 호텔	265
선라이즈 프리미엄 리조트	199	흐엉 지앙 호텔 리조트 & 스파	228
센추리 리버사이드 호텔	228	힐튼 하노이 오페라	134
센타라 샌디 비치 리조트 & 호텔	175		
소피텔 레전드 메트로폴 하노이	134		
소피텔 사이공 플라자 호텔	264		
송 투 호텔	175		
쉐라톤 사이공 호텔 & 타워	264		
쉐라톤 하노이	134		
실크 패스 그랜드 호텔 후에	229		
안 리트리트 리조트 & 스파	198		
에바손 아나 만다라 나트랑 리조트	283		
엘리오스 호텔	265		
응옥 란 호텔	265		
인도차인(인도친) 팰리스	229		
인터컨티넨탈 사이공	264		
임페리얼 호텔 후에	228		
카라벨 사이공	263		
카멜리아 호텔	135		
칼리다스 랜드마크 72 로얄 레지던스	133		
탄 빈 리버사이드 호텔	199